Coordenação editorial
Adriana Cavalcante

IMPULSIONADORES DE CARREIRA

Literare Books
INTERNATIONAL
BRASIL · EUROPA · USA · JAPÃO

© LITERARE BOOKS INTERNATIONAL LTDA, 2023.
Todos os direitos desta edição são reservados à Literare Books International Ltda.

PRESIDENTE
Mauricio Sita

VICE-PRESIDENTE
Alessandra Ksenhuck

DIRETORA EXECUTIVA
Julyana Rosa

DIRETORA COMERCIAL
Claudia Pires

DIRETORA DE PROJETOS
Gleide Santos

EDITOR
Enrico Giglio de Oliveira

EDITOR JÚNIOR
Luis Gustavo da Silva Barboza

ASSISTENTE EDITORIAL
Felipe de Camargo Benedito

REVISORES
Sergio Ricardo do Nascimento e Margot Cardoso

CAPA E DESIGN EDITORIAL
Lucas Yamauchi

IMPRESSÃO
Paym

Dados Internacionais de Catalogação na Publicação (CIP)
(eDOC BRASIL, Belo Horizonte/MG)

I34 Impulsionadores de carreira: dicas e estratégias para alavancar a sua carreira e alcançar seus objetivos profissionais / Coordenadora Adriana Cavalcante. – São Paulo, SP: Literare Books International, 2024.
288 p. : 16 x 23 cm

Inclui bibliografia
ISBN 978-65-5922-722-8

1. Empreendedorismo. 2. Carreira. 3. Liderança. I. Cavalcante, Adriana.
CDD 658.4

Elaborado por Maurício Amormino Júnior – CRB6/2422

LITERARE BOOKS INTERNATIONAL LTDA.
Rua Alameda dos Guatás, 102
Vila da Saúde — São Paulo, SP. CEP 04053-040
+55 11 2659-0968 | www.literarebooks.com.br
contato@literarebooks.com.br

Os conteúdos aqui publicados são da inteira responsabilidade de seus autores. A Literare Books International não se responsabiliza por esses conteúdos nem por ações que advenham dos mesmos. As opiniões emitidas pelos autores são de sua total responsabilidade e não representam a opinião da Literare Books International, de seus gestores ou dos coordenadores editoriais da obra.

SUMÁRIO

7 PREFÁCIO
Sami Boulos

11 PERFIL PROFISSIONAL
Adriana Cavalcante

19 IMPULSIONADORES ESTRATÉGICOS PARA UM PLANEJAMENTO DE CARREIRA
EXTRAORDINÁRIO
Amanda Rocha

25 VOCÊ E SUA CARREIRA: UMA PARCERIA PERFEITA
Ana Rachid

37 O EMPODERAMENTO E A LIDERANÇA FEMININA NA GESTÃO EM SAÚDE
Andréa Simone Brandão

45 CARREIRA DIGITAL: COMO TER UMA PARA CHAMAR DE SUA
Andreia Stanger

53 AUTOCONHECIMENTO E CARREIRA: A CONTRIBUIÇÃO DA BIOGRAFIA
HUMANA E DOS CICLOS DE DESENVOLVIMENTO
Angela Vega

61 A IMPORTÂNCIA DE UM BOM CHEFE EM NOSSA CARREIRA
Antonio Salvador Morante

69 IMPERFEIÇÃO E CARREIRA DE SUCESSO, COMO SE CORRELACIONAM?
Camila Costa

77 CONEXÃO COLABORATIVA: LIDERANÇA SUSTENTÁVEL
Caroline Herrera

85 SENSIBILIDADE ESTRATÉGICA: UM SUPERPODER DOS PROFISSIONAIS DO
FUTURO
Dalliany Maeli

95   OPORTUNIDADE INTERNACIONAL, PARA PROFISSIONAIS DE ENGENHARIA,
NOS ESTADOS UNIDOS
Daniela Seixas Moschioni

107   ATITUDE DE DONO: DICAS E ESTRATÉGIAS PARA ALAVANCAR A SUA
CARREIRA E ALCANÇAR SEUS OBJETIVOS PROFISSIONAIS
Felipe Grotti

117   *LIFELONG LEARNING*: A EDUCAÇÃO CONTINUADA COMO INDUTORA DE UMA
CARREIRA SÓLIDA E DE SUCESSO
Glenda Jamile Guedes

125   PROCURE CONFORTO NO DESCONFORTO
Hérika Arcoverde

133   CARREIRA, INTELIGÊNCIA AO MERCADO OU NOSSAS CONSTRUÇÕES?
Janaina Rost

143   A COMUNICAÇÃO PARA GERAR SUCESSO PROFISSIONAL
Jener Tinôco

151   MODA AO ESTILO *PIN-UP*: CONHEÇA O *CASE* DE SUCESSO DA MARCA RETRÔ
REFERÊNCIA NO BRASIL
Jordana Donni

161   *ENVIRONMENTAL, SOCIAL AND CORPORATE GOVERNANCE:* SEJA UM
PROFISSIONAL PREPARADO PARA A 6ª ONDA DA INOVAÇÃO NO MERCADO
DE TRABALHO
Lilian Guedes

171   DESAFIOS NA CARREIRA DA MULHER ADVOGADA
Luciana Costa

179   DESBLOQUEANDO SEU POTENCIAL: ESTRATÉGIAS INOVADORAS PARA
IMPULSIONAR CARREIRAS PÚBLICAS
Luciana Elmor

189   CARREIRA AMBIDESTRA: COMO O *LIFE DESIGN* PODE CONTRIBUIR PARA A
CONSTRUÇÃO DO SEU PORTFÓLIO DE VIDA E CARREIRA
Maiane Bertoldo Lewandowski

199   IMPULSIONANDO UMA CARREIRA PROFISSIONAL
Márcia Tejo

209 A IMPORTÂNCIA DA GESTÃO DE PESSOAS NO DESENVOLVIMENTO DE CARREIRA
Mauricio Mendes

217 QUER BRILHAR? COMECE PELO SEU DIFERENCIAL!
Rita Sbragia

227 *INSIGHTS* PARA IMPULSIONAR A SUA CARREIRA
Rosana Iurkiv

235 MARCA PESSOAL E CARREIRA
Rose Câmara

243 A IMPORTÂNCIA DO PLANEJAMENTO FINANCEIRO PARA UMA CARREIRA SAUDÁVEL
Simone Matioli Renzo

253 UMA REFLEXÃO PARA AS MUDANÇAS DE CARREIRA: PESSOAS COM DEFICIÊNCIA NO MERCADO DE TRABALHO
Thaylla Cavalcante

261 QUAL É O SEGREDO PARA O SUCESSO EM VENDAS?
Tina Marcato

271 DESENVOLVIMENTO NA CARREIRA JURÍDICA CORPORATIVA
Vinícius Maia

279 A EXPERIÊNCIA DA MATERNIDADE COMO IMPULSIONADORA DAS ESCOLHAS DA CARREIRA
Virginia França

PREFÁCIO

Estamos em constante busca de motivadores que nos impulsionem ao crescimento na carreira corporativa, tema central deste livro, o qual me sinto muito honrado em prefaciar. Tais motivadores são ações que podem acelerar ou promover o crescimento profissional e que variam de acordo com a área de atuação, as metas individuais e o contexto específico de cada carreira e, geralmente, incluem alguns elementos, como educação e aprendizado contínuos e o *networking*, este como forma de construir uma rede de relacionamentos, não apenas em número de contatos, mas, principalmente, em setores e áreas de atuação os quais você gostaria de ser conhecido agora e no futuro, funcionando como uma forma de exposição e criação de oportunidades para a sua carreira.

A relevância da leitura deste livro reside, fundamentalmente, na diversidade de temas desenvolvidos pelos autores, entrelaçados cuidadosamente pela coordenadora, que busca provocar o leitor à uma revisão da própria gestão da carreira profissional.

Dentre os temas, a importância de estar aberto a novas oportunidades de emprego e projetos desafiadores merece reflexão. Às vezes, mudar de emprego ou empresa pode ser um impulsionador de carreira significativo. Portanto, não subestime a importância de promover suas conquistas e habilidades. Isso pode incluir: atualizar seu currículo, criar um perfil forte no LinkedIn e destacar suas realizações no trabalho. A construção de uma marca profissional sólida, tema muito bem tratado aqui e essencial para o sucesso na carreira, refere-se à sua reputação, identidade e valor percebido no mercado de trabalho e não apenas sobre o que você diz sobre si mesmo, mas, principalmente, sobre como os outros o percebem.

Entendemos que o mercado de trabalho está em constante mudança e a capacidade de se adaptar a novas circunstâncias e superar obstáculos é crucial para o crescimento profissional. Ficar atualizado sobre as tendências e avanços em sua indústria pode ajudá-lo a antecipar mudanças e se preparar para oportunidades emergentes, porém, cuidar da saúde física e mental, bem como manter um equilíbrio saudável entre vida profissional e pessoal, são fatores importantes e que contribuem para o sucesso a longo prazo.

Um olhar sobre o setor público, a liderança de impacto, quando presente, promove mudanças positivas e efetivas na sociedade. Ela envolve a capacidade de líderes públicos de influenciar e inspirar suas equipes, promover a transparência, prestar contas, tomar decisões informadas e entregar serviços públicos de qualidade.

Outro aspecto, aqui abordado, trata do cultivar relacionamentos positivos com seus superiores e buscar oportunidades para aprender e crescer com suas lideranças ao longo de sua trajetória profissional.

A relação entre imperfeição e carreira de sucesso pode ser positiva, desde que você saiba como aproveitar suas imperfeições como oportunidades de crescimento e aprendizado, em vez de considerá-las obstáculos para o progresso profissional, abordando-as de maneira construtiva e produtiva. Reconhecer suas imperfeições é o primeiro passo para o desenvolvimento pessoal e profissional. Quando você compreende suas fraquezas e áreas de melhoria, pode trabalhar conscientemente para superá-las.

O planejamento financeiro, que mereceu um capítulo, desempenha um papel fundamental na construção de uma carreira saudável e próspera. Ele se estende além do simples controle de despesas e orçamento mensal; envolve a criação de estratégias financeiras a longo prazo, que ajudam a alcançar metas e objetivos pessoais e profissionais.

A gestão de pessoas também mereceu destaque neste livro, pois, não apenas impacta positivamente o desenvolvimento da carreira individual, como também contribui para o sucesso e o crescimento da organização como um todo. É essencial que você saiba aproveitar as oportunidades oferecidas pela gestão de pessoas, para melhorar suas habilidades, avançar em sua carreira e alcançar seus objetivos profissionais.

O empoderamento e a liderança feminina na gestão em saúde, temas aqui explorados, desempenham outro papel crucial, pois representam a transformação dos sistemas de saúde para torná-los mais eficazes, inclusivos e equitativos, contribuindo para uma abordagem mais holística da saúde, considerando as necessidades de diferentes grupos populacionais, promovendo a igualdade de gênero e a equidade na saúde.

O livro também discorre sobre possuir sensibilidade estratégica, que é a capacidade de reconhecer e responder adequadamente às mudanças, oportunidades e ameaças no ambiente estratégico em que estamos inseridos. É uma característica importante para indivíduos que desejam se adaptar e prosperar em ambientes de negócios em constante mudança, como vivemos atualmente.

Esses impulsionadores de carreira, aqui apontados e bem apresentados pelos autores, não devem ser tratados como fatores casuísticos, mas, sim, serem incluídos na gestão de sua carreira profissional. O livro tem, assim, o objetivo de dar um impulso importante na condução de sua carreira, ajudando-o a reconhecer oportunidades de crescimento e desenvolvimento.

Boa leitura!

Sami Boulos

PERFIL PROFISSIONAL

O presente capítulo aborda conceitos e informações referentes ao programa de recolocação profissional, destacando seus benefícios, impactos, ferramentas envolvidas na aplicação e, principalmente, aconselhamento e associações estabelecidas durante a minha vivência em consultoria de carreira. Também é destacado o papel do consultor de carreira como um dos principais pilares do programa, o momento da demissão e suas consequências para o profissional desligado da empresa e os agentes envolvidos, o modelo que aplico aos meus assessorados e os principais elementos do processo de recolocação profissional.

ADRIANA CAVALCANTE

Adriana Cavalcante

Profissional com carreira desenvolvida nas áreas de educação, treinamento, desenvolvimento e orientação de carreira, com atuação em empresas e instituições nacionais e multinacionais, ONGs, serviços de consultoria e assessoria empresarial, com destacada experiência em gestão de projetos de educação profissional para jovens e adultos e complementação à educação básica, ensino superior, qualificação profissional e terceiro setor. Carreira desenvolvida em empresas como Senac, Sebrae, Fundação Bradesco, Fundação Roberto Marinho, MTUR, UFRN, Instituto WCF, ONG Resposta, Estácio de Sá, Unip, Grupo Foco/Stanton Chase. Mentora do Comitê de Igualdade Racial do Grupo Mulheres do Brasil, nas frentes: aceleradora de carreira, impulsionadora de carreira e estimuladora de carreira. Coautora do livro *Gestão das emoções no ambiente corporativo* e coordenadora do livro *Impulsionadores de carreira*. Coordenadora de conteúdo do Fórum Nordeste de Gestão de Pessoas nas edições 2017, 2018, 2019, 2020, 2022. Mestre em Engenharia de Produção, especialista em gestão de negócios. Formação em orientação vocacional e transição de carreira. Nordestina e paulistana de coração. Mãe do João Guilherme, esposa e uma entusiasta do desenvolvimento humano.

Contatos
acavalcantef@hotmail.com
Instagram: @adriana.cavalcante.9
LinkedIn: linkedin.com/in/adrianacavalcante/
11 98557 9371

Programa de recolocação profissional: um importante facilitador para construir e guiar a sua carreira

A assessoria do programa de recolocação profissional oferece como suporte informações, técnicas, conselhos, beneficia e agrega valor ao processo. Um mentor de carreira será o profissional que irá motivar, inspirar e ajudar você a superar os obstáculos existentes nessa jornada, abrindo um espaço seguro para análise e discussões sobre supostos cenários de desafios. A experiência nesse assunto trará ao assessorado uma direção certa aos seus objetos de interesse uma vez que a maioria dos mentores já passou por essa experiência, possui uma carreira mais avançada ou já acompanhou diversos outros profissionais nesse mesmo contexto.

A assessoria especializada ou um suporte profissional irá ajudá-lo a criar um plano de carreira, definindo metas de longo prazo e objetivos de curto prazo, conduzindo-o para que você permaneça focado, na direção certa.

Demissão – uma experiência quase inevitável no histórico de carreira

Quem nunca vivenciou um momento de desligamento do emprego e se sentiu desamparado, sem perspectivas, sem saber onde iniciar a busca por uma nova posição? Sentindo-se absorvido pelos sentimentos de desconhecimento, despreparo, medo e insegurança? Muitos recebem a notícia da demissão por algum líder ou gestor sem a condição adequada para comunicar a situação. Lideranças que não são orientadas a dar o comunicado da maneira mais adequada e que não consideram preservar a integridade emocional do funcionário desligado. Em muitos casos, o funcionário demitido não recebe um *feedback* sobre o contexto que impulsionou o seu desligamento, ou seja, o que aconteceu na organização que motivou a saída dele.

Todas essas variáveis deixam o profissional em uma condição ainda mais fragilizada em comparação a seu modo padrão de atuação e por isso muitos recorrem a algum tipo de apoio ou assessoria especializada em recolocação profissional ou transição de carreira.

Consultores, os principais agentes nesse percurso

As empresas de recolocação profissional, também denominadas empresas de *outplacement*, surgiram originalmente nos Estados Unidos, na década de 1960, para dar suporte aos profissionais que foram desligados, de modo a fazerem a transição para novas oportunidades de emprego.

No Brasil, atualmente, o mercado de consultorias de *outplacement* é bastante ampliado, em especial nas regiões sul e sudeste, oferecendo programas que auxiliam profissionais em transição de carreira, disponibilizando serviços de aconselhamento, orientação profissional, desenvolvimento de competências, formação de *networking* estratégico e suporte na busca de novas oportunidades de emprego disponíveis nas plataformas de vagas de emprego e consultorias especializadas em recrutamento e seleção.

Nessas consultorias existe o consultor de recolocação profissional e transição de carreira. É um profissional com forte habilidade para escuta e orientação de carreira, com conhecimento do mercado de trabalho e forte capacidade analítica para descrição de perfis profissionais e construção de currículos, condução de simulação de entrevistas e capacidade de fornecer *feedbacks* construtivos. Além dessas habilidades, o consultor deverá ter conhecimento em estratégias de busca de emprego e construção de marca profissional, aplicando técnicas e conceitos de marketing pessoal e profissional.

Esse profissional deve ocupar um espaço além de um amparo técnico, deverá ser alguém com empatia e forte capacidade de acolhimento, tolerância, solidariedade e apoio emocional ao processo de luto que é promovido pelo desligamento e ter a delicadeza de adotar uma comunicação que facilite o manejo. Sem essas características, o processo será mais penoso e denso, pois durante seu decorrer existirão possibilidades de o assessorado declinar em função de fatores psicológicos e até financeiros que o forcem a outras alternativas. Assim, esse profissional é percebido como um elemento motivacional importante para garantir o êxito das ações planejadas, será o principal parceiro nesse momento de ressurgimento ou continuidade de carreira.

Como consultora de carreira nos últimos dez anos, percebi que o que mais promove conexão entre eu e o assessorado é a receptividade que ofereço a ele.

Na verdade, todos esperam ser ouvidos e acolhidos, compreendidos, longe de algum julgamento ou acusação. O momento em que ocorre a recolocação é de avaliar alternativas futuras, de encorajá-los, distanciá-los dos seus medos.

A carreira transita entre a nossa coragem e os nossos medos. Uma carreira assertiva só é possível por meio da determinação e da coragem de tentar fazer melhor. A transição é um momento de incerteza, e é quando estamos nos momentos mais incertos que testamos a nossa coragem para o enfrentamento ou deixamos o nosso medo nos conduzir à estagnação.

Como consultora de carreira, aconselho-os dizendo que nossos medos são temporários, mas nossa carreira é permanente. O apoio do consultor fará com que siga adiante, seguro no processo.

Como se configura um programa de recolocação profissional?

As diversas consultorias do país adotam modelos distintos de programas de recolocação profissional, variando de metodologia, temas, prazos, ferramentas e valores. Neste material iriei compartilhar com vocês o modelo que adotei após pesquisas realizadas e, principalmente, pela minha vivência em muitos anos em condução de atendimentos a diversos profissionais de diferentes áreas de atuação, níveis hierárquicos, setores e geografias, em transição de carreira e/ou em busca de novas oportunidades profissionais.

Por que esse modelo de trabalho?

Quando estava vinculada como consultora em consultorias de *outplacement*, observei o tempo que os programas compreendem e, em minha análise, considerei como desnecessário um programa com um cronograma dilatado, espaçando as reuniões entre consultora e assessorado, uma vez que a expectativa do profissional em relação a sua recolocação é que ocorra em um curto prazo e que para que isso aconteça é necessário estar habilitado no menor tempo possível para dar início ao plano de trabalho.

Assim, desenhei cuidadosamente uma metodologia funcional e ágil que contempla os principais pilares e peças para a busca pelo novo emprego, adotando uma linguagem didática e de fácil compreensão a ponto de o próprio assessorado assumir os seus próximos movimentos de carreira, sem necessitar novamente de uma assessoria especializada. A principal característica dessa metodologia é a sua configuração a quatro mãos. Todo o processo é trabalhado em conjunto, desde a análise e a definição de objetivos de carreira até a construção de conteúdos para a composição do seu perfil, por meio de encontros

Impulsionadores de carreira

presenciais ou on-line, mas sempre com a minha presença conduzindo as reuniões. Sem dúvida, não submeter o cliente a interagir com um dispositivo tecnológico e estar comigo no modelo *one to one*, pensando e agindo em favor de suas escolhas profissionais, fez desse programa um sucesso.

As principais peças e ações para a recolocação profissional

Os principais elementos para a agir em busca de novas oportunidades de trabalho são: currículo, LinkedIn e definição de estratégias para articulação e *networking*.

Currículo

O currículo é a peça que registra todas as suas experiências profissionais, seu histórico de carreira e outras informações importantes sobre seu desenvolvimento profissional. No currículo, devem constar suas competências, formação acadêmica, cursos, idiomas, responsabilidades, escopo de atuação, principais resultados e projetos, empregadores e posições alcançadas, bem como períodos relacionados a estas. No currículo, você pode incluir outras informações; dependerá principalmente do nível de senioridade do profissional.

Com o currículo em mãos, você poderá se candidatar diretamente a vagas pelas quais se interesse, bem como aplicar-se também em plataformas de vagas de emprego; poderá também acionar a sua rede de contatos e enviar para consultores e consultorias, além de outras funcionalidades.

Um currículo autoral, atualizado, robusto, bem redigido, com informações sólidas e diferenciadas, aproximará você das melhores oportunidades disponíveis no mercado porque atrairá a atenção de gestores de RH, recrutadores e *headhunters*. Os profissionais que atuam em processos seletivos sabem distinguir rapidamente um bom currículo pela qualidade e coerência do seu conteúdo, pela maneira que ele dispõe as informações e as organiza.

Quanto ao volume de páginas, fala-se que é recomendável desenvolver em duas páginas, mas na minha experiência como mentora de carreira apoiei a elaboração de vários currículos com três páginas, principalmente de profissionais mais seniores, e que foram bem aceitos pelo mercado. Para ter a certeza de que não estava dando a orientação errada, conversei com vários recrutadores, gestores de recursos humanos e *headhunters* sobre o entendimento deles acerca do currículo de até três páginas, e todos foram unânimes em afirmar que, desde que o currículo seja atrativo, não irá provocar cansaço e desinteresse no leitor.

Uma assessoria especializada em recolocação profissional irá apoiá-lo na elaboração desse material, otimizando tempo e informações, e irá considerar situações que projetarão o seu perfil, destacando-o dos demais. Um currículo bem produzido estará à frente daqueles que não apresentam a mesma riqueza de dados, indicações e dilucidações.

LinkedIn

O LinkedIn é uma plataforma direcionada para profissionais que pretendem se destacar, incluindo quem está em busca por um novo emprego, empreendedores, autônomos, estudantes e diversos prestadores de serviços. O usuário desenvolve seu perfil profissional detalhando informações sobre suas experiências de trabalho.

Segundo a própria plataforma, em agosto de 2023, ela possui mais de 900 milhões de membros, em mais de 200 países e territórios, sendo a rede social profissional mais popular no mundo. A presença do Brasil nesse cenário é bastante relevante; somos 70 milhões de usuários, ocupamos o terceiro lugar no ranking dos países que mais utilizam a plataforma.

Por meio do LinkedIn, o profissional poderá interagir com empresas, instituições, consultorias, *headhunters*, recrutadores, profissionais do seu segmento de atuação, colegas e ex-colegas de trabalho, amigos, grupos relevantes para a sua área de interesse, parceiros de negócios e demais pessoas do seu interesse profissional, expandindo a sua rede profissional, além de utilizá-la também em favor do seu desenvolvimento profissional, pois disponibiliza conteúdos, artigos, postagens, vídeos e *podcasts* que contribuem para a sua atualização.

O grande diferencial nessa rede social é que as interações podem impactar e influenciar a carreira positiva ou negativamente; vai depender da maneira como o profissional se expõe e utiliza seus recursos.

Estar devidamente habilitado a interagir com a plataforma é essencial para quem está em processo de recolocação ou transição de carreira em função do grande volume de vagas ofertadas e informações compartilhadas. A assessoria de carreira será um "atalho" nesse processo, um elemento muito importante para abreviar essa travessia.

Networking

Esse é um dos assuntos mais importantes para ser considerado no processo de recolocação profissional, porque pode atuar como facilitador, abreviando tempo e promovendo a aproximação, acesso aos seus contatos, agindo para impulsionar e expandir o seu perfil profissional e criando conexões que irão ajudar a alcançar os seus objetivos profissionais. A rede de relacionamentos age fazendo com que suas conexões e seus contatos sejam receptivos ao candidato. Profissionais referenciados são mais bem aceitos desde que tenham aderência à vaga, pois, nesse contingente volumoso de candidatos, receber um profissional endossado por alguém sugere mais credibilidade do que um profissional desconhecido. Essa prática é vigente em todos os contextos de relacionamentos na sociedade, não somente nos ambientes profissionais.

Segundo a matéria da *Forbes*, em 31 de julho de 2023, 70% de todos os empregos não são publicados abertamente e até 80% são preenchidos por meio dos contatos, das conexões profissionais ou pessoais, reforçando a importância de desenvolver uma excelente rede de relacionamentos.

Se você está em recolocação profissional ou transição de carreira, comunique à sua rede, sinalize para seus contatos seus próximos passos profissionais, sua busca por uma oportunidade ou outra escolha de carreira.

Um último recado para você

Meu recado para você que se encontra inserido no mundo do trabalho é que esteja sempre atento ao seu desenvolvimento profissional. Mantenha-se constantemente atualizado, participe de eventos, interaja com pessoas e tenha sempre uma moeda de troca para facilitar as suas articulações; é muito interessante quando alguém de algum grupo com o qual interagimos tem sempre algo a compartilhar. Essas pessoas são sempre bem-vindas e também memoráveis.

Esteja na vitrine com um bom currículo e um perfil profissional no LinkedIn ainda melhor. Revise-os constantemente, inclua-os na sua rotina diária, seja um profissional ativo e se coloque em exposição o máximo possível, mas com propósito, bom senso e funcionalidade.

Disponibilize-se para ajudar alguém que traga alguma demanda de apoio, pois ajudando ao outro você estará contribuindo consigo. Nós sempre aprendemos com as experiências das pessoas, sempre somamos alguma coisa significativa quando nos envolvemos com alguém, passamos a compreender o outro em suas diversas dimensões, elas são múltiplas!

Agradeço a sua leitura, espero ter iluminado pelo menos algum aspecto acerca das suas escolhas e caminhos profissionais; e, se pudermos fazer essa relação prosperar, estou à sua disposição.

IMPULSIONADORES ESTRATÉGICOS PARA UM PLANEJAMENTO DE CARREIRA EXTRAORDINÁRIO

Em um cenário de mudanças aceleradas, o desenvolvimento de um planejamento de carreira se torna crucial para alcançar seu sucesso e potencial máximo. Esse planejamento é impulsionado por dez fatores estratégicos, incluindo a compreensão da lei do 1/3. A leitura deste capítulo traz um mapa claro de dez mandamentos que devem ser aplicados ao seu processo de planejamento de carreira. Coloque-os em prática e desfrute o sucesso dos melhores resultados.

AMANDA ROCHA

Amanda Rocha

Possui mais de 25 anos de experiência em gestão de pessoas/recursos humanos. É graduada em Psicologia pela Universidade Paulista - SP, possui pós-graduação em Gestão Estratégica de Pessoas pela Uninove - SP, especialização em Negócios Internacionais pela Fundação Dom Cabral e MBA em Recursos Humanos pelo Instituto Nacional de Pós-graduação (INPG).

Durante sua carreira, teve a oportunidade de trabalhar em diversas empresas renomadas, desempenhando papéis de liderança e contribuindo significativamente para o sucesso dessas organizações. Entre as posições que ocupou, estão a de *Head* de recursos humanos e gestora de recursos humanos nas empresas *holding* do Grupo José Alves, Pivot – equipamentos agrícolas, Carino Ingredientes, Prestex, Linea Alimentos, Ingenico Meios de Pagamentos, Coca-Cola FEMSA, Coca-Cola Bandeirantes, Bematech e Transportes Della Volpe. Além disso, foi consultora para soluções em gestão de pessoas em diversas empresas de distintos segmentos.

Contatos
Instagram: @headhuntersol
LinkedIn: linkedin.com/in/amandarocha

Em tempos de metaverso e mudanças aceleradas nos quais as oportunidades e os desafios estão sempre em fluxo acelerado, é fundamental desenvolver um planejamento de carreira para alcançar o seu sucesso profissional e aproveitar ao máximo seu potencial.

Mas antes de explorarmos os dez impulsionadores estratégicos que podem levar sua carreira a novos patamares, é essencial compreendermos um conceito fundamental: **a lei do 1/3**. Essa lei nos lembra que todas as situações que enfrentamos têm três partes distintas: o eu, o outro e o ambiente. No entanto, o que devemos ter em mente é que a única parte sobre a qual temos controle direto é a do **eu**. Isso significa que somos os protagonistas, os únicos responsáveis por nossas ações, nossas escolhas e nossos resultados. Em um projeto de carreira, não podemos dar poder ao ambiente ou ao outro; é preciso empoderarmos o **eu**. Reconhecer essa responsabilidade é o primeiro passo para o crescimento profissional e o desenvolvimento de uma carreira extraordinária. Agora, vamos explorar os dez impulsionadores estratégicos que podem ajudá-lo a aproveitar ao máximo o seu potencial e alcançar o seu sucesso desejado.

Assim como Deus deu a Moisés dez mandamentos em vez de um manual longo e cheio de regras, não pretendo fornecer um guia extenso aqui. Em vez disso, apresento a você dez impulsionadores (ou mandamentos) que podem ajudar a criar uma trajetória de carreira incrível.

Impulsionador 1: autoconhecimento

Um dos primeiros passos para um planejamento de carreira bem-sucedido é o autoconhecimento. Compreender suas habilidades, interesses, valores e paixões é fundamental. Ao conhecer a si mesmo, você poderá identificar seus pontos fortes e áreas em que deseja se desenvolver. Essa clareza pessoal permitirá que você tome decisões mais alinhadas com suas aspirações e escolha um caminho profissional que se encaixe perfeitamente em sua identidade.

Para se conhecer melhor, é importante refletir sobre suas habilidades, seus interesses, seus valores e suas paixões. Faça uma análise honesta de suas principais competências e áreas em que se destaca. Identifique quais atividades e tarefas trazem satisfação e motivação a você. Além disso, compreenda seus valores pessoais e profissionais, aqueles princípios que são fundamentais para si. Ao se autoconhecer, você será capaz de alinhar sua carreira com seus pontos fortes e aspirações, definindo metas e estratégias mais coerentes e bem-sucedidas.

Impulsionador 2: definição de metas claras

Estabelecer metas claras e alcançáveis é essencial para direcionar sua carreira. Ao definir metas, você cria uma bússola que orientará suas ações e suas decisões. Certifique-se de que suas metas sejam específicas, mensuráveis, alcançáveis, relevantes e com prazo definido (Método Smart). Metas bem formuladas ajudam você a manter o foco, a medir seu progresso e a se manter motivado durante sua jornada de realização.

Impulsionador 3: aprendizado contínuo (*lifelong learning*)

O mundo está em constante evolução e investir em seu desenvolvimento pessoal e profissional é crucial para se manter atualizado e competitivo. Busque oportunidades de aprendizagem, como cursos, treinamentos, *workshops* e leituras relevantes para sua área de atuação. Ao buscar o aprendizado contínuo, você adquire novos conhecimentos, habilidades e competências que o tornam um profissional mais qualificado e adaptável.

Impulsionador 4: *networking*

Construir e cultivar uma rede de contatos profissionais é uma estratégia valiosa para impulsionar sua carreira. Participe de eventos, conferências e grupos de interesse relacionados à sua área de atuação. Conhecer pessoas da mesma área e estabelecer relacionamentos significativos pode abrir portas para oportunidades de colaboração, mentoria, parcerias e crescimento profissional. Lembre-se de que uma rede de contatos forte pode desempenhar um papel fundamental no avanço de sua carreira, além de expandir suas referências e seu repertório profissional.

Impulsionador 5: adaptabilidade e flexibilidade

Vivemos em um mundo em constante mudança, e a capacidade de se adaptar a novas circunstâncias e se ajustar a diferentes ambientes de trabalho é essencial. Desenvolva habilidades de flexibilidade, resiliência e uma mentalidade aberta para lidar com os desafios e as oportunidades que surgem. Aqueles que podem se adaptar rapidamente a novas situações e abraçar mudanças têm mais chances de se destacar em suas carreiras. Lidam muito melhor com os cenários ambíguos e complexos da atualidade.

Impulsionador 6: proatividade

Assumir a responsabilidade pelo seu próprio desenvolvimento é uma característica-chave dos profissionais bem-sucedidos. Seja proativo na identificação de oportunidades de crescimento, busca de desafios, proposta de soluções e disposição para assumir riscos calculados. Não espere que as coisas aconteçam por si mesmas; seja o agente de mudança em sua carreira. Ao tomar a iniciativa, você se destaca e cria oportunidades que podem impulsionar sua trajetória profissional. Coragem e iniciativa fazem a diferença para avanços extraordinários.

Impulsionador 7: marca pessoal

Construir uma marca pessoal forte e autêntica é um fator diferenciador no mercado de trabalho atual. Invista em seu marketing pessoal, destacando suas habilidades, suas conquistas e sua proposta de valor única. Construa uma reputação sólida ao ser consistente em sua mensagem e nas experiências que oferece. Uma marca pessoal bem desenvolvida pode abrir portas e atrair oportunidades profissionais que se alinham aos seus objetivos de carreira. Ninguém pode ser você, e esse é um superpoder; não abra mão dele. Trabalhe sua marca pessoal no on-line e no off-line. Na construção de sua marca pessoal, coloque holofote naquilo que você faz de melhor, naquilo que você já é bom, e aprimore-se dia a dia nesses aspectos.

Impulsionador 8: inteligência emocional

As habilidades emocionais estão se tornando cada vez mais valorizadas no ambiente de trabalho. Desenvolva sua inteligência emocional, que inclui autoconsciência, autogerenciamento, empatia e habilidades de relacionamento.

A capacidade de lidar com as próprias emoções e entender as emoções dos outros é fundamental para se destacar como um profissional eficaz e colaborativo. A inteligência emocional fortalece suas habilidades de liderança, comunicação e resolução de conflitos.

Impulsionador 9: visão de longo prazo

Tenha uma visão clara de onde você deseja chegar em sua carreira e trabalhe de maneira consistente para alcançar seus objetivos. Isso envolve a criação de um plano de carreira estratégico e a tomada de decisões alinhadas com seus objetivos de longo prazo. Ter uma visão de longo prazo orienta suas escolhas diárias e permite que você se mantenha focado em suas aspirações de carreira.

Impulsionador 10: equilíbrio entre vida pessoal e profissional

Por último, mas não menos importante, lembre-se de que uma carreira extraordinária não deve comprometer sua saúde e sua felicidade em outros aspectos da vida. Busque um equilíbrio saudável entre sua vida pessoal e profissional, cuidando de si mesmo, mantendo relacionamentos significativos e dedicando tempo a atividades que o energizem. Um equilíbrio adequado ajudará você a se manter motivado, produtivo e satisfeito em todas as áreas da sua vida.

Ao considerar esses dez impulsionadores estratégicos, você estará no caminho para criar um planejamento de carreira extraordinário. Lembre-se de que cada pessoa é única, e é importante adaptar esses princípios às suas circunstâncias individuais e aos objetivos específicos.

Neste livro, exploramos muitos desses impulsionadores em maior detalhe, fornecemos orientações práticas e *insights* para ajudá-lo a implementar essas estratégias em sua própria jornada profissional. Lembre-se de que é quando você termina a leitura que o incrível começa a acontecer; porém, isso depende da sua atitude consciente e prática no dia a dia desses dez impulsionadores de carreira.

03

VOCÊ E SUA CARREIRA
UMA PARCERIA PERFEITA

Carreira, um tema sempre presente e que, nos últimos anos, vem ganhando maior importância e notoriedade, devendo ser prioridade em nossas vidas. Aqui, vamos convidar você a refletir como está sua carreira hoje e de que maneira pode transformá-la para o futuro. O seu protagonismo, na sua carreira, será imprescindível para o sucesso, tanto para sua saúde mental quanto para sua felicidade.

ANA RACHID

Ana Rachid

Tem paixão em desenvolver pessoas nos âmbitos pessoal e profissional. Especialista em gestão de pessoas e carreiras, mentora e consultora. Fundadora da Innovare Per Crescere, com foco no desenvolvimento de projetos na festão de pessoas, no RH e mentoria nas especialidades de liderança, RH, carreira, jovens, mulheres e autoconhecimento. Executiva de RH, atuando em empresas multinacionais: Informa Markets, Boston Scientific, Tupperware, TIM, Biosintética, Compaq e ADP, adquirindo uma vivência muito rica de aprendizado, oportunidades e desenvolvimento de pessoas. Graduada em Administração de Empresas e MBA em RH. Mentora associada pelo Instituto de Mentoria Sidnei Oliveira e mentora do programa Nós por Elas, do IVG. Certificação no *assessment* de Inteligência Emocional MPP – Maturidade Pessoal e Profissional e Eneagrama.

Contatos
innovarepercrescere.com
LinkedIn: Ana Rachid

Agradeço a Deus, a minha família e amigos, e aos inúmeros profissionais que dividiram suas histórias de carreiras comigo e me motivam a seguir meu caminho de especialista e mentora de carreira; e, em especial, à Patricia Paniquar, pela oportunidade e confiança.

Reflexão sobre carreira

Se estamos falando de carreira e fizermos uma reflexão de que, no Brasil, a idade para aposentadoria para mulher é 62 anos e do homem é 65 anos, o trabalho é fundamental em nossa vida. Imagine trabalhar de 40 a 45 anos em algo que não gosta, sem reconhecimento e sem brilho nos olhos. O impacto é intenso em nossa vida!

Na minha experiência pessoal e profissional, o que realmente nos leva ao sucesso é a energia, dedicação e metas que colocamos em nossa vida rumo à conquista.

A carreira pode ter várias definições, mas gosto do significado de caminho; e que podemos deixá-lo agradável, alegre, prazeroso, e obter conquistas. Em alguns momentos, seremos obrigados a escolher caminhos alternativos, que chamamos de desvios de rota; e com determinação e foco voltamos ao caminho principal.

Meu objetivo neste livro é compartilhar as experiências vividas no meu trabalho de mentoria e consultoria de carreira; que ao longo do tempo, aprendi quais são as melhores práticas e que contribuem muito para a carreira e a saúde mental do profissional.

Mundo Vuca x Mundo Bani

Para entender melhor a realidade que estamos vivendo, já há algum tempo, foram criados os acrônimos VUCA e BANI com o objetivo de descrever melhor essas transformações.

- As mudanças do volátil do VUCA nos remetem para estruturas frágeis do BANI.
- As incertezas aumentaram e nos fazem cada mais ansiosos.
- A complexidade deu lugar à não linearidade; não temos como saber de onde vem e para onde vão, e quando vão mudar.
- A ambiguidade torna-se incompreensível.

Dessa forma, analisando cada acrônimo, vemos como está refletindo no mercado de trabalho, fazendo que a cada dia tenhamos a nítida sensação de que existe muito a fazer, pouco tempo e caminhos confusos.

Além do mundo VUCA e BANI, desde 2020, alguns movimentos estão impactando os profissionais e as empresas; são eles: *great resignation*, *quiet quitting*, *quiet firing* e *resenteeism*, e estão gerando dificuldades e desafios no mundo do trabalho. Os ambientes estressantes e intensos que ocupam a primeira posição na lista há muito tempo foram intensificados pela pandemia, e os reflexos começaram a ser notados no mercado. São alertas importantes, principalmente na gestão de pessoas, pois sem elas as empresas não crescem e não se desenvolvem.

Aqui compartilho minha preocupação pelos profissionais e suas carreiras, quando alcançam níveis altos de estresse e consequentemente o aparecimento de doenças físicas e mentais. O resultado é favorável para ocorrerem demissões, tanto pelas empresas quanto pelos profissionais, contribuindo em momentos difíceis de luto pela perda do emprego.

Compartilhando minha história

Quando decidi trabalhar, aos 19 anos, o mercado de trabalho era muito diferente, e escolhi iniciar a carreira numa grande loja de departamentos famosa na época, a Sears. Abracei esse trabalho; meus objetivos eram crescer e me desenvolver na empresa, o que realmente aconteceu, até eu ser desligada.

Lembro-me de que, nos primeiros anos de trabalho, não planejei minha carreira e não escolhi as empresas para trabalhar; e, por sorte ou não, consegui crescer e me desenvolver na área de pessoas e em grandes empresas. O resultado foi uma bagagem profissional muito grande, devido minha dedicação, fazer acontecer e meu fiel comprometimento à empresa.

Sofri muito quando fui desligada das empresas, pois senti um vazio enorme e uma sensação forte da perda do trabalho, do ambiente e das pessoas, pois, atuando em recursos humanos, minha conexão com os colaboradores e líderes era muito próxima. Passei pelo luto do desligamento e o recomeço em busca de uma nova oportunidade profissional.

Com a maturidade mais desenvolvida, comecei a ver a minha carreira de modo diferente, quanto a cargo, salário, estudos, posicionamento e desenvolvimento das minhas *soft skills* por meio dos *feedbacks* e das minhas reflexões.

A importância de compartilhar um pouco da minha experiência com você é que temos histórias semelhantes e que não podemos desistir, e sim escrever novas histórias.

Como mentora e consultora de carreira, atendi nos últimos anos inúmeros profissionais das mais variadas áreas de atuação, segmentos e cargos, ampliando muito o tema Carreira. Isso permitiu entender melhor as dificuldades, os desafios, os caminhos e as melhores práticas para chegar ao objetivo profissional.

Nesses atendimentos, muitos profissionais dividiram suas histórias profissionais e do desligamento, e a maioria dos relatos foram intensos e angustiantes. Muitos ficaram aliviados pela saída da empresa, pois se libertaram da pressão, das metas desafiadoras, do ambiente e da liderança tóxica. Muitos deles deram uma pausa para descanso e para cuidar da saúde, pois estavam esgotados, e muitas vezes com depressão e *burnout*.

Com essa realidade que estamos enfrentamos diariamente no mundo do trabalho, o futuro nos preocupa muito. É fundamental estarmos atualizados e conectados com as tendências e entendermos como podemos ter um desenvolvimento contínuo e sustentável na nossa carreira, mesmo que o mundo, por vezes, se apresente insano.

Múltiplas carreiras ou (*Slash Career*)

O termo "*Slash*" foi criado pela escritora Marci Alboher e está mencionado em seu livro *One Person, Multiple Careers: The original guide to the Slash Career*.

Marci menciona no livro que as pessoas terão diversas mudanças de carreira ao longo da jornada profissional. Hoje, vemos que muitos profissionais têm o emprego formal (CLT), que é a fonte principal de trabalho e renda, mas, ao mesmo tempo, se dedicam em outras frentes de trabalho em que têm mais prazer e identificação.

A realidade é que as carreiras estão mudando muito e não são mais lineares, mas possuem múltiplos caminhos.

Nos atendimentos de carreira, já é uma realidade a decisão de múltiplos trabalhos, CLT e a decisão de ter uma atividade em que tenham grande identificação, prazer ou até mesmo *hobby* que se transforma em negócio.

Aqui é fato a busca da realização profissional e de ter uma atividade com propósito, o que contribui significativamente na qualidade da saúde mental. A complementação da renda vem como resultado, mas muitas vezes não é o objetivo principal. E caso aconteça o desligamento do trabalho formal, o ajuste do planejamento financeiro é mais favorável.

Tem sido uma experiência muito interessante para mim pelo fato de trabalhar com o profissional em duas frentes de trabalho: novo emprego e o que vou chamar de empreendedorismo, contribuindo na riqueza de ideias e aprendizados.

Com a múltipla carreira, ocorre o desenvolvimento de inúmeras habilidades técnicas e comportamentais, impulsionando o profissional para pensar amplamente em vários cenários e principalmente trabalhar no planejamento dos projetos e do tempo, aliás, este último, deve ser prioridade em sua vida, para que não viva preso somente ao trabalho, e a atividade prazerosa se transforme em pesadelo.

Antes de iniciar qualquer projeto ou carreira paralela, alguns cuidados são necessários, pois conforme pesquisa do Sebrae, a taxa de mortalidade das empresas em até cinco anos é alta, e isso acaba por impactar a estrutura familiar, tanto psicológica quanto financeira.

Quando temos a opção do empreendedorismo, o primeiro exercício é elaborar o Canva, ferramenta de planejamento estratégico que permite desenvolver e esboçar o modelo de negócio; você insere as suas ideias e começa a se estruturar. Após essa etapa, começa a do planejamento do negócio. Nesse momento, sugiro consultar o Sebrae, que é excelente parceiro na construção do novo projeto e é especialista em empreendedorismo. Tome muito cuidado nas ações imediatistas e estude muito para ser um empreendedor de sucesso.

Competências técnicas e comportamentais

Existe uma frase muito famosa no mundo corporativo: o profissional é contratado pela competência técnica e demitido pelo comportamento.

No relatório Tendências de Gestão de Pessoas em 2023, do Great Place to Work, há a pergunta:

A empresa nota uma lacuna no desenvolvimento de habilidades e competências em seus colaboradores?

- 42,7% dos entrevistados notam uma lacuna de habilidades e competências tanto técnicas quanto comportamentais em seus colaboradores.

- 37,7% notam uma lacuna principalmente nas comportamentais, e 8% notam apenas nas técnicas.

Dessa maneira, temos uma pequena amostra dos desafios que enfrentamos no Brasil com a falta de qualificação, impactando na carreira, no desenvolvimento dos negócios e no país como um todo.

Competência técnica é todo conhecimento específico adquirido na formação acadêmica, idiomas, cursos, seminários, congressos, treinamentos, *workshops*, leituras, dentre outros.

A **competência comportamental** está relacionada ao comportamento humano individual e no relacionamento com as pessoas, e é essencial para que seu plano de carreira seja um sucesso. Mantém sua empregabilidade em alta, e quanto melhor o seu desempenho e seu protagonismo, mais chances de destaque profissional, inclusive na transição de carreira.

Como identificar as minhas competências comportamentais?

O segredo é autoconhecimento! Você precisa se conhecer para identificar as competências desenvolvidas e a desenvolver.

Dica importante: aproveite as conversas de *feedback* ou avaliação de desempenho, o depoimento dos colegas, assim como as suas dificuldades para identificar as competências. Elabore um plano de ação para melhoria e sempre considere as que estão relacionadas com o seu cargo e a cultura da empresa. Diferentemente da competência técnica, a comportamental tem um tempo maior para entendimento e mudança de atitude; o importante é ter foco e posicionamento para a mudança.

O Fórum Econômico Mundial publicou, em maio de 2023, o relatório *Future of Jobs Report* 2023, relacionando as dez principais competências e em ascensão até 2027 e que podem ajudar você no exercício de identificação:

1. Pensamento analítico.
2. Pensamento criativo.
3. Resiliência, flexibilidade e agilidade.
4. Motivação e autoconhecimento.
5. Curiosidade e aprendizagem contínua.
6. Repertório tecnológico.
7. Confiabilidade e atenção aos detalhes.
8. Empatia e escuta ativa.
9. Liderança e influência social.
10. Controle de qualidade.

O impacto da inteligência artificial na carreira

A realidade da IA no dia a dia é fato, e será mais intensa para o futuro próximo em toda a nossa vida. Nas empresas, o objetivo é aumentar a produtividade, reduzir custos, automatizar rotinas e processos, gerar informações estratégicas de maneira rápida, tomada de decisão e outras vantagens.

No mercado de trabalho atual, acompanhamos as transformações da tecnologia e redução de postos de trabalho. Mas se pensarmos bem, desde a revolução industrial, esse movimento de extinção e criação de cargos e profissões sempre existiu, mas cada qual com suas características; e por esse motivo, a atenção e preparação na carreira nunca param.

Se temos a tecnologia realizando muitos processos e rotinas, como fica a sua carreira?

Na verdade, sua carreira também já está se transformando e continuará a curto, médio e longo prazos. Além disso, será imprescindível saber como trabalhar com a IA; e adquirir novas competências será fundamental, assim como continuar a desenvolver as que você já identificou.

Aqui estamos falando de *upskilling* e *reskilling*, cuja definição é:

• *Upskilling:* aprimoramento e desenvolvimento das habilidades na área de atuação, permitindo melhor domínio e mais senioridade.
• *Reskilling:* requalificação e desenvolvimento de habilidades em áreas não relacionadas à atual; o objetivo é capacitar o exercício de funções diferentes no futuro.

Resumindo, o *lifelong leaning*, isto é, aprendizado contínuo, estará sempre presente para você alcançar novos níveis profissionais, e é ponto obrigatório para você ter sucesso na carreira.

Plano de carreira: como construir o seu

Percebi, em várias histórias, que os profissionais que estabeleceram plano de carreira e planejamento financeiro aprimoraram o *networking*, investiram no aprendizado contínuo e foco e obtiveram êxito mesmo em momentos de transição de carreira.

Se estamos em um mundo em constante mudança, estabeleça seu plano de carreira para crescer profissionalmente e para que esteja sempre preparado para as dificuldades e as oportunidades.

A proposta de plano de carreira a seguir tem passos importantes para elaborar o seu, e tenha em mente que é um processo contínuo e de ajustes. Vamos lá!

Autoconhecimento

O primeiro passo e o mais importante é conhecer a si mesmo. Identifique seus pontos fortes, gostos, habilidades e áreas de interesse. Defina seus valores, seu objetivo profissional e seu propósito, pois estão conectados com a sua essência. Conheça e aprenda a gerenciar suas emoções para contribuir positivamente no relacionamento com as pessoas, no ambiente organizacional e consigo mesmo.

Competências técnicas (ou hard skills)

Identifique as competências técnicas necessárias para a sua área de atuação e elabore um plano de estudo considerando: formação acadêmica, idiomas, cursos, seminários, congressos, treinamentos, *workshops* dentre outros. O aprendizado contínuo permite expandir o conhecimento e contribui muito na evolução de carreira.

Competências comportamentais (ou soft skills)

São as habilidades comportamentais de uma pessoa e atualmente têm se destacado e ganhado relevância dentro do mundo corporativo. Faça o exercício de identificar as competências desenvolvidas e a desenvolver, alinhadas com seu cargo e área de atuação.

Empresas-alvo

Mediante o seu objetivo profissional, é muito importante pesquisar as empresas em que você tem interesse de atuar. Escolha as que você se identifica, avalie a missão, visão, valores, programa de diversidade e sustentabilidade, representatividade no mercado, cultura organizacional e, caso conheça profissionais que estão nela, convide-os para uma conversa. Esse exercício contribui quanto à sua decisão de trabalhar na empresa.

Networking

Construa uma rede de contatos estratégica e mantenha o seu *networking* ativo. Participe de eventos, feiras, associações e encontros. Tenha conexão com pessoas com quem possa aprender e possa compartilhar experiências. Seja um ponto de conexão entre as pessoas, pois o *networking* é uma via de mão dupla.

Currículo e LinkedIn

Realize com regularidade a atualização do currículo e do LinkedIn para que a sua história profissional esteja visível ao mercado e ao *networking*. Caso tenha dificuldade na atualização, procure um especialista de carreira.

Mentor

No mercado atual de constantes mudanças, é fundamental estar sempre atento para aprender novas habilidades, desenvolver competências, avaliar novas áreas, receber uma promoção, estar em um plano de sucessão etc. Nesse caso, um mentor pode contribuir no seu processo de desenvolvimento para ampliar a vivência pessoal e expertise profissional em determinada área ou assunto específico.

Metas

Pesquise e avalie as oportunidades de carreira e elabore as metas de curto, médio e longo prazo. Você pode utilizar o Método Smart seguindo os critérios de Específica, Mensurável, Atingível, Relevante e Temporal. É muito importante acompanhar o progresso e os ajustes, quando necessários.

Mensagem final

Mesmo com tantas transformações e tudo acontecendo ao mesmo tempo, compartilho com você as melhores atitudes e ações que podem fortalecer você no pessoal e profissional com base na minha experiência.

Seja um ser humano que ajuda outro ser humano, tenha escuta ativa e observe muito, e o mais importante: não julgue!

Seja uma pessoa empática! Respeite-se, e ao outro também!

Seja protagonista!

Aprenda a utilizar a sua inteligência emocional. Você vai perceber os excelentes resultados.

Cultive o bom senso e o equilíbrio para não cair em armadilhas que prejudiquem a sua carreira.

Faça seu melhor sempre!

Tenha seu plano de carreira e o mantenha sempre atualizado.

Elabore um planejamento financeiro para sua vida pessoal e profissional, controle os gastos e tenha sempre um valor reservado para imprevistos, principalmente em momentos de transição de carreira.

Cuide da sua saúde física, mental e emocional! Não se permita estar em ambientes tóxicos, escolha um lugar em que tenha equilíbrio e energia positiva.

Muito sucesso para você!

Referências

ALBOHER, M. *One Person/Multiple Careers: Tho Original Guide to the Slash Career*. Warner Books, 2007.

ANDRADE, L. *O mundo VUCA, o mundo BANI e as soft skills*. Disponível em: <https://www.linkedin.com/pulse/o-mundo-vuca-bani-e-soft-skills-l%-C3%ADvia-andrade/?originalSubdomain=pt>. Acesso em: 23 jul. de 2023.

GREAT PLACE TO WORK. *Relatório de tendências de gestão de pessoas*. Disponível em: <https://gptw.com.br/conteudo/downloads/relato-rio-tendencias-gestao-2023/#:~:text=Nesta%205%C2%AA%20edi%-C3%A7%C3%A3o%20da%20pesquisa,desafios%20do%20mundo%20do%20trabalho>. Acesso em: 10 ago. de 2023.

OLIVEIRA, S. *Gerações: encontros, desencontros e novas perspectivas*. São Paulo: Integrare Editora, 2016.

SEBRAE. *A taxa de sobrevivência das empresas no Brasil*, 29/03/2023. Disponível em: <https://sebrae.com.br/sites/PortalSebrae/artigos/a-taxa-de-sobrevivencia-das-empresas-no-brasil,d5147a3a415f5810VgnVCM1000001b00320aRCRD>. Acesso em: 28 jul. de 2023.

WORLD ECONOMIC FORUM. Future of Jobs Report. *Inside report.* Maio 2023. Disponível em: <https://www3.weforum.org/docs/WEF_Future_of_Jobs_2023.pdf>. Acesso em: 10 out. de 2023.

04

O EMPODERAMENTO E A LIDERANÇA FEMININA NA GESTÃO EM SAÚDE

Igualdade de gênero e diversidade no campo de trabalho têm sido temas cada vez mais discutidos dentro e fora das organizações. É fato que os tempos já mudaram, e essa mudança fica clara ao compreender que, atualmente, o público feminino representa apenas 40% da população economicamente ativa profissionalmente segundo o IBGE. A importância do empoderamento e do papel da mulher na gestão das organizações vem sendo bastante discutida em âmbito nacional.

ANDRÉA SIMONE BRANDÃO

Andréa Simone Brandão

Graduada em Administração de Empresas pela Universidade Potiguar (RN) em 1992, pós-graduada em Gestão Escolar no Centro Universitário SENAC, pós-graduada em Gestão do Trabalho e da Educação na Saúde pela UFRN, pós-graduada em Gestão Estratégica de Organizações de Saúde pela Faculdade de Natal. Graduada em Ciências Econômicas pela Universidade Federal do Rio Grande do Norte em 1997. Carreira desenvolvida, há mais de 25 anos, no ramo da saúde em hospitais e clínicas de médio e grande porte. Experiência no ramo financeiro, com passagem por instituições financeiras privadas.

Contatos
aslbo1970@gmail.com
Instagram: @andreasimonebrandao
Facebook: facebook.com/andreasimonebrandao.brandao.5
LinkedIn: Andrea Simone L. Brandão de Oliveira

o longo da história, as mulheres conquistaram seu espaço na sociedade e no mercado de trabalho pelas suas habilidades e competências,
principalmente em relação à forte característica de liderança e de
gestão de pessoas.

A conquista da mulher por um espaço no mercado de trabalho remonta
ao início do século XIX, quando a sociedade acreditava ser o homem o único
provedor das necessidades familiares. À mulher cabia a função de manter o
lar em ordem, além de ser responsável pela educação dos filhos.

A primeira conquista para inserção digna das mulheres no mercado de
trabalho foi na Constituição Federal de 1932, a qual, em seu artigo 121,
proibiu a discriminação das mulheres quanto ao salário. De 1932 a 1988, as
constituições federais que tratam dos direitos das mulheres foram incluindo
aspectos fundamentais para seus direitos na sua evolução até o século XXI.

Algumas conquistas, como licença e salário à maternidade, proibição do
trabalho feminino em ambientes insalubres entre outros, culminaram na
Constituição Federal de 1988. Tal constituição garantiu o direito à proibição
de diferenças nos salários no estabelecimento de critérios de admissão e o
exercício da atividade em função do gênero e igualdade de direitos e obrigações entre homens e mulheres. Então, as mulheres foram conquistando seu
espaço na sociedade e nos ambientes profissionais.

O processo histórico da construção do trabalho feminino como categoria
de análise ressalta que, nas últimas décadas, verificou-se um aumento significativo e contínuo da presença das mulheres na força de trabalho e, consequentemente, no contingente de trabalhadoras disponíveis para o mercado
de trabalho. Observa-se uma composição da força de trabalho em saúde no
Brasil quanto ao aspecto gênero, desdobrando com uma taxa de atividade
feminina de 28,7% para 36,9% no período de 1976 a 1985 segundo Médice
(1987, p. 78-79); com o foco na mulher profissional de saúde, inicia-se um

árduo trabalho de verificação no sentido de desvendar o universo desse imenso contingente de profissionais.

Nos países da Europa, o incremento da população economicamente ativa nos últimos 30 anos deveu-se basicamente ao aumento da taxa de participação feminina. No período de 1965 a 1991, o número de mulheres na força de trabalho aumentou de 39,6 para 53,2 milhões, enquanto o de homens diminuiu de 83 para 81,8 milhões. Na América Latina, entre 1960 e 1990, o quantitativo de mulheres economicamente ativas mais que triplicou, passando de 18 milhões para 57 milhões. Em termos de participação no mercado de trabalho, o aumento foi da ordem de 18% para 27%, enquanto a masculina diminuiu de 77,5% para 70,3%.

No Brasil, dados censitários mostram crescimento da força de trabalho, com o aumento da taxa bruta de participação feminina de 13,6%, em 1950, para 26,9%, em 1980, atingindo 47,2% no final da década de 1990. Contudo, essa entrada maciça de mulheres no mercado de trabalho não tem representado, necessariamente, uma redução significativa das desigualdades profissionais entre os gêneros. A maior parte dos empregos femininos continua concentrada em alguns setores de atividades e agrupada em um pequeno número de profissões, os quais formam "guetos" de trabalho. Ressaltam-se os serviços domésticos, administrativos, na área social, na educação e na saúde, em geral. No setor de saúde, a participação feminina chega a quase 70% do total, com 62% da força de trabalho das categorias profissionais de nível superior, chegando a 74% nos estratos profissionais de níveis médio e elementar.

Atualmente, temos muitos movimentos que aglutinam mulheres para discutir seu espaço na sociedade. Entre eles, podemos destacar o grupo Mulheres & Propósito, da ABPRH (Associação Brasileira de Profissionais de Recursos Humanos), cujo objetivo é discutir a mulher em sua integralidade, como mãe, esposa, filha, amiga, empreendedora, executiva e/ou profissional liberal, com a finalidade de ampliar seu autoconhecimento e agir com harmonia e equilíbrio em todos os aspectos da vida. Já o Grupo Mulheres do Brasil tem como objetivo reunir mulheres com o propósito de engajar a sociedade em melhorias para o país.

A mulher na área da saúde

Na área da saúde, as mulheres são maioria absoluta; contudo, os postos mais altos são ocupados tradicionalmente por homens. Nos últimos anos, temos visto um aumento no número de mulheres ocupando cargos de liderança e também criando novos espaços na área de gestão.

Mesmo tendo ainda um longo caminho a percorrer, conforme o estudo Empreendedorismo Feminino no Brasil (SEBRAE, 2021), no terceiro trimestre de 2020 havia 25,6 milhões de "donos de negócio" no Brasil, e as mulheres já eram responsáveis por 8,6 milhões (33,6%) dos empreendimentos, presentes principalmente nos setores de serviços (50%) e comércio (27%). Já na saúde, as mulheres ocupam apenas 25% desses cargos segundo o Women in Global Health Movement.

A presença de mulheres em cargos de liderança pode trazer benefícios para a empresa, como uma maior diversidade de ideias, melhoria no clima organizacional, aumento da produtividade e inovação. Sobre a posição das mulheres na saúde, Laurenice Pires, diretora de estratégias da Women in Global Health Movement Brazil, afirma que: "Somente com diversidade na ciência seremos capazes de produzir conhecimentos e soluções que beneficiem quem mais precisa; por isso a diversidade de gênero e de raça é fundamental para uma ciência justa".

O relatório "Mulheres na Gestão Empresarial: argumentos para uma mudança", da Organização Internacional do Trabalho (OIT, 2019), aplicado em 13 mil empresas de 70 países, identificou que, para mais de 75% das organizações entrevistadas, os resultados crescem com mulheres em cargos de liderança. Esse mesmo relatório apontou que três entre quatro das empresas que monitoram a diversidade de gênero em posições diretivas obtiveram aumento dos lucros entre 5% e 20%.

A mulher tem uma capacidade de enxergar o diferente e, quando atua de maneira colaborativa com os homens, traz uma riqueza para o sistema de saúde, especialmente pela sua sensibilidade, empatia e flexibilidade na gestão das pessoas, impactando positivamente os resultados dos negócios.

Como maneira de tentar aplacar os anos de abismo entre as oportunidades para homens e mulheres, algumas empresas têm desenvolvido políticas para maior inserção feminina em seus contingentes de trabalho. E não se trata apenas de reparação histórica: dados mostram que a diversidade faz bem, financeiramente falando, a qualquer tipo de negócio. Percebe-se que, no mercado, há um grande problema em tratar profissionais com inteligências distintas de um mesma jeito. Estudos demonstram que mulheres e homens têm diferentes habilidades e perspectivas para o trabalho, inclusive têm posturas distintas com relação ao risco e à colaboração.

Liderança feminina

Os estudos sobre liderança demonstram que as mulheres possuem virtudes como sensibilidade, empatia, ousadia, alto grau de criatividade, versatilidade, percepção aguçada e flexibilidade, fazendo, dessa maneira, a diferença no comando das organizações. Enquanto os homens escondem algumas características para não parecerem frágeis.

Levando por essa ótica, a presença feminina se enquadra perfeitamente, pois é necessário utilizar melhor a diversidade de talentos, a heterogeneidade de percepções e a humanização na gestão.

A pesquisa da Catho (2019) demonstra que a participação da mulher no mercado de trabalho em cargos de liderança está aumentando gradativamente a cada ano, ultrapassando 60% nos cargos de coordenação e, aos poucos, avança em cargos executivos na presidência de empresas e em Conselhos de Administração.

Embora as mulheres tenham conquistado uma participação mais clara e expressiva no mercado de consumo e no trabalho, um estudo recente do Insper com o Talenses Group revelou que, no Brasil, apenas 13% das empresas têm CEOs mulheres. Esse cenário se replica na saúde. Ainda que as mulheres representem 65% dos mais de seis milhões de profissionais da saúde pública e privada, no âmbito de tomadas de decisões o número de mulheres em cargos de gestão e liderança ainda é baixo.

A liderança feminina ainda é um tema bastante controverso no que diz respeito a quanto as empresas estão contribuindo para a igualdade de gênero. Não se trata apenas de entender que é preciso oferecer as mesmas oportunidades para as profissionais do sexo feminino, mas sim de mudar de perspectiva e enxergar o potencial que elas têm para contribuir com uma cultura organizacional mais forte.

A liderança feminina é essencial para estabelecer a igualdade de gênero dentro de uma empresa e, assim, contribuir para a igualdade na sociedade. Ainda que enfrentem muitos obstáculos para chegarem a uma posição de chefia, as profissionais têm toda a capacidade técnica e comportamental para lidar bem com as demandas de um cargo de alto escalão. As competências que formam o perfil da liderança feminina são essenciais para o período dinâmico pelo qual o mercado corporativo está passando, influenciado pela transformação digital e o futuro do trabalho. Toda a construção de um ambiente profissional mais igualitário, diverso e inclusivo tem capacidade de gerar resultados que vão além do aspecto financeiro. É uma política a ser adotada pela gestão

Andréa Simone Brandão

de capital humano, com objetivo de aumentar o engajamento e a satisfação dos colaboradores, refletindo no fortalecimento do ambiente corporativo e consequentemente no reconhecimento da marca perante a sociedade. Por consequência, os clientes mais críticos passam a ver a empresa com outros olhos, aumentando a atração e retenção desses, gerando lucro orgânico e bruto.

Em um estímulo a esse processo, a Organização das Nações Unidas (ONU) – Mulheres e o Pacto Global elaborou os Princípios de Empoderamento das Mulheres, que visam orientar empresas a implementar práticas e ações que concretizem a igualdade de gênero.

Na publicação que adequa os princípios ao contexto brasileiro, em que estudos mostram que apenas 3% dos cargos de liderança são ocupados por mulheres, seguem-se as sete normativas:

a. Estabelecer liderança corporativa sensível à igualdade de gênero, no mais alto nível.

b. Tratar todas as mulheres e homens de maneira justa no trabalho, respeitando e apoiando os direitos humanos e a não discriminação.

c. Garantir a saúde, segurança e bem-estar de todas as mulheres e homens que trabalham na empresa.

d. Promover educação, capacitação e desenvolvimento profissional para as mulheres.

e. Apoiar o empreendedorismo de mulheres e promover políticas de empoderamento das mulheres por meio das cadeias de suprimentos e marketing.

f. Promover a igualdade de gênero por meio de iniciativas voltadas à comunidade e ao ativismo social.

g. Medir, documentar e publicar os progressos da empresa na promoção da igualdade de gênero.

Os diferenciais da liderança feminina

Mais do que a capacidade técnica para ocupar cargos de liderança, elas têm naturalmente um perfil que contribui muito para a cultura interna. Existem algumas características que são preponderantes ao comportamento das mulheres no ambiente corporativo: resiliência, empatia, horizontalidade e flexibilidade. Outra qualidade feminina é ser multitarefa, ou seja, consegue administrar todas as responsabilidades ao mesmo tempo e observa as necessidades dos colaboradores da equipe. São mais propensas a se adaptarem às mudanças e a lidarem melhor com novidades do mercado.

Ainda que estejamos em processo de avanço rumo ao objetivo de tornar o ambiente corporativo mais igualitário, é possível observar o que as empresas estão fazendo para que isso de fato ocorra:

1. Criação de programas de mentoria, *coaching* e incentivo à participação de mulheres em cargos dominados por homens para que haja referências em que profissionais possam se projetar.
2. Criação de comitês focados em debater a liderança feminina e gerenciar as ações e envolvimento em altos cargos.
3. Adoção de uma política formal de compromisso com a equidade de gênero e diversidade.
4. Inclusão de mulheres em processos de conscientização, além da criação de um canal de denúncias e combate à discriminação de gênero.
5. Incentivo e apoio ao equilíbrio entre vida profissional e pessoal, flexibilizando a jornada de trabalho.

A gestão feminina é, sob muitos aspectos, fundamental para o desenvolvimento das empresas e da economia mundial. Comparada com outras áreas de atuação, a presença de mulheres na saúde sempre foi muito marcante e vem conquistando mais espaço gradativamente.

Mais do que rendimento financeiro, a ocupação dos cargos de liderança por mulheres reflete o reconhecimento delas, abrindo mais oportunidades e caminhos para mulheres em futuros negócios.

Referências

AGUIAR, N. (org.). *Mulheres na força de trabalho na América Latina: análises qualitativas.* Petrópolis: Vozes, 1984.

HUNT, M. *DreamMakers: agentes de transformações.* Rio de Janeiro: Qualitymark, 2010.

RODRIGUES, S. C.; SILVA, G. R. da. A liderança feminina no mercado de trabalho. *Revista digital de Administração Faciplac,* vol. 1, 2015.

SCHLICKMANN, E.; PIZARRO, D. A evolução da mulher no trabalho: uma abordagem sob a ótica da liderança. *Revista Borges.* ISSN 2179-4308, vol. 3, n. 1., 2013.

CARREIRA DIGITAL
COMO TER UMA PARA CHAMAR DE SUA

Neste capítulo, você será desafiado a analisar a aderência de sua carreira ao digital. Será que você está preparado ou a sua carreira está correndo risco de extinção? Se você chegou até aqui, significa que ainda há tempo. Vamos pensar a sua carreira digital?

ANDREIA STANGER

Andreia Stanger

Formação em Informática, Administração, Marketing Digital. Especialista em Marketing, Metodologia do Ensino, Administração Pública, Psicologia Sexual, Terapia Sistêmica e Teoria Cognitivo-comportamental. Mestrado e doutorado em Engenharia de Produção e mestre em Administração com ênfase em Criminalística. Perita criminal da Polícia Federal na área de crimes cibernéticos, professora, tutora, pesquisadora, estudante inveterada cursando, atualmente, fotografia e psicologia, além de vários outros cursos. Quanto à formação extracurricular, tem graduação em DESAFIOS, licenciada em CORAGEM, pós-graduada em EAD – ESFORÇO, AMOR e DEDICAÇÃO, mestrado em MUDANÇAS, doutorado em RECOMEÇOS, e Ph.d. em RESILIÊNCIA. Adora se reunir com os amigos, comer, ler, beber vinhos, café, dogs, viajar, aprender novos assuntos e incentivar as pessoas na busca da sua melhor versão.

Contatos
academiastanger.com.br
andreia.stanger@gmail.com
Instagram: andreia.stanger
LinkedIn: linkedin.com/in/andreia-stanger/
82 99832 0770

Meu currículo começou a ser construído aos 10 anos de idade com um curso de datilografia que, segundo meus pais, era obrigatório; caso contrário, não conseguiria arrumar trabalho e vencer na vida. Fora essa orientação, todos os demais cursos foram inseridos no currículo baseado no que eu queria aprender. Nunca tive um mentor e tampouco houve um planejamento formal, até porque morar em lugares inóspitos e com poucas opções me fez agarrar toda e qualquer oportunidade que aparecesse.

Sempre tive curiosidade e quis aprender sobre todos os assuntos: de artes manuais à alta tecnologia. E, nessa trajetória de vida já se somam cinco cursos de graduação, mais de dez cursos de pós-graduação, dois mestrados e um doutorado, fora as outras centenas de formações concluídas e em andamento.

E, sinceramente, não acho que isso seja suficiente. Há muito o que aprender, incluindo sobre o tema deste capítulo: carreira digital.

Da mesma forma que aconteceu com a carreira formal, a digital foi construída por tentativa e erro, baseada na observação das redes sociais, livros, cursos on-line, vídeos, blogs e *podcasts*.

Sinto-me preparada para falar sobre carreira digital? Não! Até porque, da escrita até o lançamento da obra, muita coisa já terá mudado.

Eis o dilema: como escrever sobre algo que é tão etéreo? Como tratar de um assunto vivo sem que se torne obsoleto em pouco tempo? Mas afinal, o que é uma carreira digital? De maneira simples pode-se dizer que se trata da trajetória de um profissional em ambientes de internet, sua presença digital e que não necessariamente se aplica a profissionais da área de Tecnologia da Informação (TI).

Qualquer profissional, independentemente da área, precisa se preocupar com ela, pois caso contrário corre o risco de cair no esquecimento, de não ser encontrado, ser "cancelado" ou mesmo ter sua empregabilidade prejudicada. Eis a sua importância.

Impulsionadores de carreira

A grande questão é justamente esta: como construir uma carreira digital? Quais cursos fazer? É necessário fazer uma faculdade? Quais são as habilidades e competências que preciso adquirir? Como estar preparado em um ambiente de constantes mudanças? Como não se tornar obsoleto em um ambiente de mudanças disruptivas?

Desde décadas passadas já se falava que a tecnologia iria substituir o homem e que muitas profissões seriam extintas. Isso realmente aconteceu com várias profissões, porém muitas outras surgiram e, geralmente, estão ligadas ao "digital".

Basta uma rápida pesquisa na internet e encontramos profissionais que se intitulam afiliados, blogueiros, especialistas em negócios digitais, influenciadores, analistas de redes sociais, desenvolvedores de aplicativos, autores de e-books, fotógrafos digitais, dentre outros. Profissões essas que não existiam até alguns anos atrás.

Há perfis nas redes sociais que somam milhares, quando não milhões, de seguidores, que vendem produtos e serviços digitais, cursos, mentorias e que na maioria das vezes criaram um "método" ou vendem soluções que, a *priori*, não possuem qualquer embasamento científico, mas que foram construídos com base na aplicabilidade ou na descoberta de algum *hack* dos aplicativos/plataformas ou que exploram algum ponto do "algoritmo".

Ao mesmo tempo, quem acompanha esses perfis fica perdido porque cada um apresenta metodologias ou fórmulas que devem ser seguidas para se obter sucesso. Ao passo de um clique, surge outro perfil propondo justamente o contrário. Quem está certo?

Porém, ao fazer uma análise desses perfis verifica-se que são "celebridades" em suas áreas. Os resultados financeiros são bastante expressivos. E a ferramenta de trabalho deles é um dispositivo móvel e uma conexão de internet, apenas.

Eis então que surgem questionamentos sobre como construir uma carreira digital, pois tudo o que sabíamos sobre planejamento, orientação, transição e posicionamento de carreira precisa ser revisto.

A solução, teoricamente, é simples: saber onde está (diagnóstico) e para onde se quer ir e traçar as estratégias para alcançar o objetivo. Simples, mas nada fácil. Lembra da *Alice no País das Maravilhas*? Aquela que não sabia para onde ir? Pois é, se não sabe para onde ir qualquer caminho serve, já dizia o gato.

Para tanto, ouso destacar alguns desafios aos quais os profissionais precisam estar atentos, bem como proponho alguns passos para não se perder no caminho.

O primeiro grande desafio é o autoconhecimento. Será necessário compreender o posicionamento atual e o desejado (futuro), conhecer a própria personalidade para fazer o design da carreira alinhado ao objetivo. Compreender sobre o perfil nas redes sociais, se é extrovertido ou não, por exemplo, que "tom" pretende dar à sua comunicação, que tipo de habilidades midiáticas possui, dentre vários outros questionamentos.

A análise do currículo pode ajudar nesse processo para identificar os resultados e as experiências passadas, porém ele reflete apenas o passado.

O segundo desafio é ressignificar seu trabalho, questionando-se o que faz, por que faz e com qual propósito. A carreira atual reflete seu propósito? Se sim, o que fazer para que ela esteja posicionada, digitalmente falando? Se não, o que é necessário fazer para adequá-la?

Para tanto faz-se necessário ter visão e saber quais são as oportunidades que podem ser exploradas, estar alinhado com as tecnologias existentes e ter percepção para as mudanças. É preciso ter uma visão e decidir se é necessário atualizar ou mesmo migrar para uma outra área.

Como resultado, tem-se um *gap* que deve ser preenchido com novos conhecimentos, habilidades e competências, e que, ainda assim, precisam ser revisitados sempre para ajustes.

O terceiro desafio é construir uma base sólida. E, para tanto, são necessários *hard* e *softs skills*. Além disso, há que se considerar o *lifelong learning*, ou seja, ter uma formação continuada alinhada com as metas definidas, mas sem deixar de estar atento às mudanças do mercado. Para tanto, deve-se desenvolver várias competências tecnológicas, dentre elas aprender a lidar com novas tecnologias e estar qualificado com novas habilidades relacionadas às transformações digitais (*upskilling*).

Mas, afinal, quais são os benefícios de ter uma carreira digital?

Há muitos, dentre eles a questão de horários de trabalho flexíveis, a mobilidade do *home office* ou mesmo permitir ter uma carreira enquanto se é nômade digital. Também não há uma limitação de valores a receber; afinal, o limite é a disponibilidade do profissional, que pode ser ultrapassado quando se pensa em negócios escaláveis. Ou seja, o céu é o limite. Entretanto, sugere-se que a escolha dessa carreira digital não seja feita pautando-se apenas na possibilidade de ganhos, mas sim que esteja alinhada com os valores e propósitos, o que, aliás, continua sendo a grande questão.

É comum ver pessoas que desenvolveram negócios baseados em *hobbies*, preferências pessoais, paixões e sonhos que nada tinham a ver com sua formação. A paixão é uma grande mola propulsora. Ou seja, na maioria dos casos não é necessário ter uma formação formal, ou anos de conhecimentos aprofundados em algum assunto específico, mas sim estar conectado com sua própria essência.

Dentre os conhecimentos, além dos da sua área de formação, faz-se necessário estar capacitado em novas tecnologias, marketing e comunicação. E, considerando esse cenário em que a única certeza é a da mudança, torna-se um grande desafio propor passos para a construção da sua carreira digital, porém vou me arriscar.

O primeiro deles é pensar na sua carreira como um negócio. Para tanto, faz-se necessário ter um pensamento empreendedor, considerando a carreira de maneira estratégica. Analisar pontos fortes e fracos, ameaças e oportunidades e fazer o planejamento estratégico com foco no objetivo.

Outro ponto é o autogerenciamento. Por mais que possa obter ajuda no planejamento e orientação de carreira, ainda assim a responsabilidade é sua e cabe apenas a você gerenciá-la. Não é possível terceirizar.

Conhecer e ter aderência às novas tecnologias, porém sem perder a essência. Ao mesmo tempo que é necessário conhecer as tecnologias, deve-se aprender a separar o que está alinhado aos seus propósitos e o que deve ser descartado. Não é porque tem uma nova tecnologia que é necessário fazer presença lá.

Um dos grandes pilares do digital é a constância. Os perfis de destaque e que crescem no digital têm em comum a constância de suas publicações, por meses, por anos. Adaptando-se às mudanças, porém sem perder a essência.

Capacitar-se em marketing digital, conhecer sobre estratégias de negócios, *business intelligence, e-commerce*, comportamento digital, estratégias multicanais (*omnichannel*), redes sociais, plataformas e comunicação digital como um todo.

Aliás, comunicação digital merece um capítulo à parte, pois há a necessidade do domínio de conhecimentos específicos, pois a linguagem também é digital. Aqui destacam-se conhecimentos de iluminação, som, vídeo, imagens, diagramação, *copywritting*, bem como de enquadramento, cenário, dentre outros. O domínio de conhecimentos específicos relacionados à segurança digital, bem como questões comportamentais relacionadas a engajamento e cultura digital.

A colaboração é a grande tônica do digital e as pessoas compartilham conteúdos por diversos motivos. Há uma estratégia por trás disso, que é o uso das chamadas "iscas digitais", que são conteúdos fornecidos de maneira gratuita com vistas a obter os dados do contato (*leads*) e, posteriormente, poder oferecer algum tipo de produto/serviço. Em que pese o objetivo, esses conteúdos, na maioria das vezes, ajudam as pessoas com informações sobre determinado assunto.

A postura do profissional diante desse mundo digital também é de suma importância. Deve-se considerar como se dará a sua apresentação, sua imagem pessoal, escolha de cores, fontes, símbolos; enfim, como será a construção da sua presença digital, do seu *branding* pessoal. Tudo comunica, das imagens aos textos, o "tom de voz", a escolha do nome do perfil, dentre outros. Haja vista que a partir do momento que alguém cria um perfil em uma rede se expõe e seu perfil torna-se vitrine.

Essa presença digital pode ocorrer desde a criação de um perfil em redes sociais, exposição do currículo on-line, notícias relacionadas, opiniões emitidas, portfólio de produtos/serviços até mesmo como ser encontrado por mecanismos de busca.

O *networking* digital também é um grande diferencial. Pessoas se conectam no digital e levam os relacionamentos para o presencial. Aqui pode-se falar desde oportunidades de empregos até o convite para cursos, palestras e também escrita colaborativa de livros, como o caso deste. Assim como no presencial, saber usar o *networking* de modo inteligente é imprescindível para não se tornar um "chato digital".

Além de competências técnicas são necessárias habilidades socioemocionais como resiliência, aprender com os erros seus e dos outros, ter capacidade de resolução de problemas, criatividade, inovação e pensamento crítico (principalmente com as novas tecnologias).

E assim retornamos ao princípio, em que o autoconhecimento é a grande chave. O que eu vou fazer no digital? Por quê? Quando? Como? Quero aparecer ou não? Como vou me comunicar? Como quero que minha carreira seja vista? Quais valores entrego? Vou compartilhar conhecimentos? Quais produtos/serviços? Em quais plataformas? Quais estratégias vou usar? São muitas as questões e, apesar de parecem simples, exigem um profundo exercício de reflexão e alinhamento com o propósito e a essência.

Sugiro, por fim, definir os seus próprios parâmetros de sucesso. O que é sucesso para você? Ter mobilidade? Ter seguidores? Tornar-se conhecido? Ser referência na área? Você pode até analisar outros perfis, mas sugiro não se comparar a eles. Isso não ajuda em nada! Use a sua história passada e seja melhor um pouco a cada dia.

Lembre-se de que a construção de uma carreira digital é algo que deve ser feito com constância. É uma construção diária e simplesmente nenhum profissional pode se dar ao luxo de se capacitar primeiro, para depois entrar no digital. É necessário construir o avião durante o voo.

Toda a formação que faz parte da minha carreira, incluindo o tal curso de datilografia, me permite dizer que não existem fórmulas; afinal, cada carreira digital é única.

O que eu posso fazer é ajudar você na análise de perfil, pensar em como crescer no digital, como ter presença alinhada aos propósitos, como derrubar limitações e fronteiras, como ter mentalidade global, como pensar estrategicamente e não cair em modismos. Para isso, posso usar os meus conhecimentos obtidos nos cursos de administração, de informática, de segurança da informação, de marketing ou mesmo de psicologia, mas, mesmo assim, se você for fazer uma mentoria comigo, o resultado dela será único, pois é a SUA CARREIRA DIGITAL e ela precisa estar alinhada à sua vida, à sua essência.

Para finalizar, deixo apenas um conselho: você não pode demorar, tem que estar pronto já! Você está?

Obrigada por me deixar fazer parte de sua história.

06

AUTOCONHECIMENTO E CARREIRA
A CONTRIBUIÇÃO DA BIOGRAFIA HUMANA E DOS CICLOS DE DESENVOLVIMENTO

O autoconhecimento pode contribuir para o melhor direcionamento na trajetória profissional (mudanças de emprego ou de profissão, promoções ou novos projetos). A biografia humana, por meio dos ciclos de desenvolvimento, dos ritmos, das crises e das qualidades anímicas planetárias, oferece essa possibilidade de trazer *insights* valiosos para o planejamento atual e futuro da carreira.

ANGELA VEGA

Angela Vega

Engenheira química (UFRJ), designer e facilitadora de processos de desenvolvimento. MBA executivo em Gestão de Negócios (IBMEC), pós-graduada em Filosofia e Autoconhecimento e em Ciências Humanas (PUC-RS), com especializações na FDC, Insead (França), Adigo, Amana-Key, Presencing Institute (Teoria U) e Aprendix. *Coach* (executiva, de vida e de carreira), qualificada como *Coach* TimetoThink (Inglaterra), na metodologia *Thinking Environment* e aconselhadora biográfica, pela Associação Sagres, reconhecida pela Seção Geral do Goetheanum (Suíça). Em 33 anos de carreira empresarial, coordenou e desenvolveu projetos de gestão da mudança, desenvolvimento de lideranças, organização, ouvidoria e comunicação não violenta. Criadora do *workshop* Carreira e Biografia, inspirado em uma viagem de navio, com paradas em quatro portos (Ritmos, Crises, Relacionamentos e Planejamento). Atua como aconselhadora biográfica, *coach*, consultora e palestrante. Gosta de ler, estudar, viajar e compartilhar conhecimentos.

Contatos
angelavegamar@gmail.com
Instagram: @angelavegamartinez
LinkedIn: linkedin.com/in/angelavegamar/

A biografia é uma sinfonia que cada indivíduo compõe.
BERNARD LIEVEGOED

A importância do autoconhecimento

O processo de autoconhecimento é uma jornada contínua de aprendizado, descoberta e desenvolvimento pessoal. Conhecer a personalidade, habilidades, valores, preferências e interesses contribui para o melhor direcionamento na trajetória profissional (mudanças de emprego, promoções ou novos projetos). Por isso, quando se identificam talentos e pontos fortes pessoais, energia e esforços podem ser aplicados nas áreas em que se tenha maior aptidão, aumentando as chances de sucesso e satisfação profissional. O autoconhecimento leva a reconhecer áreas que precisam de aprimoramento, o que é fundamental para a carreira, pois proporciona clareza, direção e autenticidade.

A biografia humana como fonte de autoconhecimento

Diversos caminhos podem conduzir ao autoconhecimento, dentre eles a biografia humana e os ciclos de desenvolvimento. Embora cada biografia seja única, existe um conjunto de leis universais das quais todos os seres humanos compartilham. Já na Grécia Antiga, o estadista e legislador Sólon escreveu um poema em que dividia a vida em períodos de sete anos (setênios). Entre os séculos XIX e XX, o filósofo e educador austro-húngaro Rudolf Steiner (1861-1925) desenhou as leis biográficas, em várias palestras, com a visão do desenvolvimento do ser humano. O médico e psiquiatra holandês Bernard Lievegoed (1905-1992) estudou diferentes abordagens que tratavam de entender a vida humana. Com base na visão antroposófica (Antroposofia = sabedoria do ser humano), Lievegoed sistematizou e organizou as fases da

Impulsionadores de carreira

vida em setênios e seus ritmos. Segundo essa visão, desde o nascimento até os 63 anos, o ser humano estaria sujeito às leis biográficas e, após essa idade, estaríamos livres para uma nova profissão, uma nova missão. Na abordagem da biografia humana, identificam-se três blocos maiores: 0 a 21 anos, 21 a 42 anos e 42 a 63 anos. Podemos encontrar paralelos interessantes, por exemplo, na sabedoria chinesa, que divide a vida em três estágios: 20 anos para aprender, 20 anos para lutar e 20 anos para se tornar sábio. As estações do ano também podem ilustrar as etapas da vida: primavera (0 a 21 anos), verão (21 a 42 anos), outono (42 a 63 anos) e inverno (63 anos em diante). Cada fase apresenta sua tônica característica. No ciclo de 0 a 21 anos, estamos na fase da educação receptiva, na qual aprendemos em instituições de ensino, família e sociedade, absorvendo o conhecimento proveniente do ambiente e das pessoas ao nosso redor. Na fase subsequente, que compreende os 21 a 42 anos, tornamo-nos responsáveis por buscar nossas próprias fontes de aprendizado, a fim de promover o autodesenvolvimento na etapa seguinte, dos 42 aos 63 anos, na qual buscamos alcançar a sabedoria. O aprofundamento em sua biografia sob o prisma das leis da biografia humana, (re)conhecendo os ciclos, os ritmos e as curvas de desenvolvimento, permite olhar para si e identificar fatos, sentimentos, ações e encontros que aconteceram nas várias fases da vida.

Os ritmos e seus sinais

Os ritmos permeiam a existência, mesmo que não estejamos conscientes disso. O amanhecer e o anoitecer, as fases da lua e as mudanças das estações são manifestações dos ritmos presentes em nossas vidas. Entre as leis biográficas, há ritmos que podem ser analisados: abordaremos os do Nodo Lunar e o de Júpiter, por estarem diretamente relacionados à carreira. O ritmo do Nodo Lunar acontece a cada 18,5 anos, trazendo a conexão com o propósito e a missão de vida. Realizando esta, estaremos mais conectados com nossa essência e, assim, seremos mais felizes. Na passagem do primeiro nodo lunar, que acontece aproximadamente aos 18,5 anos de idade, ocorre um vislumbre de nossa missão, do nosso propósito de vida. Aos 37 anos, podem ocorrer fatos ou surgir um questionamento interior sobre o cumprimento de nossa missão (Estou na profissão correta? Estou realizando minha missão?). Já no portal dos 56 anos (55 e 10 meses), surge a oportunidade de pensarmos em uma nova missão para o pós-63 anos, e trabalhar em uma reavaliação dos valores individuais, observando e intuindo as necessidades do mundo. O ritmo de

Júpiter, que acontece a cada 12 anos, está relacionado com a vocação ("a voz interna"), que pode ser expressa pela profissão. Quais eram suas brincadeiras e jogos preferidos aos 12 anos de idade? O resgate dessas atividades pode trazer insumos a serem ressignificados para a busca de opções de carreira e (re)direcionamento. Podem ainda ser pesquisadas as idades relacionadas ao meio-ciclo, isto é, a cada 6 anos. Tenho observado algumas pessoas vivenciarem o marco da aposentadoria aos 60 anos.

O valor das crises

Ao longo da vida, enfrentamos diversas crises e, dentro do contexto da biografia humana, há marcos nas viradas de setênios (21, 28, 35 e 42 anos) que podem ser vistos como oportunidades de desenvolvimento do ser humano. Nessas fases, podemos trabalhar nossa força interior, aprofundar nosso sentido de vida e ajustar o rumo na direção da nossa missão pessoal. A palavra "crise", derivada do grego *Krisis*, significa quebra, separação, decisão, julgamento e escolha. Após uma crise, tudo se transforma, pois há inevitável mudança de direção. O certo é que vamos passar por crises, com maior ou menor intensidade e aprendendo ou não as lições necessárias. Aos 21 anos, surge a crise da identidade, e o jovem busca seu caminho e a diferenciação da família. Para aqueles que já se iniciaram na profissão, por conta de formação técnica, ou que estão fazendo curso superior, pode surgir o questionamento sobre a carreira escolhida. Aos 28 anos, com a crise dos talentos, as aptidões com as quais nascemos são colocadas em xeque: são efetivamente minhas ou pertencem ao meu passado? Quais aptidões, a partir de esforço próprio, preciso desenvolver para o futuro? Também podem surgir dúvidas se estamos no caminho correto ou sobre qual caminho seguir. A crise da autenticidade chega aos 35 anos, trazendo, como tarefa de desenvolvimento, a transformação da crítica externa em autocrítica. Somos levados a questionar: "Quem sou eu, realmente? Quais são meus valores? Quais são meus limites? Como posso ser autêntico em minha ação e nas minhas relações? Em que dimensões da vida eu não vivo de acordo com meus valores?" A crise existencial (42 anos), também chamada popularmente de "crise dos 40", coloca-nos diante do decaimento das forças físicas. Do alto da montanha, enxergamos toda a paisagem. O futuro está efetivamente em nossas mãos e depende do esforço pessoal. Como encontrar um novo patamar e encarar as novas dimensões da vida? Apresentam-se três caminhos possíveis: entregar-se ao decaimento; tentar manter o ritmo (separar-se e casar-se de novo, ter ou adotar filhos, cirurgias plásticas); e ir em direção à espiritualidade (buscar a transcendência, seja por práticas de *mindfulness* e meditação, seja por meio da religião). Quanto mais nos dispusermos a viver nossas crises, mais fortaleceremos nosso Eu, para vivermos a missão individual e dar nossa contribuição à humanidade.

Os potenciais presentes nas qualidades anímicas planetárias

Olhar para o céu estrelado sempre exerceu um fascínio sobre o ser humano. O astrônomo norte-americano Carl Sagan dizia que nós – humanos, seres vivos da Terra, o próprio planeta e todo o sistema solar – somos feitos de poeira de estrelas.

Segundo a Antroposofia, o macrocosmo aproxima-se do microcosmo no terceiro setênio (14 aos 21 anos), quando são manifestadas as chamadas qualidades planetárias ou anímicas ("da alma"). As sete qualidades anímicas são representadas pelos "planetas" com seus tipos característicos: Saturno, Lua, Júpiter, Mercúrio, Marte, Vênus e Sol. Cada tipo apresenta formas específicas de pensar, sentir e agir, que podem ser relacionadas às profissões, como veremos a seguir.

O **tipo saturnino** (o pesquisador) é caracterizado por ser detalhista, persistente e ter boa memória. Possui mentalidade investigadora e tende a se aprofundar na essência das coisas. Suas características são associadas a profissões como historiador, filósofo, teólogo e arqueólogo, que requerem análise minuciosa, reflexão profunda e busca pelo conhecimento em sua forma mais essencial.

O **tipo lunar** (o arquivador, o preservador) é descrito como sonhador, reflete o ambiente ao seu redor, possui boa memória (fotográfica) e conexão com a natureza e a nutrição. Tem habilidades de organização, classificação e arquivamento. As profissões características desse tipo incluem bibliotecário, arquivista, colecionador de arte, jardineiro, cozinheiro, nutricionista e agricultor. Essas ocupações estão relacionadas à preservação do passado, por meio de organização e conservação de registros e documentos, de manutenção de coleções de arte, de cuidado com o meio ambiente e de produção de alimentos saudáveis.

O **tipo jupiteriano** (o organizador) é caracterizado por ter visão global e habilidade para organizar seu mundo de ideias em sistemas e teorias. É capaz de realizar sínteses e compreender o todo de maneira eficiente. É adequado para funções de liderança, como empresário, sacerdote, filósofo ou juiz. A visão ampla e a capacidade de liderança contribuem para o sucesso nessas áreas.

O **tipo mercurial** (o inovador) é caracterizado por viver no presente e demonstrar flexibilidade e adaptabilidade. São indivíduos curiosos, ávidos por conhecimento, criativos, bons em argumentação e com boa memória (detalhes). Apesar de terem bom relacionamento com as pessoas, tendem a manter apenas vínculos superficiais. Podem ser encontrados em profissões como comerciante, guia turístico, médico, mediador, comunicador e detetive, pois são capazes de manter o fluxo e renovar situações estagnadas.

O **tipo marciano** (o empreendedor) é caracterizado por ter espírito empreendedor e criativo, capaz de transformar ideias em realidade. São convincentes em seu discurso e não toleram críticas, mas são críticos por natureza. Sentem prazer em concretizar objetivos, buscando vencer desafios. Esse tipo pode ser encontrado entre empreendedores, oradores, políticos, construtores e engenheiros, pois estes têm a habilidade de trazer ideias para a realidade de maneira efetiva.

O **tipo venusiano** (o cuidador) é caracterizado por possuir refinado senso estético, sendo apreciador da beleza. São imaginativos e criativos. Demonstram calor humano e acolhimento, com forte capacidade de compaixão. Profissionais característicos desse tipo são enfermeiros, psicólogos, decoradores, comissários de bordo e garçons, pois desempenham papel importante em manter o ambiente funcionando e criam atmosferas propícias para o bem-estar das pessoas.

O **tipo solar** (o criador, o integrador) é caracterizado pela harmonia das seis qualidades planetárias. Possui coração generoso e forte senso de justiça. Tem capacidade de sintetizar várias opiniões, aproveitando o que os outros têm a dizer. É altruísta, generoso, caloroso e confia nas pessoas. Ao ativar a qualidade solar em qualquer profissão, é possível utilizar de maneira oportuna e criativa as outras seis: o pesquisador, o arquivador, o organizador, o inovador, o empreendedor e o cuidador.

Vale lembrar, então, o seu terceiro setênio. Reflita: com qual tipo anímico planetário você mais se identificava? Sua escolha de profissão estava alinhada com aquela qualidade? Sua carreira atual está mais conectada a qual qualidade anímica? Na fase da maturidade, também é possível explorar, no terceiro setênio, potenciais, ideais e qualidades planetárias em busca de inspirações para uma nova profissão ou atividade.

Conhecimento em ação: resgatando a própria biografia

A vida só pode ser compreendida olhando-se para trás; mas só pode ser vivida olhando-se para a frente.
SÖREN KIERKEGAARD

Para usar os conceitos e as ideias já referidas de maneira prática, registre os acontecimentos da sua história de vida: nodos lunares (18,5; 37; 55,5 anos), ritmos de Júpiter (12, 24, 36, 48 e 60 anos) e meio-ciclo de Júpiter (6, 18, 30, 42 e 54 anos). Que qualidade anímica se manifestou no 3º setênio? Quais você desenvolveu ao longo da sua carreira? Recorde fatos, sentimentos e contextos presentes. Que percepções e inspirações surgem? Que conexões você pode observar? Durante o 3º setênio, há três eventos significativos que podem proporcionar *insights*: a manifestação da qualidade anímica, a primeira passagem do Nodo Lunar (18 anos e 6 meses) e um meio-ciclo de Júpiter (18 anos). Nessa fase, com a tônica sendo "o mundo é verdadeiro", ocorre a identificação com ideais que podem se traduzir na escolha da carreira. Resgatar potenciais, sonhos e ideais dessa época podem servir como inspiração para novas profissões, novas atividades, novos negócios... Recordar esses momentos pode trazer à consciência padrões e crenças, fatos e histórias, em que você poderá buscar ideias a serem usadas para o planejamento atual e futuro de sua carreira, a partir da identificação de metas e de mudanças. Boas reflexões!

Referências

ABAB. *Coletânea Aconselhamento biográfico: o que é, para quem e como acontece.* Vários autores. São Paulo: Reality Books, 2023.

BURKHARD, G. K. *Tomar a vida nas próprias mãos: como trabalhar na própria biografia o conhecimento das leis gerais do desenvolvimento humano.* São Paulo: Antroposófica, 2000.

BURKHARD, G. K. *Livres na terceira idade! Leis biográficas após os 63 anos.* São Paulo: Antroposófica, 2011.

LIEVEGOED, B. *Fases da vida – crises e desenvolvimento da individualidade.* São Paulo: Antroposófica, 2007.

JUSTO, A. A.; BURKHARD, G. K. *As qualidades anímicas planetárias.* São Paulo: Antroposófica, 2021.

07

A IMPORTÂNCIA DE UM BOM CHEFE EM NOSSA CARREIRA

Este capítulo pretende demonstrar os benefícios e as vantagens que um profissional ganharia em sua carreira se tivesse um bom chefe. O texto apresenta exemplos diversos durante a carreira do autor, bem como chama a atenção ao reconhecimento do profissional que um dia lhe ensinou a assim agir. E a recomendação para que esse gesto seja copiado é bastante contundente, até porque um chefe não exemplar pode prejudicar muito o sucesso de um profissional.

ANTONIO SALVADOR MORANTE

Antonio Salvador Morante

Economista, administrador e contabilista – formado pela Fecap. Mestre em Ciências Contábeis pela PUC-SP, doutorado em Comunicação e Semiótica pela PUC-SP e doutor em Administração pela Flórida Christian University (EUA), com diploma reconhecido no Brasil. CEO do Grupo FB, é professor universitário no MBA da FIA há 14 anos. Exerceu, até 2010, o cargo de professor e coordenador de curso de administração e contábeis da Unip. Tem experiência nas áreas administrativas, financeiras, comerciais e operacionais, tendo trabalhado, durante 40 anos, em empresas de grande porte, industriais, comerciais ede prestação de serviços de segurança patrimonial e eletrônica. Paralelamente, embora não exerça atualmente, é perito judicial nas áreas contábil e administrativa. É homologado CFO pelo IBEF (Instituto Brasileiro de Executivos Financeiros). É autor de seis livros na área financeira e contábil, além de um livro com experiências pessoais denominado *Ontem, hoje e amanhã* (Literare Books International), e outro em coautoria intitulado *Elefante não voa* (Literare Books International).

Contatos
morante@grupofb.com.br
11 3138 3170 / 11 99984 1515

Lendo mais uma vez o livro *Confiteor*, de Paulo Setúbal, ele diz... "Há emoções que abrem talhos incicatrizáveis na alma da gente".

Mas o que teria essa tão importante e famosa afirmação, contida num livro tão famoso, a ver com o título do meu capítulo?

Se a interpretação for como eu senti, tem muito de significativo, sim. Um dia, em minha vida profissional, eu passei por este tipo de emoção.

Era meu primeiro emprego, eu estudava o curso de técnico de contabilidade à noite, e meu chefe e diretor, Sr. Rubens, me chamou e disse: você entrou aqui como *office boy*, passou a faturista e agora não vai me pedir para mudar de função na área administrativa?

Eu me surpreendi, sequer sabia se poderia fazer um pedido desse tipo e respondi: "Quero sim, eu gostaria de trabalhar como auxiliar no setor financeiro".

Afinal, o curso que eu fazia me atraía, como posteriormente me atraía a cursar ciências econômicas, e posteriormente administração.

E o Sr. Rubens me transferiu imediatamente para dirigir o setor financeiro, porque a encarregada havia pedido demissão.

Certo dia fui agradecer ao Sr. Rubens pela atitude dele e indaguei como eu poderia lhe retribuir. Ele me respondeu: "Faça o mesmo em sua carreira, prestigie as pessoas realmente interessadas, dê oportunidade a quem queira progredir, e repita esses meu gesto".

E assim eu comecei uma sequência de reconhecimento a vários colaboradores, sempre lembrando daquela oportunidade. Pretendo aqui enumerar os casos mais relevantes que tive em minha vida profissional; citarei apenas o nome dos profissionais.

Período da Morbin – emprego 1

Cheguei a assistente da Diretoria. Conheci Fernanda, menina tímida e que não tinha condições de estudar. Foi estimulada ao estudo e de assistente de departamento pessoal conseguiu chegar à gerência desse departamento.

E também elogio os demais diretores, Sr. Ricardo, Dr. Edson e Dr. Hermenegildo, que sempre me incentivaram nesta linha de atuação.

Cheguei a atuar, por estímulo, como auditor interno, cuja função eu tinha algumas referências na faculdade, e me foram muito úteis no meu desenvolvimento. Foi minha primeira escola, e onde coletei os ensinamentos que são base para este capítulo.

Conheci Lóvis Galo, datilógrafo que ensinava a todos os componentes da área administrativa, uns 30 colaboradores, como limpar a mesa de trabalho ao final do expediente, como terminar o trabalho bem antes do final do dia, como datilografar corretamente e com margem e espaços para que todos entendessem seus comunicados e relatórios.

Ele fazia isso porque era um bom chefe, não tinha receio de que alguém lhe tomasse o lugar; muito pelo contrário: estimulava o progresso individualmente de quem tinha realmente interesse.

Período da Ladeira – emprego 2

Oportunidades mais constantes surgiram. Victor, de auxiliar de instalação de cortinas, chegou a gerente administrativo. Carlos Renê, de assistente de cobrança, chegou a gerente financeiro. Nessa empresa, que cresceu maravilhosamente na época, busquei sempre o melhor incentivo, lembrando constantemente do Sr. Rubens.

A retribuição também aconteceu com o Valdir. De auxiliar administrativo na empresa passou a assistente contábil.

Lá conheci vendedores externos, balconistas na Rua 25 de Março, e sempre buscando ensinamentos com os proprietários que eram descendentes de sírios.

Certa vez, mesmo estando na área administrativa, busquei com um dos sócios uma resposta para como abordar um cliente e descobrir nele a oportunidade de que viria a comprar bastante.

A abordagem era por uma espécie de fila, e à medida que um cliente entrava na loja um dos balconistas o abordaria, não havendo nenhum benefício de preferência. E neste instante eu percebi que alguns balconistas permitiam o "furar da fila". Surpreso, indaguei sobre essa decisão de alguns balconistas. A resposta foi a de que eles tinham conseguido perceber o tipo de cliente pela sua fisionomia, sua característica pessoal enquanto clientes de atacado vindos do interior e de outros estados.

Aprendizado magnífico para mim, mostrando que as aparências não enganam. Enganam quando vislumbramos diferenças de vestimenta, e de outras qualidades visuais.

Período na Casa Fortaleza – emprego 3

Neste período, o mais importante caso foi o do Paulo Sérgio. Magnífico contador, que iniciou sua carreira como assistente e chegou ao topo. Tornou-se professor de altíssimo gabarito na área contábil, deixando saudades a todos os seus ex-alunos.

Cristina, de assistente administrativa, tornou-se secretária da Diretoria, atendendo quatro diretores com a maior dedicação e profissionalismo.

Valdir, de assistente administrativo, conseguiu atingir a gerência administrativa, cuidando também do apoio à área financeira.

Nesta organização consegui convencer os sócios a tomar o lugar da Tapeçaria Chic, e isso foi possível graças a uma revolução interna muito grande.

Criou-se a figura do gerente comercial, com equipes próprias. Criou-se um ambiente de liberação de cerca de 100 obras diárias de instalação, e, como obra maior, uma fábrica de cortinas prontas sob medida.

Período no Antigo Grupo FB – emprego 4

Aqui, como empresário, os casos se tornaram mais frequentes. Inicio por Junior e Pedro, que de policiais militares tornaram-se diretores da empresa de segurança privada.

Aprenderam com o esforço e dedicação, larga experiência administrativa e até financeira, chegando ao difícil caminho de comunicação empresarial com os clientes da organização.

Estimulados, Junior se tornou advogado, e Pedro administrador. Seguiram suas carreiras felizes, após a venda das empresas em que prestavam serviço. Ainda estimulados nesse período, temos: Devair, hoje gerente de empresa de segurança, Roberto Miranda, empresário. Ambos trabalhando no mesmo ramo onde iniciaram.

Identifico na área administrativa os seguintes profissionais: Patricia, de assistente de departamento pessoal, chegou a gerente desse mesmo departamento. Neusa, secretária ainda sem experiência, tornou-se uma profissional de uma competência incrível, em especial quando foi estudar para se modernizar. Victor, o mesmo Victor já citado anteriormente, tornou-se gerente

Impulsionadores de carreira

administrativo e capaz de cuidar de documentação importante, e de todas as atividades inerentes à segurança patrimonial. E das moças que levaram a empresa de limpeza ao patamar de 6 mil colaboradoras, as citações são muitas.

Denise, que atingiu o patamar de Diretora Geral. Renata, que de vendedora chegou a diretora comercial. Rosi, que de psicóloga chegou a diretora de recursos humanos e a professora de ensino superior.

Lembro-me também de várias auxiliares de limpeza que tiveram a oportunidade de chegar a supervisoras e abraçaram com categoria esse posto.

Todas sabiam falar em nome da empresa. Sua história, sua trajetória, seus recursos, sua política e o sucesso empresarial desse grupo eram relevantes e externados com todo o conhecimento por todas essas moças.

No departamento jurídico, tenho excelentes lembranças de profissionais que iniciaram conosco e depois foram contratados em cargos importantes em outras organizações.

Kelly, que me acompanhou até recentemente. Luciana, cujo caminho desconheço, Marcos, Maira e Paulo. Todos tiveram carreiras iniciadas conosco, e seguiram progressivamente conforme tenho conhecimento.

No departamento comercial lembro-me com bastante orgulho dos profissionais lá criados: Marcelo, Rodriguinho (que se tornou advogado), Helvio, Devair e tantos outros, com bastante sucesso.

Período no Novo Grupo FB – emprego 5

É o período mais próximo, e o que certamente me traz a maior quantidade de profissionais, os quais penso estarem felizes e esperançosos em maior progresso.

Meus diretores Leandro, Luizinho e José Carlos – profissionais que haviam se destacado em seus postos de trabalho – foram convidados a serem meus sócios.

Penso que são outras pessoas. Num mundo com tantas tecnologias novas e formas modernas de administração todos têm se destacado, e procurado o aprimoramento que um empreendedor deve ter.

Decidem, participam, criam e diagnosticam situações adversas para que a empresa onde estão seja a mais produtiva possível.

E a nível executivo também evidenciarei. Fabiana, de assistente do departamento profissional, hoje é gestora de assistência técnica de uma empresa de segurança eletrônica. O engenheiro Luiz, que já teve a oportunidade de gerenciar equipes de segurança patrimonial, foi escolhido por mim para ser professor de estatística, e hoje comanda clientes de grande porte em sua caminhada comercial. Helvio, de advogado, administrador, tendo participado conosco do antigo Grupo FB, retornou ao nosso convívio dentro da área comercial, atendendo grandes clientes corporativos. E o menino Rodrigo, de iniciante, cursou Direito. Foi fazer cursos e hoje gerencia também grandes contratos; fez parte também do antigo Grupo FB.

Neste espaço venho lembrar também das seguintes profissionais: Karina, hoje gerente financeira e de marketing, cuja carreira iniciou-se conosco ainda menina. Jaqueline, de auxiliar financeira, hoje comanda a área financeira como gerente. Michelle, de recepcionista, hoje é minha secretária e também presta serviços no departamento comercial.

Período na Unip – emprego 6

Fui professor e coordenador do curso de administração nessa instituição durante 21 anos.

Cheguei a coordenar 1.500 alunos, sempre no curso noturno. Alunos de classe média, e na grande maioria esperançosos para chegarem a um mundo mais justo que os remunerasse melhor, com bons empregos e que pudessem sustentar suas famílias.

O professor e o coordenador de curso nunca foram chefes nem líderes dos alunos, mas sim espelhos, exemplos de profissionais bem preparados e muitos de sucesso pessoal.

É assim que eu sempre pensei e passei aos professores que eu coordenava. A disciplina que ministravam era muito importante, mas a participação nas aulas e o desempenho profissional fora da universidade eram também fundamentais.

Sempre estimulei que buscassem seus chefes, seus gestores, nas empresas onde trabalhavam e que os provocassem para que os alunos fossem vistos como pérolas para um futuro melhor das empresas. Mostrando, quando possível, suas avaliações e seu rendimento escolar. E no final do curso, com o tão desprezado TCC, pudessem desenvolver dentro das empresas um título que comprovasse o aprendizado e ainda trouxesse novos caminhos para a empresa e para o negócio em que atuasse.

Era comum, tanto para mim como para a maioria dos professores que eu coordenava, a busca por conselhos, alentos, orientações pessoais e até profissionais. E quantos, posteriormente, se tornaram também professores após pós-graduação e até mestrado.

Nessas reuniões, até informais, sempre pautamos por orientá-los a buscar bons chefes, se não os tivessem, como também se promovidos criassem expectativas positivas a seus comandados. Sempre lembrando da retribuição e do reconhecimento à dedicação que muitos professores tiveram com cada aluno ou aluna.

Conclusão

Evidentemente, sei que não conseguiria relacionar todas as pessoas as quais julgo ter estimulado o progresso pessoal.

Sinto que já respondi ao Sr. Rubens. Penso que sim. Será que todas as pessoas aqui citadas reconhecem que fui bom chefe, ou bom líder? Não sei, e provavelmente jamais chegarei a saber. Um dos propósitos deste capítulo é o de despertar nelas o mesmo agradecimento que fiz ao Sr. Rubens.

Que todas essas citações sejam estímulo a novos chefes e líderes, para que no decorrer de suas carreiras não interrompam o progresso dos demais.

Um fator também muito importante que encontrei nos profissionais aqui citados, e que nenhum deles deixou de merecer. Não foi por puxa-saquismo que conquistaram meus estímulos. Muito pelo contrário, todos tinham capacidade para aprender, vontade de progredir e perseverança, o que sempre procurei ressaltar em torno dessas qualidades.

Durante minha carreira, até o momento, acredito que direta ou de certa forma indiretamente passaram cerca de 500 colaboradores com os quais convivi. Quantos tiveram o interesse e pude me dedicar a orientá-los e a estimulá-los? Talvez, 50?

Estes 50 tornaram-se empresários também? Desconheço o paradeiro de todos, mas de uma coisa tenho certeza: a maioria teve uma carreira brilhante e hoje desfruta de alguma segurança financeira pessoal e familiar.

Lendo mais uma vez o livro *Confiteor*, de Paulo Setúbal, ele diz... "Há emoções que abrem talhos incicatrizáveis na alma da gente." E abriram talhos para novos caminhos, principalmente num mundo tão diferente daquele de 1937, quando o livro foi escrito. Tão diferente que precisamos nos modernizar todos os dias.

Precisamos nos atualizar, buscar outras alternativas, buscar novas tecnologias e quem sabe robôs para nos guiar.

Robôs ou seres humanos? Não sei... Só sei que a vida nos cobra, nos renova, nos estimula e nos ensina.

E devemos aprender a ensinar!

IMPERFEIÇÃO E CARREIRA DE SUCESSO, COMO SE CORRELACIONAM?

Neste capítulo, o objetivo é demonstrar, por meio de dados estatísticos, psicológicos e organizacionais que o conflito entre gerações e a falta de aceitação da individualidade e vulnerabilidade no mercado de trabalho está trazendo sofrimento aos profissionais e impactos importantes nas empresas, mas com entendimento melhor do contexto em que vivemos e algumas mudanças de comportamento e *mindset*, podemos mudar essa situação. Convido você a ler este capítulo para refletirmos, juntos, sobre como podemos construir uma carreira de sucesso, sendo imperfeitos; e o principal, sem deixarmos de ser humanos...

CAMILA COSTA

Camila Costa

Graduada em Psicologia e Gestão de Pessoas nas Organizações pela UNIBAN. Pós-graduada em Gestão Estratégica de Pessoas e MBA em Gestão Estratégica de Negócios. Formação em *Coaching* e Análise do Comportamento DISC pela SLAC (Sociedade Latino-Americano de Coaching). Sou empreendedora, tenho a minha consultoria – a C.C. Coaching e Consultoria de RH –, executiva de RH há mais de 15 anos e psicóloga clínica (junguiana). Mas os papéis de que tenho mais orgulho são: ser mãe da Giovanna e parceira de vida do Rodrigo. Acredito muito no trabalho solidário; por essa razão, me tornei palhaça em hospitais. Para mim, não há nada mais valioso que o riso e o sorriso genuínos.

Contato
LinkedIn: linkedin.com/in/camila-costa-76a79347/

Contexto em que vivemos

Ainda grande parte das organizações possuem um *mindset* em que o erro não é visto com bons olhos; não se preocupam com a real causa do erro. Ao deixar claro para o profissional que falhou que é inferior ou menos qualificado do que aquele que "não erra", ou que erra menos, trata o profissional que errou de maneira indiferente ou depreciadora, com *feedbacks* vazios ou exposições desnecessárias; muito provavelmente esse profissional terá a sua autoestima abalada. Esse tipo de empresa gera uma cultura organizacional hostil que não estimula as *softs skills* das equipes. Essas *skills* poderiam ajudar no resultado da organização, e esse tipo de gestão também impacta a saúde mental dos profissionais.

Atualmente as empresas com excelentes resultados são aquelas que possuem uma cultura acolhedora, aberta à diversidade e que entendem que as falhas fazem parte do processo de desenvolvimento e de inovação do profissional e consequentemente da empresa.

Vamos juntos neste capítulo entender como um profissional pode se preparar, sem comprometer a sua saúde mental, trabalhar com propósito, e como pode contribuir para uma cultura organizacional mais saudável; afinal de contas, uma empresa é feita de pessoas, então, nada mais justo iniciar falando como usar a nossa vulnerabilidade ao nosso favor.

Consequências e impactos no indivíduo e nas organizações

O conflito entre gerações ajuda a explicar o contexto que estamos vivemos; segundo Grubb, são quatro gerações que se comportam de maneira bem diferentes, convivendo e ocupando o mesmo ambiente de trabalho:

- *Baby Boomers* (1946 a 1964): uma geração influenciada pela guerra fria; o trabalho é prioridade. Devido às diversas perdas que a guerra ocasionou, o trabalho para reconquistar bens tornou-se uma prioridade, levando para o trabalho uma postura mais conservadora e estável, dando pouco espaço a mudanças, pois a possibilidade de perder não é uma opção. Esse público ainda ocupa cadeiras de alta liderança nas empresas.

• Geração X (1965 a 1980): foram criados ou sofreram forte influência da geração *baby boomers*, mas é uma geração que passou por situações importantes que marcaram, tais como: econômica – a crise da energia; política – escândalos políticos no Brasil e o declínio da supremacia dos Estados Unidos; e de saúde – a epidemia da Aids. Na vida profissional, essa geração é autoconfiante, porque herdou uma economia mais estável; por possuir um perfil mais cético, as mudanças acontecem somente quando necessário. Esse público ocupa a maior parte das cadeiras de alta liderança nas empresas.

• Geração Y ou *Millennials* (1981 a 1997): essa geração foi influenciada por eventos marcantes de demonstração de violência e poder, como o atentado do 11 de setembro e tiroteios escolares; e foi nessa época que houve o início das mídias sociais. Uma das principais características dessa geração é clareza de informações; possui um olhar para o coletivo e são realistas. No trabalho possuem uma postura orientada a *feedbacks*, gosta de mudanças frequentes desde que agreguem para todos, gosta de ambientes leves e divertidos. Esse público representa a maior força de trabalho nas empresas, ocupando cargos de média liderança, porém ainda há poucos dessa geração que ocupam cargos de alta liderança.

• Geração Z (1998 a 2010): essa geração ainda foi influenciada por atentados terroristas da Al-Qaeda e tiroteios escolares. Por possuírem um perfil mais questionador, buscaram a causa dessas atrocidades e chegaram à conclusão de que é principalmente por baixa tolerância à diversidade; possuem uma visão social mais apurada. Como nasceram com a tecnologia nas mãos, estão muito mais conectados de modo global. No ambiente de trabalho buscam conexão, experiências e desafios. Por consumirem um grande volume de informações possuem respostas rápidas para os desafios e propõem as mudanças na mesma velocidade; e não se assustam com elas. Pelo contrário, se sentem estimulados. Esse público representa a maior força de trabalho nas empresas no nível mais operacional. São eles que executam o trabalho; os que se destacam estão iniciando em carreiras de liderança ou especialização.

Após entender um pouco mais sobre o perfil geracional da força de trabalho, é possível interpretar os reflexos.

Poucas pessoas sabem, mas existe um índice global para medir a Inovação (IGI), que tem como principal objetivo entender e estimular as economias de todo o mundo a investir em políticas principalmente públicas que estimulam a inovação. Os investidores que buscam empresas inovadoras utilizam-se desse índice como referência. Segundo o relatório do IGI emitido em 2022, o Brasil ocupou a 54ª posição num ranking de 132 países avaliados.

A Great Place To Work (GPTW) é uma empresa reconhecida que ajuda as outras a medirem a qualidade do clima organizacional. Ela possui um indicador extremamente importante que corrobora com o resultado do (IGI). Mede o Índice da Velocidade de Inovação (IVR). Segundo o resultado da pesquisa da GPTW, divulgado em 2022, no Brasil, 60% das empresas ainda estão em estágio de atrito e fricção, e das 150 empresas melhores para se trabalhar, apenas 33% estão no estágio Acelerado. Isso mostra que estamos andando a passos lentos em direção à inovação, tanto no setor público quanto privado, impactando diretamente tanto o desenvolvimento profissional das últimas gerações que são movidas a desafios quanto o crescimento econômico do país, pois os investidores que são cada vez mais jovens estão cada vez mais interessados a investir em empresas inovadoras.

Outro dado que chama atenção é o aumento de casos de afastamentos por transtornos mentais. A Organização Mundial de Saúde (OMS), junto com o Instituto Nacional Seguro Social (INSS), traz dados interessantes dos relatórios emitidos em 2022.

A pandemia do covid-19 em 2020 e 2021 trouxe muita dor e sofrimento, inclusive o aumento de afastamentos de profissionais por transtornos mentais devido ao isolamento social, mas segundo os dados do próprio INSS afastamentos relacionados aos CIDs ansiedade, depressão e estresse grave e adaptação vem crescendo consideravelmente há mais de 10 anos. Desde 2011, em média, 12,47% por ano, e em 2021 na pandemia cresceu 25%. Transtornos mentais são o terceiro motivo que mais afasta os profissionais do trabalho no Brasil, segundo o INSS.

A OMS trouxe um dado interessante que estima que 12 bilhões de dias de trabalho são perdidos anualmente por causa da depressão e da ansiedade, custando à economia mundial quase 1 trilhão de dólares, ou seja, não são apenas as pessoas que estão sofrendo, mas também as empresas estão sendo impactadas.

Outro índice preocupante que a OMS nos traz como alerta é que o aumento de suicídios de maneira global já é uma das causas mais frequentes de morte. E segundo o Departamento de Informática do Sistema Único de Saúde (DataSUS) o número de óbitos por lesões autoprovocadas no Brasil dobrou; saiu de 7 mil para 14 mil nos últimos vinte anos – a faixa-etária mais afetada são os jovens entre 15 e 29 anos.

Consequências e impactos no indivíduo e nas organizações: Estes números alarmantes mostram o quanto é importante as empresas investirem em pro-

Impulsionadores de carreira

gramas de saúde mental para amparar seus colaboradores e além disso, investir no desenvolvimento de carreira, principalmente da liderança, desta forma terá ações preventivas para mitigar o sofrimento psicológico e proporcionar boas práticas na gestão de pessoas.

Analisando os dados mencionados, conseguimos perceber que as gerações mais afetadas, seja em relação ao desenvolvimento profissional ou por questões de saúde mental, são as gerações Y e a Z. A pergunta que devemos nos fazer é: será que isso está acontecendo devido ao conflito de ideias e interesses de cada geração?

Entendo que essa resposta mereça um estudo mais profundo. Talvez no próximo livro possamos nos aprofundar nesse tema, mas neste capítulo vamos nos ater a como entender as possíveis causas e compreender como usar a nossa vulnerabilidade ao nosso favor na carreira.

A vulnerabilidade como fortaleza

Anteriormente percebemos que cada geração teve fortes influências externas que acabaram interferindo diretamente na composição do seu caráter e comportamentos. Cada geração contribuiu e contribui positivamente para nossa sociedade, porém percebemos pontos de conflitos; e a temática vulnerabilidade nos faz refletir sobre como as nossas imperfeições podem nos ajudar a alcançar o sucesso de maneira humanizada.

A vulnerabilidade ainda é vista como sinônimo de fraqueza, e na verdade é o contrário, pois poucos têm coragem de se mostrar por inteiro. Estar nessa posição de ser vulnerável não é uma opção, todos nos sentimos assim. Temos que nos permitir sentir: medo, mágoa e decepção; caso contrário, estaremos fechados também para sentir o amor, a criatividade e a aceitação.

Quem não se permite sentir e viver os sentimentos e situações difíceis se priva das experiências que dão sentido para a vida; por outro lado, quem se permite e se expõe e não se importa em ser alvo de críticas vive plenamente; são as pessoas mais autênticas. Isso se dá porque estamos numa sociedade que está cada vez mais narcisista. A prática de apontar os erros causa no outro medo de ser mais uma pessoa "comum", reforçando a visão da perfeição e a busca por referências; e as mídias sociais viabilizam muito isso, estimulando fortemente a comparação e almejar ideias inalcançáveis.

O perfeccionismo não é a busca pela excelência, e sim um mecanismo de defesa; é uma crença limitante que faz você acreditar que por meio da perfeição pode diminuir o sentimento de "culpa ou vergonha". O perfeccionismo é autodestrutivo, pois a perfeição não existe, e precisamos ganhar consciência disso.

Para combater a necessidade de ser perfeito, é preciso trabalhar alguns pontos ou escudos como a própria Brené Brown sugere: o primeiro escudo seria da autoaceitação. Tenha orgulho de ser quem você é, de onde veio, no que acredita; o segundo escudo seria da resiliência, para saber lidar com a culpa e a vergonha, apreciar e aprender mais com as próprias falhas e não se cobrar tanto, e trabalhar no projeto de ser a melhor versão de si mesmo. O terceiro escudo seria evitar o entorpecimento, que é uma maneira que arranjamos para nos anestesiar dos sentimentos que não queremos sentir. Isso acontece por conta do tripé: ansiedade, vergonha e isolamento. Precisamos sentir e ficar atentos aos comportamentos entorpecentes e aprender a lidar com os desconfortos das emoções difíceis. O quarto escudo é para estar atento com a posição de "viking"; acha que está sempre sendo passado para trás, quer ter o controle de tudo e não permite mostrar sua vulnerabilidade. O quinto escudo é evitar a posição de "vítima", em que o outro usa informações íntimas que lhe acomete ao sentimento de vergonha, deixando-o exposto e facilmente manipulável. O sexto escudo seria um termo um tanto engraçado, seria o ziguezaguear: as diversas formas que buscamos para driblar a vulnerabilidade; logo, gastamos muita energia e há muito desgaste emocional para fingir que a situação ou sentimento não existe, sendo que o ideal seria aprender a lidar com ele. E o sétimo escudo: evitar a postura de desconfiança, crítica, frieza e crueldade, porque fere as pessoas que estão em situações vulneráveis, colocando-as em situações complicadas.

Para criar uma estratégia de mudança e motivação que seja coerente, a fim de aceitar a sua imperfeição e usá-la ao seu favor, é preciso confrontar as virtudes desejadas com as praticadas, perguntando-se: de fato o que estou vivendo está de acordo com o que eu acredito? A distância entre esses dois pontos é chamada de lacuna de valores. Esse *gap* é uma das principais causas de desmotivação e frustração; ser fiel ao que você acredita é a melhor alternativa para se viver uma vida plena e feliz consigo mesmo e em sociedade.

É preciso ter ousadia para reumanizar as práticas de gestão de pessoas. Os líderes têm uma grande missão de ajudar a sociedade a recuperar a criatividade, a inovação e o aprendizado. Para isso, é preciso abraçar a vulnerabilidade e deixar ter como prática na gestão a vergonha – muitos gestores ainda se utilizam desse sentimento para expor ou coagir. O *feedback* é uma das ferramentas mais poderosas para colocar o líder e o liderado em sintonia, pois além de expor para o liderado seus pontos fortes e as oportunidades de desenvolvimento de maneira empática, também pode contribuir para o líder, se ele permitir que o liderado também lhe ofereça *feedbacks*, tornando-se um momento honesto de trocas de experiências e alinhamento de expectativas. Assim, o líder consegue mostrar também sua vulnerabilidade e se colocar numa posição de igual e que ambos são profissionais num processo de desenvolvimento, sendo possível com essa pequena mudança de *mindset* da liderança das empresas uma transformação que estimulará cada vez mais a autenticidade e o desenvolvimento de cada profissional. Consequentemente, as empresas ganharão, pois conseguirão extrair o melhor de cada um em relação às *skills* e amenizarão os impactos na saúde mental das pessoas e das organizações.

Mas ambos os lados precisam estar dispostos a tal mudança de *mindset* para que essa transformação aconteça, tanto o liderado – aceitando e aprendendo a lidar com a sua vulnerabilidade ou imperfeição – quanto o líder – disposto a sair da posição de conhecimento absoluto e mostrando o seu lado humano. Afinal de contas, as empresas são compostas por pessoas em diversas posições, e a mudança que tanto queremos só irá acontecer no mercado de trabalho se partir das pessoas que estão trabalhando nele; então o meu convite a você leitor é que abrace a sua vulnerabilidade e que esta mudança inicie a partir de nós mesmos!

Referências

BROWN, B. A *Coragem de ser imperfeito: como aceitar a vulnerabilidade e ousar ser quem realmente você é.* Rio de Janeiro: Sextante, 2016.

GPTW. *Confira os destaques da 26ª edição do Ranking GPTW Brasil 2022.* Disponível em: <https://gptw.com.br/conteudo/artigos/26-edicao-ranking--gptw-brasil-2022/>. Acesso em: 23 out. de 2023.

GRUBB, V. M. *Conflito de gerações: desafios e estratégias para gerenciar quatro gerações no ambiente de trabalho.* São Paulo: Autêntica Business, 2018.

WIPO. *Índice global de inovação 2022.* Disponível em: <https://www.wipo.int/edocs/pubdocs/pt/wipo-pub-2000-2022-exec-pt-global-innovation-index-2022-15th-edition.pdf>. Acesso em: 10 ago. de 2023.

WHO. *Relatório mundial de saúde.* Disponível em: <https://apps.who.int/iris/bitstream/handle/10665/42390/WHR_2001_por.pdf;jsessionid>. Acesso em: 10 ago. de 2023.

09

CONEXÃO COLABORATIVA
LIDERANÇA SUSTENTÁVEL

Liderança sustentável colaborativa é um modelo de liderança que busca promover a colaboração e o trabalho em equipe. Esse tipo de liderança valoriza a participação e o diálogo entre os membros da equipe, incentivando a colaboração e a troca de ideias. É preciso coragem para ser diferente e competência para fazer a diferença.

CAROLINE HERRERA

Caroline Herrera

É uma profissional experiente em gestão da qualidade, ESG e *coaching* de liderança e processos sustentáveis. Ela tem um histórico bem-sucedido na condução de projetos complexos, incluindo a integração de empresas e a implantação de sistemas de gestão. Além disso, Caroline tem sólida experiência na condução de grupos para desenvolvimento humano, o que a torna uma líder inspiradora e respeitada.

Contatos
herrera.caroline@gmail.com
Instagram: @mentoracarolineherrera
LinkedIn: linkedin.com/in/caroline-herrera
11 97761 6812

Olá! Eu sou Caroline Herrera e vou contar minha experiência com o autoconhecimento, transformação e conexões colaborativas.

Eu não me resumo à minha graduação em Química, nem aos diversos cursos de Gestão (pessoas e processos), Sustentabilidade (ESG), Desenvolvimento Pessoal, Comunicação, Coaching e Ciências Integrativas.

As formações são partes importantes, mas não são tudo. Eu também sou a minha família e nossas histórias. Sou a minha busca por conhecimento, espiritualidade, e tudo o que eles me ensinaram sobre disciplina, colaboração e transformação. Sou o meu gosto por fazer parte de grupos de estudo e nossos momentos juntos. Reflexão e acolhimento, em grupo compreendemos melhor o que é colaborar. Sou a minha paixão por viagens, conhecer novos lugares e fazer parcerias. Muitos "Eus" – partes de mim – me fazem Caroline Herrera.

Eu sou a prática do que estudei, aplico na minha vida e acredito ser agente de transformação.

Que alegria desenvolver a gestão de projetos, pessoas e sistemas a partir da colaboração.

Para começar, vamos compreender o que significa colaborar: trabalhar com uma ou mais pessoas numa obra; cooperar, participar/concorrer ou contribuir para. Ato ou efeito de colaborar; concurso, ajuda, auxílio: trabalhar em colaboração. O trabalho feito pelos colaboradores.

Sinônimos da palavra – cooperação, parceria, associação, coparticipação, comparticipação, coadjuvação, concurso, solidariedade, sinergia. Trabalho que ajuda alguém: ajuda, auxílio, contribuição, assistência, apoio, assessoria, assessoramento, prestimosidade.

Reflita sobre essas palavras e avalie como elas estão inseridas na sua rotina. Voltaremos a elas.

Eu desenvolvo Sistemas de Gestão – Qualidade, ESG (o termo em inglês *Environmental, Social and Governance*) ou ASG (Ambiental, Social e

Governança) – com o *coaching* ontológico e a mentoria para trazer às pessoas questões importantes ao desenvolvimento individual e coletivo.

A sociedade atual tem desafios importantes como o desenvolvimento social e econômico, a preservação e conservação do meio ambiente e a necessidade de relações saudáveis com o meio em que vivemos.

O ESG é uma iniciativa que coloca questões ambientais, sociais e de governança nas empresas e como resultado traz uma nova postura e compromisso delas com suas partes interessadas.

Atualmente o consumidor é um grande aliado do ESG, pois busca por produtos e serviços sustentáveis.

Os pilares do ESG	
ESG – empresa	**Visão do mercado**
A empresa desenvolve critérios socioambientais em sua política e estratégia de negócio.	O ESG é usado como métrica para avaliar o desempenho da empresa nos pilares socioambientais.
Estabelece compromisso.	Transparência nos resultados – relatório de sustentabilidade.

A **governança** é o pilar da gestão transparente que assegura processos claros que garantam ética e *compliance* nos resultados. Gerar valor na cadeia produtiva sustentável, posicionando o compromisso da companhia com o momento atual e o futuro.

Apoiar a diversidade e aqui vale lembrar que podemos ir além do trivial, colocando em pauta para os gestores questões como o etarismo, deficientes físicos visuais e auditivos. A empresa pode apoiar a contratação de pessoas que precisam de reinserção na sociedade?

O **ambiental** tem por objetivo diminuir os impactos ambientais negativos identificados nos processos, produtos e serviços da empresa. O compromisso com a possibilidade de regeneração dos ambientes naturais e conservação da biodiversidade (fauna e flora).

O **social** traz a questão dos direitos humanos, como o combate ao trabalho infantil e ao trabalho análogo ao escravo; investimentos por parte das empresas em projetos e desenvolvimento nas comunidades do entorno; garantia de um ambiente de trabalho diverso e inclusivo; iniciativas que priorizem a segurança e a saúde da comunidade e dos colaboradores das empresas.

O atendimento a esses três pilares deve ser demonstrado e ser consistente, com evidências dos resultados, para que gerem confiança. As empresas costumam fazer isso por meio de um relatório de sustentabilidade e divulgação de indicadores padrões que atendem ao mercado de capital e servem para algumas empresas como critério de avaliação do fornecedor. Trago aqui alguns índices:

- Índice de sustentabilidade empresarial (ISE).
- Índice carbono eficiente (ICO2).
- S&P Dow Jones índices (DJSI).
- Índice de ações com governança corporativa diferenciada (IGC).
- Índice de governança corporativa *trade* (IGCT).
- Índice governança corporativa – novo mercado (IGC-NM).
- Índice de ações com *tag along* diferenciado (ITAG).

Uma questão que sempre me trazem é se o ESG é inviável para pequenas empresas.

A sustentabilidade pode ser implementada em qualquer empresa, da menor a maior, o diferencial – sempre digo – é como você adequa seu processo, produto e serviço para atender aos requisitos. Esse é um grande desafio – e como especialista na área sempre recomendo que o ESG seja minimalista, simples e consistente. Reflita a realidade da empresa e ajude os gestores a reduzir impactos ambientais e sociais negativos e aumentar a produtividade e o engajamento das equipes.

É necessário investir na liderança para conhecer o seu mercado e escolher as melhores estratégias e indicadores.

Para que seja eficiente é fundamental que a empresa considere a expectativa e a necessidade de seu mercado consumidor para estabelecer critérios coerentes e assertivos na implantação e na comunicação de seu resultado.

O ESG ajuda a empresa a comunicar à sociedade o seu compromisso de fornecer produtos e serviços sustentáveis.

Desenvolver a liderança sustentável

O ESG exige nova postura das lideranças para que seja possível uma mudança no compromisso e no engajamento das equipes.

Como facilitadora e mediadora em processos de mudança e inovação, especializei-me em *coaching* ontológico e mentoria para criar um método de desenvolvimento de liderança sustentável. O processo está baseado na tríade responsabilidade, aprendizado e comunicação.

A colaboração aparece como o pilar que vai ajudar a desenvolver uma nova postura e compromisso nas equipes.

Lembra do seu significado? E de seu sinônimo? Agora vamos colocar em prática.

Para desenvolver a colaboração precisamos compreender o conceito de pertencimento e a importância de nos sentirmos parte da equipe.

Na prática, "somos prisioneiros de nossa atitude de pensar, sentir e mover, como que presos num círculo mágico do qual não podemos escapar. Para sair eu necessitaria ser capaz de uma nova atitude – pensar de outra maneira, sentir de outra maneira, agir de outra maneira, tudo ao mesmo tempo. Mas, sem que eu saiba, essas três atitudes estão interconectadas e tão logo eu tento mudar uma, as outras interferem e eu não posso escapar. Meu automatismo me mantém num nível muito ordinário de pensar e sentir."

Precisaremos, com base na tríade aprendizado, responsabilidade e comunicação, interagir com outra tríade importante: pensar, sentir e agir. Precisaremos delas para um novo aprendizado.

Eu proponho uma nova forma de aprendizado, em que abro espaço para conversas reflexivas que promovem questionamento do modelo atual e nos impulsionam para o novo.

Esse será o primeiro desenvolvimento – o aprender com a tríade aprendizado + responsabilidade + comunicação.

Aprender sob um novo método de ensino a reflexão, estimulada pela comunicação e por temas não convencionais, um deles é o pertencimento. Para compreendê-lo é necessário saber a importância que cada pessoa tem dentro de um grupo. É a mesma de uma célula em um ecossistema – uma célula que unida a outra faz parte do coração, que unida a outras faz parte do sistema circulatório, que faz parte de um indivíduo, que faz parte de uma família, uma cidade, um país e de toda a humanidade.

Em grupo produzimos melhor do que sozinhos, em um grupo construímos e caminhamos melhor. A partir daí é preciso conduzir para que haja união – e engajamento e manutenção desses; sempre um desafio. Em minha opinião, alimentar a força do grupo requer cuidado, investimento constante na qualidade das relações.

Ao trazer a compreensão do pertencimento para a consciência da liderança ganhamos uma nova postura – o líder sustentável colaborativo. Aquele que compreende a importância do grupo e agora sabe que é preciso investir nisso.

Sócrates dizia: "Nenhum de nós só é tão bom como muitos de nós juntos."

A colaboração constrói. Acredite, constrói. E por que isso é um desafio? Porque a cultura corporativa tradicional estimula a competição. Aqueles que se destacam sobre os outros. Para que o líder seja valorizado, ele precisa ser melhor, que se destaca mais.

Convido você a essa reflexão. Será mesmo?

E porque o construir juntos pode e deve ser reconhecido. Reavaliar conceitos. Colaborar. E se eu apresentar os resultados e enaltecer a contribuição de cada envolvido no resultado. Terei o mesmo prazer e reconhecimento? Em uma liderança verdadeiramente (falo verdadeiramente para lembrar que a prática deve ser coerente ao discurso) é possível.

Cada célula em um ecossistema é única e incrivelmente importante. A ausência de uma pode trazer desequilíbrio.

Colaborar para crescer.

E como manter a colaboração consistente e ativa?

É vital que nessa nova postura madura, sustentável e colaborativa sejam apresentadas metas e objetivos para o desenvolvimento comum. Essas devem ser monitoradas e avaliadas e reavaliadas periodicamente.

Outro ponto importante é reavaliar nossa comunicação; não faz parte de nossa educação aprender a comunicar. Uma boa comunicação precisa de atenção, antes de falar, ouvir – neutro – o outro. É preciso aprender a se perguntar: "O que vou falar vai construir algo? Eu ouço o que me falo ou enquanto ouço vou pensando na minha resposta? Eu pergunto se o outro precisa de ajuda ou faço o que acho que ele precisa ou acho que ele quer?".

Comunicar-se bem exige aprendizado e treinamento, por meio do coaching ontológico aprendi e fiquei surpresa nesse processo. Compreendi que precisava reavaliar a minha comunicação e aprender do zero a ouvir, falar e depois comunicar. Esse processo traz para a consciência que aprender com o corpo é fantástico. A comunicação nos afeta e consequentemente afeta o grupo. Que responsabilidade é a arte de se comunicar! É aprender com o corpo porque gera emoção, essa se reflete no sentir e assim na motivação do grupo.

A liderança sustentável faz com que os passos sejam mais rápidos.

O mentor direciona e auxilia nesse caminho, é preciso treino. Essa é minha proposta.

A natureza soma para compor.

Para finalizar, coloco aqui uma reflexão de Madre Tereza de Calcutá: "Quer fazer o bem para a humanidade? Vá para casa e ame a sua família".

Referências

COLABORAR. *In*: AULETE digital. Disponível em: <https://www.aulete.com.br/colaborar>. Acesso em: 29 ago. de 2023.

SALZMANN, J. *A realidade do ser: o quarto caminho de Gudjieff*. Rio de Janeiro: Horus, 2015.

10

SENSIBILIDADE ESTRATÉGICA
UM SUPERPODER DOS PROFISSIONAIS DO FUTURO

Neste capítulo você vai entender por que a sensibilidade está se tornando cada vez mais valiosa para o desenvolvimento de sua carreira e liderança e está sendo considerada, por muitos estudiosos, como "a próxima revolução do trabalho". E ainda vai conhecer as razões para desenvolver essa capacidade intencional e estrategicamente para impulsionar seus resultados na vida e nos negócios.

DALLIANY MAELI

Dalliany Maeli

Administradora graduada pela Universidade Federal do Rio Grande do Norte – UFRN (2009), especialista em educação profissional e em psicologia organizacional, com MBA em Gestão Ágil. Atua como gestora corporativa e trabalha com educação há mais de uma década, com experiências nos ensinos superior e profissional. Nos últimos anos, tem trabalhado em projetos com foco no público feminino: criou o projeto Senac Conectando Mulheres; atuou no desenvolvimento da Câmara da Mulher Empreendedora da Fecomércio-RN, a Fecomércio com Elas; e é executiva da Rede Mulheres que Marcam, projeto que visa conectar e diferenciar mulheres no mercado de trabalho. Tem como missão impulsionar vidas à excelência por meio da educação em seus diversos âmbitos de atuação.

Contatos
dallianyrocha@hotmail.com
Instagram: @dallianymaeli
Facebook: Dalliany Maeli
LinkedIn: Dalliany Maeli

Em terra de cinco sentidos, quem tem o sexto é rei.
MURILO GUN

O amanhã clama por mais sensibilidade

Nós somos seres essencialmente sociais e, segundo Aristóteles, só conseguimos encontrar a felicidade na convivência humana. São nas experiências com o outro que nós aprendemos, evoluímos, nos tornamos quem somos e ao longo desse processo descobrimos inclusive o sentido da nossa existência. Nessa jornada desenvolvemos a visão que desejamos para nossa vida, encontrando propósito para o que fazemos. Brené Brown (2013) afirma que estamos aqui para criar vínculos. Fomos concebidos para nos conectar uns com os outros, e sem isso sofremos. Se as pessoas são tão importantes para o nosso próprio crescimento e existimos para servir uns aos outros com nossos dons e talentos, ampliar essa conexão deveria ser nossa prioridade, enquanto seres humanos.

Vivemos em uma época em que a tecnologia está avançando exponencialmente e sabemos que ela surgiu para derrubar as barreiras de comunicação e conexão, mas não é isso que temos observado nos últimos tempos. Aos poucos a tecnologia parece fragilizar as relações genuínas. A pandemia da covid-19 agravou esse processo quando provocou o afastamento físico das pessoas durante o período de isolamento social e estimulou o aumento do uso da internet e das redes sociais. Segundo dados de pesquisa publicada pela *Forbes* em 2022, o Brasil já é o 5º país com mais usuários de internet do mundo e está na 2ª posição quando se trata de tempo gasto na rede, ficando bem acima da média mundial. Esses fatores vêm provocando uma série de reflexões sobre saúde emocional. A falta de conexão genuína tem uma série de impactos negativos em nossas vidas.

Todo esse cenário fez com que as organizações pensassem em alternativas que tornassem o atendimento e o trabalho remoto mais humanizados e atraentes para clientes e funcionários; e isso só tem sido possível porque existe sensibilidade humana por trás da criação de todo esse arcabouço tecnológico que está surgindo. Um dos exemplos de tecnologia humanizada que está se popularizando é a conhecida "Alexa", uma assistente virtual da Amazon que conta com diversas funções, como entreter, informar e até lembrar o melhor período para você realizar uma recompra que ela mesma está habilitada a fazer. A tecnologia conta com a criatividade que advém da sensibilidade humana para atender às necessidades e se conectar às pessoas da maneira mais leve possível, dentro das limitações da inteligência artificial utilizada nessa ferramenta.

Segundo Dale Carnegie (1995), o "trato social" é o maior problema que as pessoas enfrentam no dia a dia, sobretudo no mundo corporativo. Estudos conduzidos pelo Instituto Carnegie de Tecnologia revelaram que apenas cerca de 15% do sucesso financeiro de um profissional se deve ao conhecimento técnico e 85% à capacidade de lidar com pessoas, conectar-se a elas e influenciá-las; e para isso você precisa de "sensibilidade". Essa capacidade é um testemunho da vastidão de nossa experiência como seres sensíveis, capazes de apreciar as sutilezas, aprender com as experiências e nutrir conexões autênticas com outros seres humanos.

No mundo acelerado e altamente tecnológico em que vivemos, a busca por habilidades técnicas e conhecimentos especializados tem dominado as discussões sobre o futuro das profissões e carreiras. No entanto, compreendendo esse conceito podemos afirmar que há um superpoder que muitas vezes é subestimado e negligenciado no mundo dos negócios: a sensibilidade. Neste capítulo, exploraremos as razões para desenvolver esse superpoder de modo estratégico, destacando por que a sensibilidade será a próxima revolução do trabalho.

Os diferentes níveis de sensibilidade

Existem diferentes níveis de sensibilidade. Precisamos estar atentos para reconhecer em que nível nos encontramos e trabalhar para alcançar o nível em que precisamos estar. Segundo estudos apresentados por Elaine N. Aron, na obra *Pessoas altamente sensíveis* (2011), embora, aproximadamente, 20% das pessoas sejam altamente sensíveis, percentual dividido igualmente entre homens e mulheres, de acordo com Ted Zeff, outros 22% eram moderadamente sensíveis e 42% dos entrevistados declararam não ser sensíveis de maneira alguma, o que talvez explique por que os hipersensíveis se sentem tão diferentes de grande parte do mundo.

Pessoas altamente sensíveis precisam reconhecer que o são, entender como funcionam suas percepções e aprender a usar essa característica de modo a beneficiar a si e a todas as pessoas com as quais convive. Ted Zeff, em sua obra *O poder da sensibilidade*, compartilha histórias de sucesso de pessoas altamente sensíveis de todo o mundo, apresentando como elas usaram esse dom inato para superar os desafios da vida em um mundo não sensível.

Segundo o autor, os colaboradores da obra usaram os seguintes traços para florescer: criatividade; intuição; espiritualidade; forte senso de justiça; consciência; lealdade; apreciação da beleza, arte e música; consciência do potencial perigo; bondade; compaixão; e entusiasmo pela vida. Tendo uma consciência mais adequada de seu nível de sensibilidade, você pode começar a trabalhar para torná-la mais aguçada, intencional e estratégica a fim de alcançar os resultados que você precisa na sua vida e carreira.

Razões para desenvolver a sensibilidade

Ao expandir nossa autopercepção, acessamos os nossos sentidos mais habilmente, a intuição, a criatividade profunda, a capacidade de encontrar soluções, nossos superpoderes humanos. É quando começa um novo tempo para nós. Vamos compreender melhor algumas das razões mais significativas para cultivar a sensibilidade:

Melhor compreensão emocional: Augusto Cury, em seu livro *O mestre da sensibilidade* (2000), reflete sobre o quanto é incrível governarmos máquinas, mas não governarmos alguns fenômenos do inconsciente. Ele ainda afirma nesta mesma obra que todos nós temos grandes dificuldades de administrar a energia emocional. A sensibilidade permite uma maior percepção e compreensão das emoções, tanto as suas próprias como as dos outros. Isso leva a relacionamentos mais saudáveis e significativos, uma vez que somos capazes de expressar nossos sentimentos de maneira mais autêntica e compreender as necessidades emocionais dos outros.

Empatia e conexão interpessoal: a sensibilidade está intimamente ligada à empatia, que é a capacidade de se colocar no lugar do outro e compreender suas experiências e perspectivas. Cultivar a sensibilidade nos permite estabelecer conexões mais profundas e significativas com as pessoas ao nosso redor. Quanto mais empático você se torna, mais soluções você apresentará para o seu cliente e mais fiel a sua marca ele será. Pesquisas sobre o tema consolidam esse assunto: cerca de 65% das pessoas são mais leais às marcas com as quais sentem conexão humana. Não é à toa que a IA tem sido usada estrategicamente para demonstrar empatia, como acontece com o Magazine Luiza, com a criação de uma assistente virtual, a Lu, que consegue dar um toque divertido para o processo de humanização no relacionamento com o cliente.

Comunicação efetiva: a sensibilidade é a alma para a comunicação efetiva, pois nos torna mais atentos aos sinais não verbais, às nuances emocionais e às necessidades dos outros. Não é por acaso que uma pesquisa do Google, apresentada em uma matéria do *New York Times*, aponta que a escuta ativa é uma das habilidades mais destacadas para fortalecer a segurança psicológica nas empresas. O que nos capacita a adaptar nossa comunicação de acordo com as circunstâncias, transmitindo nossas ideias e sentimentos de maneira clara e respeitosa aos times tão diversos que compõem as organizações contemporâneas, em que várias gerações, com características tão distintas, convivem e precisam trabalhar juntas a fim de atingir os resultados desejados pelas corporações.

Liderança inspiradora: antes percebida como fraqueza, a sensibilidade tem se provado uma habilidade de líderes experientes, essencial para a eficácia do trabalho da liderança. Os profissionais que estão em uma posição de influência em uma organização terão que se posicionar cada vez mais sensíveis e capazes de lidar com a motivação, o engajamento, o senso de propósito, as inseguranças e várias outras questões que já começaram a surgir em um cenário cada vez mais transformado pela tecnologia. Segundo John Maxswel, as pessoas não se importam com quanto você sabe, até saberem o quanto você se importa com elas. De acordo com o mais recente levantamento do LinkedIn, mais de 50% dos participantes disseram que ações baseadas em propósito devem ser o foco dos líderes. A pesquisa ainda indica que 60% estão pensando em mudar de emprego no curto prazo. Os motivos são variados e os líderes sensíveis têm a capacidade de perceber esses fatores; por isso possuem mais habilidade para valorizar e reter talentos.

Criatividade e inovação: para Steven Johnson (2021, p. 65) grandes ideias em geral vêm ao mundo mal-acabadas, mais intuições que revelações. Por isso a maioria das grandes ideias se configura primeiro de uma forma parcial, incompleta. Elas têm a semente de algo profundo, que só conseguimos acessar por meio da sensibilidade. Ao estar atento ao mundo ao nosso redor, somos capazes de capturar inspirações, identificar oportunidades e gerar ideias originais. A sensibilidade nos ajuda a romper com padrões de pensamento convencionais e a abraçar abordagens inovadoras para os desafios que enfrentamos.

A sensibilidade é fundamental para uma vida pessoal e profissional gratificante e de resultados. Ela melhora nossa compreensão emocional, fortalece nossos relacionamentos, aprimora nossa comunicação, impulsiona a criatividade e gera valor para nossa capacidade de liderança e influência. Ao cultivar a sensibilidade, estamos investindo em nosso crescimento pessoal e profissional, contribuindo para um mundo mais empático, colaborativo e inovador.

Desenvolvendo a sensibilidade estratégica

Desenvolver a sensibilidade de maneira estratégica envolve encontrar equilíbrio em seu nível de sensibilidade. Segundo John Maxswel, o crescimento precisa ser intencional, ninguém melhora por acidente. Quando você começar a aprender a acessar conscientemente suas habilidades sensitivas, passará a ter mais dados para tomar decisões e fazer escolhas. Você ganha vantagem. Aqui estão algumas estratégias para desenvolver a sensibilidade de modo estratégico:

Prática da atenção plena: a atenção plena permite que você esteja presente no momento atual e esteja consciente das suas próprias emoções, bem como das emoções e necessidades dos outros. Reserve um tempo diariamente para praticar a atenção plena, como meditação ou exercícios de respiração consciente, para cultivar a consciência emocional.

Desenvolvimento da empatia: a empatia é a capacidade de se colocar no lugar do outro e compreender suas experiências e perspectivas. Pratique ouvir ativamente, prestando atenção genuína ao que as pessoas estão dizendo e demonstrando interesse por suas emoções e preocupações. Procure entender os diferentes pontos de vista e perspectivas, cultivando a empatia como uma habilidade central.

Autoconhecimento: conhecer a si mesmo é fundamental para desenvolver a sensibilidade de maneira estratégica. Faça uma reflexão sobre suas próprias emoções, valores e motivações. Identifique seus gatilhos emocionais e trabalhe para desenvolver uma compreensão mais profunda de como suas emoções afetam seu comportamento e suas interações com os outros.

Prática da escuta ativa: a escuta ativa envolve ouvir com atenção e interesse genuíno, demonstrando empatia e compreensão. Pratique ouvir mais do que falar, evitando interrupções e julgamentos. Faça perguntas abertas para incentivar as pessoas a compartilharem suas experiências e emoções. Isso permitirá que você se conecte com os outros em um nível mais profundo.

Exposição a diferentes perspectivas: busque ativamente experiências que o exponham a diferentes perspectivas e realidades. Leia livros, assista a filmes e documentários, participe de discussões e envolva-se em atividades que promovam a compreensão de diferentes culturas, contextos sociais e pontos de vista. Isso ampliará sua sensibilidade e permitirá que você veja o mundo por várias perspectivas.

Cultivo da resiliência emocional: desenvolver a sensibilidade estrategicamente também requer a capacidade de lidar com as emoções de maneira saudável. Aprenda técnicas de gerenciamento de estresse e resiliência emocional, como a prática de exercícios físicos, a busca por apoio social e a adoção de hábitos de autocuidado. Isso ajudará você a equilibrar suas emoções e a manter-se sensível sem ser sobrecarregado por elas.

Lembre-se de que cada pessoa é única e o desenvolvimento da sensibilidade de maneira estratégica pode exigir uma abordagem personalizada. Experimente diferentes estratégias e ajuste-as de acordo com suas necessidades individuais. Buscar o equilíbrio entre a sensibilidade e a resiliência emocional ajudará você a cultivar uma sensibilidade estratégica e saudável.

Referências

ARON, E. N. *Pessoas altamente sensíveis*. São Paulo: Sextante, 2021.

BARBOSA, A. Brasil já é o 5º país com mais usuários de internet no mundo. *Forbes*, 2022. Disponível em: https://forbes.com.br/forbes-tech/2022/10/brasil-ja-e-o-5o-pais-com-mais-usuarios-de-internet-no-mundo/#. Acesso em: 15 jun. de 2023.

BROWN, B. *A coragem de ser imperfeito*. Amadora: Nascente, 2013.

CARNEGIE, D. *Como fazer amigos e influenciar pessoas*. 45. ed. São Paulo: Nacional, 1995.

CURY, A. J. *O mestre da sensibilidade: análise da inteligência de Cristo*. vol. 2. São Paulo: Academia de Inteligência, 2000.

DUHIGG, C. What Google Learned From Its Quest to Build the Perfect Team. *The New York Times Magazine*. Disponível em: <https://www.nytimes.com/2016/02/28/magazine/what-google-learned-from-its-quest-to-build-the-perfect-team.html>. Acesso em: 22 set. de 2023.

JOHNSON, S. *De onde vêm as boas ideias: uma breve história da inovação*. Rio de Janeiro: Zahar, 2021.

ZEFF, T. *The Power of Sensitivity: Success Stories by Highly Sensitive People Thriving in a Non-sensitive World*. São Paulo: Prana Editora, 2004.

OPORTUNIDADE INTERNACIONAL, PARA PROFISSIONAIS DE ENGENHARIA, NOS ESTADOS UNIDOS

O engenheiro civil atua em diversos ramos na construção e tem sido cada vez mais requisitado em diversos países, como é o caso dos Estados Unidos, que está em busca de imigrantes para suprir a falta de profissionais capacitados nessa área. Este capítulo analisará o mercado de trabalho de engenharia civil nos EUA e as oportunidades para quem projeta desenvolver uma carreira internacional.

DANIELA SEIXAS MOSCHIONI

Daniela Seixas Moschioni

Bacharel em Administração pela UFBA; especialista em Recrutamento e Seleção pela FGV; em Gestão Empresarial pela OHIO University; e em Inovação Estratégica pela Harvard University Business School. *Master coach* pela International Coach Federation – ICF. Analista comportamental DISC pela TTI Success Insights. Por 18 anos, atuou na área de gestão de pessoas e responsabilidade social, participando de grandes projetos no setor de engenharia e construção – entre eles, o Parque Olímpico (2016), no Rio de Janeiro. Desde 2016, atua com orientação vocacional, assessoria de carreira internacional e análise comportamental. Ministra treinamentos e palestras na área de desenvolvimento profissional no Brasil e nos EUA. Reside há quatro anos na Flórida, onde fundou o Better You Institute – BYI, empresa na área de assessoria acadêmica e de carreira para estudantes e profissionais que sonham em construir uma carreira internacional, especialmente nos EUA. Coautora dos livros *Vida com propósito*; *O fracasso é (apenas) o que vem antes do sucesso*; e do best-seller *As donas da p**** toda* (volumes 1 e 2), com a Editora Literare Books International.

Contatos
www.byiusa.com (Career Counselor – Better You Intitute)
contact@byiusa.com
+1 407 233 8326

A engenharia civil e uma visão geral sobre os setores imobiliário e de infraestrutura

Os engenheiros civis concebem, executam e gerem infraestruturas urbanas e projetos de construção. Seus trabalhos abrangem cinco áreas principais: estruturas, hidráulica, mecânica dos solos e fundações, transporte e meio ambiente. Esses profissionais asseguram que as demandas da sociedade sejam atendidas, protegendo o meio ambiente e garantindo a segurança dos cidadãos.

Dada essa importância e levando em conta que o setor está sempre em ampla expansão, é primordial aqui mencionar que o tamanho do mercado global de engenharia civil foi estimado em US$ 8.652,3 bilhões em 2022 e deve se expandir a uma taxa composta de crescimento anual (CAGR) de 5,9% de 2023 a 2030.

Nesse cenário, o setor de engenharia civil na América do Norte é liderado pelos Estados Unidos devido à presença de uma indústria amplamente desenvolvida, fortes iniciativas governamentais para desenvolver infraestrutura pública e aumento da demanda do setor residencial.

Um número crescente de atividades de construção e reforma em setores-chave, como escritórios, setor educacional, hotéis, restaurantes, edifícios de transporte e armazenamento de varejo on-line, impulsiona cada vez mais esse desenvolvimento nos Estados Unidos. Além disso, o crescimento do setor residencial, devido ao aumento da taxa de imigração, é projetado para promover a evolução da indústria e setores afins.

O aumento das atividades de infraestrutura nas economias emergentes e o crescimento do número de projetos de reforma nas economias desenvolvidas são fatores que contribuem para a demanda de engenharia civil. Com isso, o segmento de serviços de construção liderou o mercado e representou mais de 27,7% da receita global em 2022. O aumento da demanda por várias estruturas ferroviárias, túneis, pontes e obras civis, devido ao crescimento da população e problemas de tráfego em todo o mundo, é previsto para impulsionar o crescimento da indústria de engenharia civil.

Enquanto o ramo da construção inclui a produção de bens: construção de edifícios, trabalhos executados em edifícios existentes, obras de engenharia civil, as atividades imobiliárias englobam os vários serviços relacionados com o setor imobiliário: o arrendamento de habitação ou de instalações não residenciais, que constitui de longe a maior parte, e as atividades de agentes e corretores, bem como a gestão de imóveis.

O mercado imobiliário comercial nos Estados Unidos é segmentado por tipo (escritório, varejo, industrial, logística, hotelaria e multifamiliar) e por cidade-chave (Nova York, Chicago, Los Angeles, São Francisco, Boston, Denver, Houston, Phoenix, Atlanta e Salt Lake City). E após um ano de altos e baixos, o mercado de escritórios nos subúrbios de Chicago, por exemplo, encerrou 2021 forte, após alcançar um crescimento ano a ano em novas transações de aluguel, junto com a melhoria dos níveis de atividade nos mercados de capitais.

O peso do imobiliário na economia pode ser avaliado segundo diferentes critérios: ao nível da produção, valor acrescentado, patrimônio, mas também emprego ou contribuição para a receita fiscal. Prova disso é que o segmento imobiliário representou mais de 42,5% da receita global em 2022 e espera-se que testemunhe um crescimento significativo do mercado de engenharia civil no período de previsão. O aumento do poder de compra e da confiança do consumidor estão alimentando a recuperação da construção de moradias, incluindo tanto novas construções quanto reformas. E espera-se que isso resulte no crescimento geral do mercado de engenharia civil; afinal, estima-se que o segmento de infraestrutura registre o crescimento mais rápido em um CAGR de 6,5% durante o período de previsão; e a estimativa para o mercado imobiliário até 2030 é de mais de 1 trilhão de dólares.

O engenheiro civil nos Estados Unidos

Como vimos até aqui, os engenheiros civis são os cérebros por trás de pontes, túneis, estradas, barragens e sistemas de abastecimento de água. Eles projetam, constroem, supervisionam e mantêm a infraestrutura dos locais, e estão envolvidos em todas as partes do ambiente construído e na proteção e restauração do ambiente natural.

Para atuar como engenheiro civil é preciso um diploma de bacharel em engenharia civil, em uma de suas especialidades. Nos Estados Unidos, ganham destaque aqueles que têm diploma de pós-graduação e licenciamento para promoção a cargos seniores. Embora os requisitos de licenciamento variem de acordo com o estado, os engenheiros civis devem ser licenciados se prestarem serviços diretamente ao público.

O salário médio anual para engenheiros civis atuantes nos Estados Unidos era de US$ 98.050 em maio de 2021, sendo que os 25% mais bem pagos ganharam em média US$ 137.270 naquele ano, enquanto os 25% com salários mais baixos ganharam US$ 84.250. Mas por conta da falta de mão de obra no setor, algumas empresas estão oferecendo até mais de US$ 160.000 de salário anual para profissionais com pelo menos dez anos de experiência na área.

O *Bureau of Labor Statistics* projetou um crescimento de 7% de 2021 a 2031, quase tão rápido quanto a média de todas as ocupações. Cerca de 24.200 vagas para engenheiros civis são projetadas a cada ano, em média, ao longo da década; e muitas dessas vagas devem resultar da necessidade de substituição de trabalhadores que se transferem para outras ocupações ou saem da força de trabalho, como para se aposentar.

Os salários dos engenheiros civis variam também de acordo com o local, o que pode refletir fatores como a demanda por projetos de infraestrutura, a oferta de engenheiros e o custo de vida. Por exemplo, a Califórnia – um estado de alto custo com muitas grandes cidades que têm necessidades significativas de infraestrutura – é um dos estados que pagam para engenheiros civis com menos experiência em torno de US$ 101.332. Por outro lado, os engenheiros civis em um estado menor e mais rural como Vermont ganham apenas US$ 76.455 por ano, após o ajuste do custo de vida.

A Sociedade Americana de Engenheiros Civis (ASCE) classificou Houston, sede da Universidade Rice, pelo segundo ano consecutivo, no topo de melhores lugares para engenheiros civis. De acordo com o relatório anual da ASCE, duas outras cidades do Texas estão no top 10 – Dallas em quarto lugar e Austin/San Marcos em décimo. O índice é baseado em critérios como vagas de emprego para engenheiros civis, custo de vida e os resultados da pesquisa salarial da ASCE.

Vale aqui mencionar que os engenheiros civis ocupam a 4ª posição nos Melhores Trabalhos de Engenharia; e que os empregos são classificados de acordo com a capacidade de oferecer uma mistura indescritível de fatores. Brasileiros que já atuam na área da Engenharia Civil devem ter seus diplomas

Impulsionadores de carreira

de bacharel certificados pelo Conselho de Credenciamento de Engenharia e Tecnologia; e fazer o exame de Princípios e Práticas de Engenharia. A aprovação nesse exame concede a licença de engenheiro profissional. Engenheiros com licença PE podem assinar projetos, aprovar planos de design e supervisionar o trabalho de outros engenheiros.

De modo geral, todos os estados do Estados Unidos exigem que os engenheiros sejam licenciados antes de poderem trabalhar como engenheiros profissionais. Embora existam diferentes requisitos de licenciamento de engenheiro profissional em cada estado, a maioria exige uma certa quantidade de educação e experiência para que os candidatos recebam sua licença de engenheiro profissional (PE).

Os requisitos de licença estão crescendo especialmente em funções governamentais, inclusive em várias agências federais, estaduais e municipais. Além disso, muitos estados estão exigindo que os indivíduos que ensinam engenharia também sejam licenciados. E como uma licença de engenheiro profissional demonstra sua credibilidade e experiência na área de engenharia para empregadores e clientes, entende-se que o caminho para obter uma licença de engenheiro profissional geralmente requer:

- Um diploma de bacharel em engenharia de quatro anos de um programa de engenharia credenciado pela ABET.
- Conclusão bem-sucedida do exame de Fundamentos de Engenharia (FE) escrito ou baseado em computador.
- Quatro anos de experiência profissional em engenharia, sob a supervisão de um engenheiro graduado em uma universidade dos Estados Unidos, ou com diploma validado no país.
- Conclusão bem-sucedida do exame de Princípios e Prática de Engenharia (PE), escrito ou baseado em computador.

O FE é um exame de 110 perguntas que deve ser concluído em seis horas. Ele testa o conhecimento do candidato sobre os princípios básicos de engenharia e é oferecido em sete disciplinas diferentes, como Química, Civil e Mecânica. A maioria dos candidatos faz esse exame durante o último ano do programa de bacharelado ou logo após a formatura. O Conselho Nacional de Examinadores de Engenheiros e Agrimensores (NCEES) administra o exame FE e exige uma taxa de exame de 175 dólares. Guias de estudo e recursos gratuitos estão disponíveis no site do NCEES.

O exame PE foi desenvolvido para ser realizado após a conclusão de quatro anos de experiência profissional em engenharia, sob a direção de um engenheiro profissional. Esse exame também é administrado pelo NCEES e testa o conhecimento e as habilidades do candidato em uma disciplina específica de engenharia e ética em engenharia.

Visto de trabalho e Green Card

Como os Estados Unidos têm um déficit em profissionais de engenharia, ou seja, muito mais vagas de trabalho do que profissionais capacitados para tal, cada vez mais brasileiros consideram a possibilidade de trabalhar como engenheiro nos Estados Unidos. E para atuar na profissão, existem dois caminhos possíveis. O primeiro é conseguir um emprego como engenheiro e imigrar com uma oferta de trabalho e um dos seguintes vistos: H1-Bb para trabalho temporário; EB-3 para profissionais recém-formados; EB-2 para aqueles que têm anos de experiência; e EB-1 para profissionais de muito destaque.

O segundo é obter o visto EB-2 NIW, uma categoria de visto que não precisa de um empregador e dá direito ao Green Card. O EB-2 NIW é uma das subcategorias dos vistos de residência permanente que não requer que o imigrante tenha uma oferta de emprego para imigrar para os Estados Unidos. NIW é a abreviação para National Interest Waiver, que em português significa Isenção por Interesse Nacional. Ou seja, isenta-se o imigrante de ter uma oferta de trabalho por considerar que a sua permanência no país é de relevância nacional.

Para conceder o visto, a imigração analisa a carreira profissional, sendo que é necessário cumprir alguns requisitos, como o de ter pelo menos cinco anos de experiência, ter registro profissional, provar que é um profissional com um destaque acima da média, entre outros aspectos. Assim, o visto EB-2 é um visto imigratório baseado em emprego, direcionado a quem pretende trabalhar nos Estados Unidos, sendo que, por meio dele, o estrangeiro recebe o Green Card.

Existem duas subcategorias no EB2, sendo elas: *Advanced Degree* (grau avançado de estudos); e *Exceptional Ability* (habilidades excepcionais na sua área de formação). Caso o profissional não cumpra as exigências de *advanced degree* ou *exceptional ability*, o empregador poderá solicitar um visto para ocupar determinada vaga de emprego, já que a condição para não precisar de uma oferta de emprego é cumprir os requisitos de National Interest Waiver.

Outro fator muito importante para atuar como engenheiro civil nos Estados Unidos é compreender e escolher uma das áreas de especialização da engenharia civil; afinal, os norte-americanos prezam, como parte dos requisitos para o grau de Bacharel em Engenharia Civil, que cada aluno deve concluir cursos de especialização primária e secundária. Pelo menos 12 horas devem ser feitas no campo primário e pelo menos 6 horas devem ser feitas no campo secundário.

As empresas de engenharia civil oferecem uma ampla gama de serviços, desde o projeto de pontes e estradas até a supervisão de projetos de construção. Eles também podem estar envolvidos em consultoria ambiental, socorro a desastres e planejamento urbano.

Muitos empreendimentos de engenharia civil são grandes firmas internacionais com escritórios em todo o mundo; e existem muitas empresas desse ramo nos Estados Unidos que fornecem serviços de qualidade e que têm uma forte reputação no setor, seja porque já estiveram envolvidas em muitos projetos importantes em todo o país ou porque têm um histórico comprovado de sucesso.

A falta de mão de obra na área da engenharia civil nos Estados Unidos

Um dos grandes desafios enfrentados pelas empresas de engenharia/empreiteiros é o de encontrar trabalhadores qualificados, que é um problema persistente na construção. De acordo com uma nova análise da Associated Builders and Contractors, parece piorar à medida que uma grande faixa de trabalhadores atinge a idade de aposentadoria. Assim, as lacunas de mão de obra estão afetando os cronogramas dos projetos, bem como a quantidade de empreiteiros e engenheiros que podem assumir esses projetos.

Como já mencionado, o Bureau of Labor Statistics dos Estados Unidos projeta a necessidade de cerca de 25 mil novos engenheiros civis a cada ano durante essa década. No entanto, esse número é baseado na necessidade de substituição de trabalhadores; e não considera o impacto da Lei de Empregos e Investimentos em Infraestrutura e as funções dos engenheiros civis em sua implementação. Portanto, a Moody's estima que os projetos de infraestrutura criarão 883.600 empregos até 2030 e a renda per capita aumentará 10,5%.

Com base nisso, os Estados Unidos precisarão de imigrantes para suprir a falta de mão de obra de engenheiros civis; afinal, a escassez crônica de trabalhadores especializados e experientes nessa área vem ganhando as manchetes no país há mais de uma década, mesmo durante o auge da Grande Recessão. Dessa forma, é importante avaliar a ideia de direcionar e impulsionar a carreira para os Estados Unidos.

Processo de validação de diploma nos Estados Unidos para engenheiros civis formados no Brasil

Os requisitos para trabalhar como engenheiro nos Estados Unidos com um diploma estrangeiro variam dependendo do tipo de trabalho que o profissional irá realizar e para quem (por exemplo, todos os 50 estados e o Distrito de Columbia exigem licença para engenheiros que oferecem seus serviços diretamente ao público e, independentemente do licenciamento, um programa de certificação pode ser exigido por um empregador para demonstrar competência em campos específicos da engenharia).

E como não existe uma única autoridade nos Estados Unidos que supervisione esses tipos de avaliações, qualquer reconhecimento de graus e qualificações estrangeiras é feito em nível estadual, o que significa que será necessário verificar as etapas e os requisitos com os estados correspondentes onde se deseja trabalhar. Pensando nisso, pode ser interessante conversar com alguém de um serviço de avaliação de credenciais acadêmicas, como o Serviço de Credenciais Estrangeiras da América ou o World Education Services. Esse tipo de instituição é responsável pela qualificação de credenciais acadêmicas concedidas fora dos Estados Unidos para diversos fins, como matrícula em universidade, emprego, certificação profissional ou processo de imigração. O Escritório de Assuntos Internacionais dos Estados Unidos recomenda o uso de um dos seguintes serviços:

1. Associação Nacional de Serviços de Avaliação de Credenciais (NACES). É uma associação de 19 serviços de avaliação de credenciais com padrões de admissão e um código de boas práticas aplicado.
2. Association of International Credentials Evaluators (AICE). É uma associação de dez serviços de avaliação de credenciais com um conselho de consultores e um código de ética obrigatório.

A NCEES Credentials Evaluations é um serviço para conselhos estaduais de licenciamento e candidatos, é projetada principalmente para candidatos que obtiveram seus diplomas fora dos Estados Unidos e estão buscando o licenciamento por meio de um dos conselhos de licenciamento de membros do NCEES. Portanto, a fim de obter uma licença para praticar engenharia, os candidatos devem atender aos requisitos em três áreas: educação, experiência e exames. Às vezes, os conselhos estaduais de licenciamento exigem que a formação educacional de um candidato seja avaliada para garantir que seja comparável a um diploma credenciado nos Estados Unidos.

Impulsionadores de carreira

O profissional não precisa de uma avaliação se o diploma foi credenciado pela Comissão de Credenciamento de Engenharia da ABET no momento de sua graduação, pois a ABET também credencia alguns programas em outros países. Os candidatos com diplomas de engenharia que não são credenciados pela Comissão de Credenciamento de Engenharia (EAC) da ABET devem demonstrar o seguinte:

- 32 horas de crédito em matemática superior e ciências básicas.
- 12 horas de crédito do semestre em educação.
- 48 horas de crédito do semestre em ciência da engenharia e/ou design de engenharia.

É importante aqui ressaltar que para aquele engenheiro que deseja atuar como parte de uma equipe de profissionais (profissional subordinado a um responsável) nem sempre uma licença é obrigatória. Porém, o profissional da engenharia que deseja atuar em cargos de liderança, como responsável técnico de projetos de engenharia, precisa retirar uma licença no órgão regulador da sua profissão, equivalente no Brasil ao CREA (Conselho Regional de Engenharia e Arquitetura), que requer:

1. Fazer a equivalência de diploma. O site oficial do NCEES informa os seguintes custos para a realização da equivalência de diploma: Avaliação: US$ 350. Reavaliação: US$ 100.
2. Realizar os dois exames exigidos pelo NCEES, sendo necessário que o profissional se inscreva no estado em que pretende morar e trabalhar. O Fundamentals of Engineering (FE) é o primeiro exame a ser realizado, já que é projetado para profissionais que estão perto de se formar ou acabaram de se formar. O exame seguinte é o Principles & Practice of Engineering (PE), que é um exame mais complexo e aprofundado que requer um nível mínimo de competências em uma disciplina específica.
3. Comprovação de experiência profissional, dependendo do conselho do estado escolhido. É ideal para engenheiros que já obtiveram pelo menos quatro anos de experiência profissional na sua área após formados.

Redes de *network*

Como fica muito mais fácil se mudar para os Estados Unidos com um emprego em vista, é importante ter em mente que, para conseguir uma boa colocação no mercado norte-americano, um bom ponto de partida é conectar-se com potenciais empregadores no LinkedIn, no Indeed e outras redes profissionais. O profissional pode procurar as empresas nas quais deseja trabalhar e, em seguida, conectar-se com seus CEOs ou gerentes de contratação, certificando-se de enviar o convite junto com uma nota personalizada e de que suas mensagens tenham um propósito claro.

O LinkedIn é, sem dúvida, uma boa opção para isso, pois se trata de uma plataforma multidimensional, que oferece oportunidades de trabalho de qualidade, *insights* para potenciais empregadores e estabelece as bases para o avanço na carreira. No entanto, o engenheiro brasileiro não deve se limitar a esse portal, pois existem outras redes para construir um bom *networking*, como é o caso do Indeed, fervilhando de oportunidades, dedicadas a encontrar o emprego certo para pessoas que procuram trabalho.

O que distingue o Indeed do LinkedIn é a natureza de ambas as plataformas. Enquanto o LinkedIn é orientado para o social e uma poderosa ferramenta de pesquisa, o Indeed está mais preocupado com o profissional conseguir um emprego com sucesso. Não é apenas um quadro de empregos, mas também permite que os empregadores agendem entrevistas em vídeo on-line, evitando o incômodo de viajar.

O ZipRecruiter é outra excelente alternativa para a busca de emprego, pois é voltado para conectar funcionários com a organização certa e suas funções em aberto, tornando o complicado fornecimento de candidatos eficiente e preciso, o que o torna um dos melhores sites de anúncios de emprego para empregadores. No entanto, ele também é proveitoso para os caçadores de empregos, pois fornece tecnologia de correspondência orientada por IA e ferramentas de pesquisa de emprego fáceis de usar.

Considerações finais

Falando sobre o futuro da indústria de engenharia civil, pode-se dizer que ele deve ser marcado por rápidos avanços e tendências emergentes que estão remodelando sua performance e qualidade. A integração de inteligência artificial e aprendizado de máquina está otimizando os recursos de design, melhorando a solução de problemas e aumentando a eficiência geral. O aumento do uso de robótica e a automação leva a processos de fabricação mais eficientes, melhor qualidade do produto e custos de mão de obra reduzidos, enquanto a adoção da Internet das Coisas permite coleta de dados em tempo real, monitoramento e conectividade aprimorada.

De modo complementar, a engenharia sustentável está abordando a mudança climática, concentrando-se em energia renovável, materiais ecologicamente corretos e tecnologias de eficiência energética. Simultaneamente,

Impulsionadores de carreira

a impressão 3D e a manufatura aditiva estão revolucionando a indústria, permitindo prototipagem rápida, fabricação de baixo volume e maior inovação. A realidade virtual e aumentada está aprimorando a visualização do projeto, o desenvolvimento de produtos e a colaboração remota, enquanto os gêmeos digitais facilitam o monitoramento em tempo real e a manutenção preditiva.

Materiais avançados e nanotecnologia estão impulsionando a criação de novos produtos com desempenho aprimorado, e *big data* e análises estão fornecendo *insights* para aprimorar a tomada de decisões. A tecnologia *Blockchain* está simplificando o gerenciamento da cadeia de suprimentos e a proteção da propriedade intelectual, enquanto a modelagem de informações de construção (BIM) está se tornando um padrão para planejamento e construção de infraestrutura. E a construção modular e pré-fabricada está ganhando força, reduzindo o tempo e os custos de mão de obra e minimizando o desperdício.

Quando analisamos o cenário da engenharia civil nos Estados Unidos, todos esses avanços são muito mais expressivos do que no Brasil. Mas o país tem enfrentado uma escassez de mão de obra que tem estimulado a presença de imigrantes, pagando salários atrativos para suprir essa demanda, como mostrado nesse estudo.

Um engenheiro civil tem muito espaço e oportunidade de trabalho nos Estados Unidos e pode obter o sucesso desejado na sua carreira se estiver disposto a encarar desafios, realizar todos os processos necessários e ir trabalhar na famosa terra do Tio Sam.

12

ATITUDE DE DONO
DICAS E ESTRATÉGIAS PARA ALAVANCAR A SUA CARREIRA E ALCANÇAR SEUS OBJETIVOS PROFISSIONAIS

Felipe Grotti acredita que, mesmo na função de empregado, a mentalidade e o posicionamento de "dono do negócio" nos leva bem mais longe do que poderíamos imaginar. Em seu capítulo, defende que a atitude de se colocar como dono gera somente um resultado: o sucesso. Acrescenta, com leveza e argumentação sólida, que ser um profissional completo dentro da empresa significa ser uma pessoa indispensável. Ele diz: "Quando o negócio enfrenta uma crise, precisa cortar gastos e demitir funcionários. Sabe quem o dono jamais pode mandar embora? Quem é indispensável: os donos da empresa". Portanto, conclui que manter uma atitude de dono é, sem dúvida, uma estratégia impulsionadora de uma carreira de sucesso.

FELIPE GROTTI

Felipe Grotti

É empresário há mais de uma década, fundador e presidente da FBF Representações, empreendedor de sucesso, treinador e formador de equipes de vendas, palestrante e consultor de alto rendimento comercial com mais de 500 clientes atendidos. É um profissional sempre focado no crescimento, que acredita que temos o poder de mudar nossas vidas, que podemos transbordar no mundo, deixar nosso legado, ser pessoas melhores todos os dias e que o segredo reside nos pequenos detalhes.

Contato
f.grotti@yahoo.com.br

Sou um verdadeiro aficionado por desenvolvimento e crescimento. Meu objetivo é sempre fazer melhor do que fiz ontem! Há mais de dez anos, fundei a FBF Representações que em breve será a primeira franquia no Brasil de um escritório de representação comercial.

O cerne principal do negócio que comando ao lado de minha esposa é a administração das vendas de diversas empresas. A empresa que fabrica e importa um produto nos contrata para que administremos a parte comercial e atendamos o setor de venda a partir da nossa carteira de clientes. Logo, nossa função é desenvolver a logística comercial, que consiste basicamente em realizar o pedido e executar a venda.

A FBF Representações hoje é um dos maiores escritórios da América Latina, que é referência em faturamento e estrutura. Devido ao sucesso do negócio, escrevi o meu primeiro livro: *Representante 4.0*. Nele compartilho meus conhecimentos para impulsionar a carreira de outros profissionais.

Ao longo da minha trajetória profissional, aprendi a ser dono do negócio em que eu trabalhava. Por todos os lugares, sempre tive disposição para realizar as tarefas com assertividade e proatividade, ao invés de apenas cumprir as minhas obrigações sem me preocupar com mais nada ao meu redor. Nas duas últimas empresas que trabalhei obtive um crescimento exponencial. Todo esse progresso começou quando percebi que tinha de entregar mais do que aquilo que era pago para fazer.

Ao superar as expectativas dos meus superiores, obtive uma vantagem sobre os demais funcionários e recebi novas oportunidades porque sabiam que eu era capaz de executar bem outras atividades, ainda que inicialmente fora da minha alçada.

Mesmo na função de empregado, a mentalidade e posicionamento de dono do negócio me levou bem mais longe do que eu poderia imaginar.

Do sentir a agir como dono

Quando tratamos dessa ideia de ter uma "atitude de dono", primeiro é preciso pensar como dono. Não se pode simplesmente exercer a sua função e falar por aí: "Eu sou o dono". Ser funcionário de qualquer empresa, independentemente de o cargo ultrapassar o que se pede na sua função, significa estar pronto para surpreender as pessoas em outras áreas dentro do negócio.

O princípio fundamental a ser compreendido é que o dono de uma empresa espera que o seu funcionário realize as suas devidas atribuições. A partir do momento que ele propõe inovações, inevitavelmente eleva o seu próprio valor dentro do negócio. Quando você tem a atitude de dono, automaticamente pensa em outras formas de fazer o negócio acontecer. Ter ideias criativas e repensar o processo sem se limitar a ser somente mais uma engrenagem certamente foi o que alavancou a minha vida profissional. Essa nova mentalidade se reflete na prática do dia a dia, e a mudança de postura pode ter grande impacto na rotina. Uma pessoa passa a ter atitude de dono quando começa a visualizar dentro da empresa uma forma diferente de executar sua atividade. Quando pensa em tratar melhor o cliente, que também é seu e não apenas da empresa, leva o seu senso crítico para o serviço, além do seu próprio cargo.

Um funcionário que está somente de corpo presente no trabalho, para executar ordens, normalmente seguirá um roteiro com todas as falas prontas do que precisa ser dito. Já uma pessoa que tem mentalidade de dono procura se aprofundar em melhores formas de abordar o cliente, pois era exatamente isso que faria se fosse o dono do negócio. Agir como se já estivesse na posição que deseja estar é o que leva o profissional a chegar lá.

Como gostaria que meu cliente fosse atendido se eu fosse o dono desse negócio? Essa é uma pergunta para se fazer cotidianamente. Usar a palavra "dono" pode ser um pouco complexo, por causa dos tantos significados e implicações que esse termo traz consigo, mas se trata de não se ver apenas como parte da empresa e assumir que o sucesso do negócio também representa o seu triunfo.

A mudança de mentalidade promove certos questionamentos: "Se esse negócio é meu, farei um trabalho mediano? Esquecerei de passar os contatos corretamente? Perguntarei se o cliente precisa de algo mais? Vou passar essas informações para alguém ou procurarei eu mesmo a solução?" Para encontrar as respostas desses questionamentos, é necessário entender que a empresa pode ser sua um dia. Se souber administrar o negócio dos outros da melhor forma possível, quando tiver o seu próprio negócio, não precisará gastar energia para aprender o que poderia ter experimentado antes de forma mais tranquila e com menos responsabilidades.

O empreendedor Silas Diniz fala que "de uma forma mais simples e direta podemos dizer que ATITUDE é o reconhecimento do que é preciso fazer e AÇÃO é o ato de fazê-lo". Para não perder tempo e desperdiçar a preciosa chance de aprender, é importante conhecer a diferença entre atitude e ação.

O funcionário é pago para atender o cliente que deseja comprar um imóvel; a ação é basicamente o que justifica o seu salário. No entanto, a atitude é buscar nas redes sociais por mais informações daquele cliente e passá-las para o time de vendas. Ao descobrir que ele tem filhos, onde mora e a empresa que trabalha, por exemplo, é possível traçar um perfil muito mais completo para que a venda tenha uma alta probabilidade de êxito.

O trabalho se trata simplesmente de atender o cliente. Porém, fazer o que o chefe não pediu é mostrar que a ação está aquém da sua capacidade, que é bem mais extensa do que se imaginava. Quanto mais o funcionário se engaja para fazer o melhor, mais a sua atitude o diferencia em seu ambiente de trabalho.

Estar com quem o dono estaria

A atitude de dono também está diretamente ligada ao ambiente e às relações. Estar perto das pessoas que têm um cargo maior dentro da empresa é um trunfo bastante interessante. Por essa razão, quem quer impulsionar sua carreira deve ter atitude também na hora do almoço ou no intervalo para um cafezinho. Aproximar-se do gerente ou presidente da empresa é fundamental para se inserir em diferentes contextos e se fazer lembrado no lugar.

Conversar apenas com os colegas do seu departamento faz o funcionário se acomodar sempre nas rodas de conversa em que os assuntos são sempre os mesmos e não há nada novo. Tenha atitude para se portar como uma pessoa que tem um cargo acima do seu!

O crescimento dentro de uma empresa depende muito da atitude de se colocar perto das pessoas que estão onde você almeja chegar. Se desejo ocupar o cargo de diretor no futuro, então tenho que fazer de tudo para me aproximar do diretor e assim analisar atentamente como ele pensa, pois a diferença de cargo está exatamente em entender como as pessoas pensam. Quem atende ao telefone só está preocupado em passar a informação. O funcionário que está um nível acima pensa em como aprimorar aquela informação para obter melhores resultados.

Impulsionadores de carreira

Estar perto das pessoas corretas é uma atitude que acelera a ascensão em qualquer carreira. Portanto, fuja dos reclamões! Os insatisfeitos com o trabalho que só reclamam da empresa e do chefe costumam atrasar bastante a caminhada daqueles que visam ao crescimento.

Quanto mais reclamações são feitas, pior se torna o ambiente. O pessimismo e a negatividade diminuem a moral da equipe e os resultados tendem a cair nesses ambientes. Eleve o seu espírito e melhore o seu humor, pois quem notoriamente não está feliz na empresa é a primeira opção na hora de mandar alguém embora.

Esteja no meio das pessoas que pensam na produtividade! O ideal é se cercar de quem também quer crescer e tem um interesse genuíno em ver o negócio progredir. O resultado de um grupo com essa característica é a evolução de todos, pois essa é a consequência natural de boas companhias. Quem tem o pensamento avançado e busca prosperar o negócio já amadureceu o suficiente para enxergar que só é possível alcançar o sucesso se a empresa for igualmente bem-sucedida.

Estabelecer esses relacionamentos exige um desejo real de sair da posição que se encontra. Definir detalhadamente onde se quer chegar facilita todo o planejamento do caminho e o destino final. Mas não se esqueça, mais importante que um novo cargo é adquirir um novo conhecimento.

Relacionar-se com pessoas que estão no próximo nível é a passagem secreta para acessar novas oportunidades no mercado. Toda empresa tem aqueles funcionários que trabalham há mais tempo e estão sempre um passo adiante. Geralmente, eles representam 20% da equipe e geram cerca de 80% do faturamento de todo o negócio, por isso se destacam no setor comercial, administrativo, de tecnologia, entre outros. Esse grupo seleto chama atenção porque são as pessoas que ganham mais e que estão mais próximas da direção, da presidência e até mesmo do dono da empresa. Desse modo, não se limite a cargos, uma vez que o conhecimento não tem limites.

Há alguns anos, eu era um demonstrador e desenvolvia aprovação de uma empresa dentro da indústria. Durante uma convenção em Natal, capital do Rio Grande do Norte, fui ao encontro dos vendedores da empresa, que logo me receberam de braços abertos. Naquela hora, percebi que a limitação estava apenas na minha cabeça e eu poderia me relacionar naturalmente com qualquer pessoa. Nesse dia, escutei uma conversa em que um cliente falou para o outro na mais completa naturalidade: "Lembra daquela vez que nos encontramos em Londres?". Fiquei espantado ao ouvir aquilo, pois nunca tinha imaginado sair do Brasil, nem havia conhecido ninguém que já tivesse cruzado a fronteira. A forma trivial com a qual conduziam aquele diálogo me fez pensar: "As pessoas simplesmente vão para Londres? Como funciona isso?". Esse era o nível de consciência no qual eu estava.

Só consegui escutar tal conversa porque estava no meio das pessoas certas. Pude abrir a minha cabeça e começar a pensar diferente depois desse evento, enquanto o assunto no grupo de promotores era algo do tipo: "Além de trabalhar no sábado e domingo, ainda temos que vir aqui bajular esses clientes". Se tivesse permanecido ali, teria ouvido apenas reclamações infrutíferas, que não me gerariam nenhum crescimento. Ao invés disso, ampliei meu conhecimento e tive uma atitude de ser visto em um meio diferente.

Ninguém me colocou lá, eu mesmo me apresentei e fui o causador de toda a situação. Ao longo da minha carreira, aprendi a me inserir nos lugares e a separar o que devo ou não falar nesses ambientes. Quando perdi o medo de errar, descobri que o máximo que pode acontecer é dar certo.

Dicas para a importância de INVESTIR e CONSTRUIR *network*, sempre.

- **Tenha alguma atividade dentro da sua rotina para gerar *network*:** tenha uma atividade dentro da sua rotina que lhe faça conhecer novas pessoas que ofereçam alguma forma de desenvolvimento profissional. Essa atividade pode ser algo simples, como praticar um esporte. Vale lembrar que não adianta uma atividade dentro do seu condomínio, pois é um lugar limitado da esfera pessoal onde se encontra os vizinhos, e não um lugar para fazer negócios.
- **Faça uma agenda que englobe novas relações:** lembre-se: "Fazer negócio" não é simplesmente ganhar dinheiro. Estar próximo de pessoas melhores que podem oferecer ensinamentos diferentes é um excelente negócio! Diversifique sua agenda com oportunidades diferenciadas com públicos diferenciados.
- **Esteja o mais perto possível de pessoas que possam ser mentores:** durante a construção de uma rede de relacionamentos, é essencial procurar por mentores para seguir, ouvir e ler. Os mentores podem estar na internet ou em um livro. Relacionar-se é aprender! Normalmente, as pessoas confundem a possibilidade de interação com proximidade. Uma rede de relacionamentos não deve estar presa a uma distância física, pois não existem limites para buscar mentores que estão muito à frente em sua área. As pessoas de sucesso transbordam o conhecimento que as levou ao topo e são elas que vão responder à pergunta: "Como ser um funcionário melhor dentro da empresa em que trabalho?".
- **Pague o preço para estar nos melhores espaços:** o esforço financeiro realizado para a construção de uma boa rede de relacionamentos não deve

ser visto como custo, e sim como investimento. Há um preço a pagar para estar nos melhores espaços e é a partir dessa atitude que surgem os grandes resultados. Pague o preço primeiro para depois ter o resultado! Muitos profissionais costumam falar: "Vou gastar com aulas?". A resposta é "não". Na verdade, investirá em diversos negócios de grande potencial. Quando se entende que tudo isso não é desperdício de dinheiro, mas ganho de tempo e conhecimento, a visão do profissional é ampliada. Separar 5 ou 10% da sua renda para investir na rede de relacionamentos é uma boa forma de começar.

Posicionar-se e agir como dono

Para ter atitude de dono e se posicionar como tal, além de entregar mais do que se espera, é preciso agir com comprometimento e conhecimento. O dono de um negócio produz a todo momento. Por mais que a equipe seja muito eficiente e possua diversos funcionários para cuidar de toda a parte operacional, o empresário atua em outro nível de criação, pois o seu trabalho dentro do negócio nunca acaba.

A base para estabelecer esse sentimento de dono é entender que não se pode parar de produzir nem mesmo dentro da própria empresa. Com exceção das férias, parar não é uma opção. Quando o funcionário se compromete no mesmo nível do dono, fazer o que precisa ser feito se torna prazeroso.

Não existe tarefa chata, pois quando há dedicação em realizar algo, o êxito gera felicidade.

As pessoas costumam me perguntar: "Qual é o segredo?". Respondo que o segredo é aproveitar a chance de ser dono sem ter que gastar o próprio dinheiro. Se começar a tratar a empresa na qual trabalha como dono, terá a vantagem de aprender tudo o que precisa, sem correr os riscos de realmente empreender um negócio. Antes de abrir o próprio negócio, a atitude de dono pode levar o profissional a ser um sócio da empresa! Em contrapartida, se ninguém o coloca nessa posição, o profissional precisa conquistar o seu espaço. A maior dor de um empresário é não encontrar pessoas que querem ir além, porque todos só querem se manter na superfície do negócio. Quando busca se aprofundar, o colaborador aumenta exponencialmente a probabilidade de ser convidado para uma sociedade. O dono jamais quer perder seus melhores funcionários, então fará de tudo para mantê-los no barco.

Dicas para a importância de POSICIONAR-SE e AGIR, sempre:

• **Agir com comprometimento:** quando age com comprometimento, o funcionário passa a ser dono imediatamente e pode até virar o dono de verdade. "Quando for promovido, eu faço!". Não! Faça agora! Tomar a atitude certa é o que direciona a caminhada até o objetivo. Não importa se ninguém reconhecer o seu esforço, o valor do seu trabalho será notado em algum momento. O verdadeiro valor é algo que não se mantém escondido por muito tempo. Já vi algumas vezes o próprio cliente atendido pela empresa levar embora o melhor funcionário, de tão bom que era o seu trabalho. Casos raros como esse só acontecem quando o profissional não pensa mais como empregado. O colaborador que cumpre exclusivamente o seu papel pensa apenas no que deseja executar e deixa de lado tudo aquilo que não gosta de fazer. Em contrapartida, o dono não separa as tarefas dessa forma. A sua cabeça está focada em vender, fechar contratos e fazer tudo o que estiver ao seu alcance para o negócio decolar.

• **Agir com conhecimento:** antes de pensar no seu empregador ou no seu chefe, o profissional deve visualizar a sua própria carreira. Adquirir experiência gratuitamente é o primeiro ganho. Conhecer todas as nuances do negócio e sua ação no mercado é quase como ser pago para aprender. Entre os judeus, é comum entrar em um negócio sem ganhar praticamente nada, em troca do aprendizado. Para receber o conhecimento é necessário pagar, seja em uma faculdade ou um curso. Portanto, desenvolver outras habilidades além da sua área de atuação pode ser o impulso que faltava para você progredir ao próximo nível. Pense comigo: o dono não precisa ser o melhor em tudo, mas tem de conhecer cada departamento para entender todo o contexto da empresa. Não importa se a função é fazer café ou limpar o chão, atitude de dono é ter uma visão global do negócio por inteiro. Certas atitudes só geram ganhos, não há perdas. Porém, existem aqueles que pensam: "Não estou recebendo para fazer nada disso!". Na verdade, o pensamento correto é: "Estou aprendendo tudo sem pagar nada por isso". Frases como "posso fazer isso para você? Existe uma forma de lhe ajudar? Já terminei minhas atividades e tenho tempo livre" são verdadeiros propulsores para decolar qualquer carreira.

Sem dúvida, todo negócio é feito de capital e tempo. Ninguém consegue fazer tudo sozinho. Se o investidor não precisasse de ajuda, certamente centralizaria todas as funções. Logo, a atitude de se colocar como dono gera somente um resultado: o sucesso.

Quando entendi que os limites impostos existiam apenas na minha cabeça, cresci livremente e sem olhar para trás. Por fim, percebi que ser um profissional completo dentro da empresa significa ser uma pessoa indispensável. Quando o negócio enfrenta uma crise, precisa cortar gastos e demitir funcionários,

Impulsionadores de carreira

sabe quem o dono jamais pode mandar embora? Quem é indispensável. Os "donos" da empresa.

Assim, não se esqueça: mantenha uma atitude de dono! Essa é, sem dúvida, uma estratégia impulsionadora de carreira.

13

LIFELONG LEARNING
A EDUCAÇÃO CONTINUADA COMO INDUTORA DE UMA CARREIRA SÓLIDA E DE SUCESSO

Neste capítulo, explicaremos o conceito de educação continuada e como ela pode contribuir para a construção de uma carreira sólida e de sucesso. O *lifelong learning* se fundamenta no desenvolvimento de uma mentalidade de crescimento e na adoção de um estilo de vida que promova o aprendizado, e assim, novas competências e habilidades ao longo da vida. Mesmo em uma era com tantos recursos tecnológicos e de fácil acesso às informações, as pessoas com melhor adaptabilidade e com disponibilidade para aprender continuamente, se destacam nas suas carreiras, pois esses são comportamentos essenciais para o alcance do sucesso.

GLENDA JAMILE GUEDES

Glenda Jamile Guedes

Graduada em Ciências Biológicas e Administração de Empresas, mestre em Engenharia de Produção, especialista em Gestão Escolar e Gestão Estratégica de Negócios. Consultora e auditora na área de Qualidade, certificada pela ABNT. Coordenou, por dez anos, o programa de qualidade em âmbito nacional no Senac (Serviço Nacional de Aprendizagem Comercial), com atendimento a mais de cem empresas em todo o estado do Rio Grande do Norte. Possui mais de 20 anos de experiência em gestão em instituições públicas e privadas. Atua, há mais de dez anos, como gestora educacional em escolas de médio e grande portes. Professora de formação, é apaixonada pela educação e pelo efeito transformador que ela tem na vida das pessoas.

Contatos
glendaguedes@hotmail.com
Instagram: @glendaguedes

> *Aprender é a única coisa de que a mente nunca se*
> *cansa, nunca tem medo e nunca se arrepende.*
> LEONARDO DA VINCI

Aprender sempre foi meu verbo preferido. Desde criança tenho uma vontade que me instiga e que me move em busca de aprender. Lembro-me de que ainda muito pequena escutava minha saudosa avó materna dizer: "Na vida nada se perde; se não acertou, aprendeu". Assim tenho seguido, usando um ensinamento que foi e continua sendo muito valoroso para qualquer área da minha vida. Isso porque me faz ter um olhar reflexivo sobre o conceito de ganhar, além de entender que sou eu quem escolhe como lidar com todas as situações, nas quais posso ganhar e perder, mas que nas duas tenho a obrigação de abstrair um aprendizado. E assim esse verbo vem presente na minha vida, nas minhas ações, aprender sempre e com tudo, que seja bom ou que não seja tão bom.

E na carreira, assim como na vida, não pode ser diferente, o aprendizado contínuo deve ser uma premissa, principalmente porque vivemos em um mundo em constante evolução. À medida que novas descobertas são feitas, novas habilidades são exigidas para acompanhar as rápidas mudanças tecnológicas, sociais e econômicas, sendo essencial que as pessoas tenham disponibilidade de adaptar-se e de aprender continuamente.

Os desafios de aprender no século XXI

Não existe nada mais importante que o conhecimento, e nada mais gratificante do que aprender. Quando nos apropriamos do conhecimento, quando aprendemos algo, nada e ninguém pode tirar de nós, é um ativo nosso. E não estou falando apenas dos conhecimentos adquiridos de maneira formal, na educação básica, na graduação ou na pós-graduação, que geram certificados ou diplomas, mas do espírito de aprendiz, que busca aprender com as situações, com as pessoas e assim gera valor para ele mesmo e para o mundo. Tem uma frase do escritor norte-americano Alvin Toffler que diz: "O analfabeto do século XXI não será aquele que não consegue ler e escrever, mas aquele que não consegue aprender, desaprender e reaprender", como uma caminhada que não tem fim. Assim, podemos entender o significado de *lifelong learning*, que é aprendizado ao longo da vida. Viver aprendendo, ao longo de toda a vida, como um eterno aprendiz. Viver assim seria então um estilo de vida? Diria que sim, uma opção consciente por viver continuamente buscando o aprendizado. Um estilo de vida que pode render muitos frutos, principalmente para a carreira, pois essa busca contínua pelo aprendizado poderá ser o alicerce que sustentará uma trajetória de sucesso.

De acordo com o escritor e professor israelense Yuval Harari (2018), no livro *21 lições para o século XXI*,

> Humanos têm dois tipos de habilidades – física e cognitiva. No passado, as máquinas competiram com humanos principalmente em habilidades físicas, enquanto os humanos se mantiveram à frente das máquinas em capacidade cognitiva.

Então, mesmo na era da IA o que diferenciará o humano da máquina continuará sendo as habilidades cognitivas, e considerando essa realidade é necessário entendermos cada vez mais sobre *lifelong learning* e sobre como podemos nos tornar *lifelong learners*. Esse conceito é baseado na busca contínua e proativa por aprendizado, para que assim se possa adquirir conhecimento e habilidades ao longo de toda a vida. Ao fazer uma correlação com os quatro pilares da educação propostos por Jaques Delors, autor e organizador do relatório para a Unesco da Comissão Internacional sobre Educação para o século XXI, intitulado: Educação, um Tesouro a descobrir (1996), podemos melhor entender o que é preconizado pelo *lifelong learning*. Esses pilares são o aprender a conhecer, aprender a fazer, aprender a conviver e aprender a ser; são eles que promovem o desenvolvimento de uma educação contínua e autônoma e são extremamente necessários para se ter uma base sólida de conhecimento, que maximize o potencial de aprendizado e consequentemente o crescimento pessoal e profissional das pessoas.

No pilar aprender a conhecer se adquire conhecimento por meio dos questionamentos, o que implica o desenvolvimento de senso crítico, confronto de ideias e reflexão sobre as informações que são recebidas. Além de contar com o aspecto da curiosidade, do aprender e do reaprender, que promove o conhecimento autônomo. O pilar aprender a fazer se baseia na concepção de que o conhecimento só se consolida no exercício da prática e das experiências, e mesmo que reconheça que o embasamento teórico seja primordial, esse pilar consiste em desenvolver a capacidade de aplicar o conhecimento na resolução de situações concretas. O aprender a conviver está ligado às habilidades socioemocionais, isto é, o saber se relacionar, o saber lidar com as diferenças e adversidades, o agir de maneira empática e entender que as pessoas podem ter opiniões diferentes, mas que é preciso haver troca para que o aprendizado aconteça. Em suma, o aprender a ser, que enfatiza a necessidade do auto-desenvolvimento, da autonomia, do senso crítico e da responsabilidade de buscar novas *skills*, para que o conhecimento seja constantemente renovado e possa gerar valor para as pessoas e a sociedade.

Growth mindset – mentalidade de crescimento

Para ser um eterno aprendiz, isto é, um *lifelong learner*, é necessário viver de buscas, perguntas e ter um desejo interno de aprender. Desenvolver uma motivação intrínseca que impulsiona a busca por conhecimento e habilidades traz significado à jornada e torna o processo gratificante. Quando se compreende que a educação pode ser um processo contínuo, que não há idade ou tempo certo para se aprender, percebe-se então uma mudança de *mindset*, na qual deixa-se uma mentalidade fixa, que crê que as habilidades são inatas e que não podem ser alteradas, e a substitui pela "mentalidade de crescimento", a *growth mindset*. O conceito de *growth mindset* foi desenvolvido pela psicóloga e pesquisadora da Universidade de Stanford Carol S. Dweck (2006) e tem como concepção o reconhecimento do potencial de crescimento e acredita que as capacidades, habilidades, inteligência e talentos podem ser desenvolvidos e aprimorados ao longo do tempo por meio da aprendizagem, por meio de tentativas e erros, no enfrentamento de desafios, com esforço e persistência. Robert Sternberg (2005), uma das referências da inteligência na atualidade, escreveu que o principal modo de aquisição de conhecimento especializado "não é alguma capacidade prévia e fixa, e sim a dedicação com objetivo".

Não que o *growth mindset* negue a existência de habilidades e talentos inatos, mas o entendimento é que o esforço é essencial para o aprimoramento dessas habilidades e talentos. Quando as pessoas desenvolvem uma mentalidade de crescimento, elas tendem a ser mais resilientes diante dos obstáculos e conseguem lidar de uma forma diferenciada com as frustrações e os fracassos. Diante de tudo o que foi dito, podemos afirmar que as ca-

Impulsionadores de carreira

racterísticas de quem tem *growth mindset* estão muito relacionadas com as de um *lifelong learner*, pois são pessoas que têm em comum a abertura para o experimento, para desafios e oportunidades. Assim, os aprendizes, que geralmente possuem uma mentalidade de crescimento, acreditam que com esforço e disposição podem alcançar seus objetivos e se sentem motivados a buscar o aprendizado contínuo, pois acreditam que só assim conseguirão evoluir pessoal e profissionalmente.

Lifelong learning e carreira

É necessário se questionar: como de maneira concreta a educação continuada pode induzir a uma carreira sólida e de sucesso? De que forma essa performance pode influenciar positivamente na vida profissional de uma pessoa? Para encontrarmos algumas dessas respostas, podemos analisar uma pesquisa realizada pelo Pew Research Center (PRC), um laboratório de ideias localizado em Washington que fornece dados sobre questões, atitudes e tendências que estão moldando os Estados Unidos e o mundo. Nessa pesquisa foi questionado a alunos e profissionais sobre os benefícios que se pode ter com o aprendizado contínuo; para 74% da população que buscou aprendizado pessoal nos últimos 12 meses, as recompensas geralmente estão vinculadas a benefícios psicológicos e sociais:

- 87% dos aprendizes pessoais dizem que suas atividades os ajudaram a se sentirem mais capazes e completos.
- 69% dizem que seu aprendizado abriu novas perspectivas sobre suas vidas.
- 64% dizem que o aprendizado os ajudou a fazer novos amigos.
- 58% dizem que isso os fez se sentirem mais conectados à comunidade local.
- 43% dizem que isso os levou a se envolver mais em oportunidades de voluntariado.

E na mesma pesquisa, quando se trata de 63% dos trabalhadores que são aprendizes profissionais:

- 65% dizem que seu aprendizado nos últimos 12 meses expandiu sua rede profissional.
- 47% dizem que o treinamento extra os ajudou a progredir na empresa atual.
- 29% dizem que lhes permitiu encontrar um novo emprego com seu empregador atual ou um novo.
- 27% dizem que os ajudou a considerar uma carreira diferente.

Desse modo, podemos ver no resultado da pesquisa que a educação continuada tem efeitos positivos na vida e na carreira das pessoas, visto que dentro do que foi destacado como benefício podemos observar a abertura de novas perspectivas, conexão com a comunidade, expansão da rede profissional, progressão na empresa e até um novo emprego.

Seguindo o raciocínio, como se tornar um *lifelong learner* e ter uma carreira diferenciada? Para isso, é necessário adotar e colocar em ação algumas estratégias que podem potencializar esse resultado. Primeiro, pratique o autoconhecimento, entenda quais são seus pontos fortes e quais são suas necessidades de melhoria, separe-as em *hard* e *soft skills*, esse será seu ponto de partida. Reflita também sobre seus interesses, suas características e suas necessidades próprias, pois essas deverão influenciar de maneira significativa no processo. Não se esqueça que o *lifelong learning* é um estilo de vida, que deve ser natural, prazeroso e interessante; precisa ser entusiasmante, porque se a jornada não for assim, será difícil perseverar. Após esse levantamento, mapeie suas prioridades, faça um planejamento e defina de maneira clara suas expectativas de aprendizado, seus objetivos e metas, e trace um plano para alcançá-las. Tenha em sua mente que a formação de um hábito é sempre difícil no início, mas a constância, a perseverança e o esforço farão diferença nesse processo. Siga em busca de qualificação, procure cursos de capacitação, de especialização, e o que for mais adequado para seu aprimoramento e que esteja alinhado ao seu plano. Aprofundar conhecimentos e adquirir novas experiências lhe proporcionará mais segurança e consequentemente mais oportunidades. Além do mais, para ter sintonia entre os seus interesses e o que é necessário fazer nessa trajetória, monitore as tendências de mercado; esse será o balizador para os investimentos que farão sentido na carreira. Para um *lifelong learner* esse monitoramento é essencial, deve fazer parte do plano de desenvolvimento contínuo e impulsionará mudanças e atitudes que o farão avançar na carreira.

Por fim, acompanhe o seu progresso, analise a relação com o que foi planejado, comemore as conquistas e refaça a rota quando necessário. O acompanhamento é extremamente importante para manter-se no foco e não perder o ânimo ao longo da caminhada. Revisar as metas, identificar os pontos que precisam ser melhorados e fazer os ajustes necessários são apenas alguns dos benefícios trazidos por esse acompanhamento. Em síntese, a construção de uma carreira de sucesso não pode estar desvencilhada do aprendizado contínuo, não há premissa maior do que o aprender para crescer. A vontade de aprender deve estar embutida na sua vida, de maneira que tal vontade seja confundida consigo mesmo. Assim, aprenda continuamente, use sua

Impulsionadores de carreira

mentalidade para se desafiar, se provocar e buscar soluções. Não se esqueça: o maior indutor, em todas as áreas da vida – seja ela profissional ou pessoal –, sempre será o aprendizado. O sucesso apenas acontecerá se houver disponibilidade de aprender, de reaprender e de aprender novamente. Nunca, nada acontecerá se for diferente disso.

Referências

DELORS, J. Educação: um tesouro a descobrir. Relatório para a UNESCO da Comissão Internacional sobre Educação para o Século XXI (destaques). *UNESCO*, 2010. Disponível em: <https://unesdoc.unesco.org/ark:/48223/pf0000109590_por.locale=en>. Acesso em: 28 jun. de 2023.

DWECK, C. S. *Mindset: a nova psicologia do sucesso.* Nova York: Ballantines Books, 2006.

HARARI, Y. N. *21 lições para o século 21.* São Paulo: Companhia das Letras, 2018.

HORRING, J. Lifelong Learning and Technology. *PEW Research Center*, 2016. Disponível: <https://www.pewresearch.org/internet/2016/03/22/lifelong-learning-and-technology/>. Acesso em: 27 jun. de 2023.

STERNBERG, R. J. Inteligência, competência e expertise. *In*: ELLIOT, A. J.; DWECK, C. S. *Manual de competência e motivação* (pp. 15–30). Nova Iorque: Guilford, 2005.

14

PROCURE CONFORTO NO DESCONFORTO

Crescer na vida e nas organizações sempre requer coragem. Não é fácil ultrapassar as dificuldades, mas é imperativo não desistir. Os desconfortos fazem parte do processo, trazem aprendizado e proporcionam amadurecimento. Não existe fórmula certa. Eu relato a minha experiência emocional nesta trajetória, os caminhos, as escolhas, os erros, os valores que me guiam.

HÉRIKA ARCOVERDE

Hérika Arcoverde

Profissional sênior com carreira desenvolvida em empresas nacionais de médio e grande portes nos segmentos de óleo e gás, serviços, com forte vivência na gestão e operação da área financeira (fluxo de caixa, tesouraria, contas a pagar, contas a receber, cadastro e crédito, faturamento, *budget*, custos), relacionamento com grandes instituições financeiras, forte experiência em gestão, estratégias e soluções, vivência em processos de fusões e aquisições (M&A), fusionamento de culturas institucionais, *expertise* em crescimento lucrativo e equilibrado, gestão de patrimônio, projetos de consultoria em planejamento, processos, tecnologia e desenvolvimento humano. Atualmente, está na Dois A Engenharia, no segmento de construção e tecnologia. Atuou na gestão de recursos pessoais e *family office* e, por 21 anos, na Ale Combustíveis, onde iniciou como *trainee* e encerrou seu ciclo como gerente executiva administrativa financeira. MBA executivo em Gestão Empresarial pela FGV, formada em Ciências Contábeis pela UFRN.

Contatos
herika.arcoverde@hotmail.com
LinkedIn: linkedin.com/in/herika-arcoverde/
84 99606 9727

Procure conforto no desconforto. Em maio de 2021 fiz minha primeira aula de yoga e ouvi meu professor falar suavemente esta frase. Naquele momento, pensei que ele estava fazendo uma piada de mau gosto. Como era possível alguém sugerir isto, quando você está numa posição totalmente desconfortável, quase sem respirar, seus músculos em estado de fadiga, seu cérebro boicotando você e o seu subconsciente dizendo: desista, você não vai conseguir ficar nesta posição.

Eu não desisti e consegui ficar confortável naquele dia. Nas aulas seguintes, novos movimentos, novos desconfortos, novos limites ultrapassados, sempre em busca do conforto no desconforto. Esta frase ficou na minha cabeça por dias e dias.

Iniciei a prática da yoga quando eu havia acabado de encerrar um ciclo profissional de 21 anos em uma mesma companhia onde iniciei como *trainee* e terminei como executiva. Aos 43 anos, eu começava um período sabático. Apenas com o ócio pude pensar sobre minha trajetória profissional, porque antes dessa pausa eu estava ocupada com todos os verbos no infinitivo do mundo corporativo, a exemplo de: decidir, orientar, reunir, deliberar, escolher, fazer, analisar, estudar, conferir etc. Percebi que durante toda a minha carreira eu sempre estive em circunstâncias desfavoráveis. Assim como na yoga, o desconforto me motiva, estimula meu aprendizado e movimento, fico alerta, com foco, convicta de que tudo sempre se resolverá de alguma forma. Afinal, a vida, assim como a vida profissional, é essa constante surpresa, esse aprendizado.

Poderíamos resumir esse meu relato e dizer que sou resiliente. Longe disso. Rendi-me e me rendo a muitas vulnerabilidades. Essa é a melhor forma de me lembrar, cotidianamente, que sou humana, suscetível e impotente muitas vezes.

Escrever este capítulo me deixa na tal zona de desconforto. Não desistirei, irei até o ponto final. Fazê-lo fluir e transformar os pensamentos desordenados da minha cabeça e colocá-los aqui é desafiador.

Impulsionadores de carreira

Eu preciso dizer que neste capítulo não haverá conceitos complexos, dicas e boas práticas, fórmulas mágicas para levar você ao topo das organizações, ao sucesso na vida. Aqui, faço apenas o relato emocional da minha vida profissional, os caminhos que percorri, as escolhas que fiz, os meus erros, o que aprendi, valores, ética, gratidão e, principalmente, sobre as pessoas que escolhi para conviver e me aliar. Cada gestor precisa encontrar o seu jeito pessoal de fazer as coisas acontecerem. Este é o caminho. Não existe a fórmula certa, existe a sua forma de fazer as coisas.

No início desta jornada coloquei algumas coisas na minha cabeça juvenil: não reclamei, tive coragem, fui proativa e curiosa. Eu sonhava cursar arquitetura, mas não enfrentei o vestibular, achei que não estava preparada para enfrentar uma prova de física. Por fraqueza, optei pelo vestibular em ciências contábeis. Não tinha assistido nenhuma aula de contabilidade, mas já me achava apta a estagiar. Apenas com o certificado de matrícula da universidade, aventurei-me na primeira entrevista de estágio numa empresa de engarrafamento de botijões de gás. Naquela cabeça juvenil tinha uma voz ecoando: Não quero ser dependente como minha mãe é do meu pai. Tinha urgência em me tornar independente financeiramente. O encarregado que me entrevistava perguntou como eu, tão magrinha, poderia trabalhar numa empresa de botijões de gás e se conseguiria trazer um botijão cheio da plataforma de engarrafamento até a área administrativa. Na sala tinha uma janela de vidro. Lembro-me de que olhei os homens fortes, suados, carregando com esforço os botijões. Respondi que sim, que colocaria o botijão deitado no chão e o traria rolando. Ele riu e disse que eu era a nova estagiária. Comuniquei ao meu pai que a partir daquele momento encerrava-se o ciclo de mesadas. Quando o estágio iniciou, meu primeiro trabalho foi colocar em ordem numérica um arquivo de aproximadamente 800 mil vias de notas fiscais carbonadas, de séries e modelos distintos, para ser entregue na Secretaria de Tributação, em cumprimento a uma obrigação acessória. Fiz o serviço em duas semanas, trabalhando seis horas por dia, numa carteira de escola, com o ar-condicionado sobre mim, dedos congelados e cheia de entusiasmo. Concentre-se no problema, foque na solução.

Daquele início aos dias atuais, muitos desconfortos, frio na barriga, fardos maiores que a minha capacidade, mas acima de tudo, muito aprendizado, amadurecimento e crescimento.

Não existe segredo ou fórmula mágica para se desenvolver nas organizações. O processo é simplista. Acredito que é muito mais importante você se autoconhecer, ter disciplina e princípios éticos arraigados do que seguir modelos. É tão simples que basta você fazer mais e melhor que a média que, naturalmente, você se destacará. É natural da raça humana gastar o mínimo de energia, conforme muitos estudos do nosso padrão cerebral. Neste binômio "mais e melhor" existe uma enormidade de atitudes que podem efetivamente contribuir de modo consistente para as carreiras profissionais. Destaco o conhecimento como a principal fonte para fazer melhor e a ação como meio para se fazer mais.

O conhecimento é a sua maior fortuna profissional. Na vida, esse conhecimento é convertido em maturidade. Quando você conseguir se destacar e ultrapassar o limite de liderado para líder, será o conhecimento e a habilidade de lidar com as pessoas seu principal ativo e a base para cálculo da sua remuneração. Preste muita atenção nessa construção. As fontes de conhecimento serão inúmeras. Não se feche para nenhuma. Observe tudo, seja curioso, pesquise, faça correlações de assuntos, treine seu cérebro para lidar com vários temas, não importa se complexos, abstratos, simples, disruptivos, sensíveis, concretos, subjetivos. Leia, leia e leia, leia tudo – livros, notícias, romances, biografias –, ouça histórias de vida, causos, piadas, preste atenção aos ditados populares, escute os idosos, existe sabedoria a nossa volta por todos os lados, e tudo está conectado. Lembre-se de que tudo lido ou dito foi feito por alguém (até o algoritmo do ChatGPT). A melhor fonte de conhecimento sempre terá o fator humano. Especialize-se em conhecer pessoas.

Em diversos momentos de elevada demanda e rotinas exaustivas me cerquei de pessoas com características proativas. Aqui gostaria de separar as pessoas ativas das pessoas proativas. Considero as duas importantíssimas quando bem alocadas. As ativas dão ritmo às atividades e aos processos, mas precisam de estímulo; já as proativas, além de ativas, se autorregulam, possuem personalidade diligente. Destaco que ambas, se bem orientadas, fazem a diferença num time; enquanto com relação ao inverso, prevejo uma catástrofe.

Busquei sempre fazer o certo, mesmo que fosse mais complexo. Fazer o certo é o melhor caminho sempre. Sua consciência agradece, seu sono é melhor, seu nível de estresse é menor, seu tempo é otimizado, seus colegas agradecem, sua equipe tem confiança em você, e a empresa tem o melhor resultado. Não tome atalhos, eles custam caro demais. Na mesma linha, faça o que tem que ser feito, mesmo que seja sofrido. Se houver convicção de que algo precisa efetivamente ser feito, faça na raça, concentre-se na forma. Geralmente é na forma de fazer que erramos. E se errar, peça desculpas. Não existe ato mais

Impulsionadores de carreira

nobre do que assumir um erro, seja seu, da equipe ou da empresa. Um pedido sincero de desculpas nem sempre resolve, mas sempre traz a situação para um patamar mais adequado ao diálogo e – quem sabe – mais próximo da solução.

Nem tudo foram flores. Minha comunicação nem sempre foi boa. Muitas vezes eu não conseguia me fazer entender, e o nível de entrega da minha equipe era baixo para as minhas expectativas. Nesta época eu era exageradamente crítica, e isso me fez ser centralizadora por anos e anos. Fiz algumas pessoas chorarem. Chamavam-me de Margaret Thatcher. Minha equipe não se desenvolvia, eles não faziam o melhor porque sabiam que eu iria conferir, corrigir e complementar o trabalho deles. Eu não tinha *backup*. Foi difícil. O meu comportamento só começou a mudar quando comecei a internalizar os *feedbacks*. Foram muitos *feedbacks*. Os mais sinceros vieram da própria equipe, era quase um pedido de socorro. Os meus superiores me davam poucos *feedbacks* corretivos; acredito que eles estavam satisfeitos com as entregas da minha área, e não focavam, ou não queriam ver os meios que eu usava; afinal, "os meios justificam os fins". Essa fase foi um divisor de águas. Ou eu mudava, ou teria uma estafa, ou um boicote da equipe. Resolvi mudar. Reduzi a microgestão, aumentei os momentos de conversa com a equipe; os *feedbacks* mútuos passaram a ser mais constantes, rápidos e, sempre que necessário, comecei a rascunhar as minhas demandas, tirá-las do meu imaginário para o mundo real, num papel, com fluxos. Apontava onde havia o erro, mas não o erro em si, e devolvia para revisão. Deleguei e acompanhei. As coisas foram melhorando. Todos cresceram.

Tive inúmeros líderes. Eles passaram, e eu fui ficando. Adaptei-me a todos. Alguns me fizeram chorar, mas hoje eu agradeço por tudo. Todos me estimularam, ensinaram e inspiraram.

Atuei sempre na área administrativa financeira, cujo nível de estresse aumenta proporcionalmente a responsabilidade. Foi difícil manter os níveis de estresse sob controle. Ter autocontrole e se fortalecer é condição para encontrar seu próprio limite em um mundo sem limites. Ter inteligência emocional e se autorregular é imprescindível.

Eu também aprendi rápido que tudo se resolve. Convivi com a sensação de medo diante de problemas e desafios enormes. Julguei-me incapaz diversas vezes, mas vinha o tempo, senhor de tudo, e me mostrava aquela situação numa espécie de retrovisor; e, ao olhá-la, numa nova perspectiva, eles pareciam tão menores. Ou seja, o problema de hoje será um probleminha no futuro.

Desperte o senso de responsabilidade e pertencimento. Tenha atitudes como se a empresa fosse sua, colocar-se nessa posição ajuda você a tomar decisões com melhores parâmetros. Existem muitas coisas simples que faço no meu dia a dia e que me caracterizam. Eu gosto de ter agenda (em papel, no computador, celular), programar meu dia, fazer anotações, registrar o máximo de informações de reuniões, quase como um diário. Organize-se. Planeje a sua velhice. Hoje a vida não é mais em blocos como antigamente, quando apenas estudávamos, depois trabalhávamos e depois nos aposentávamos. Agora é tudo ao mesmo tempo, ou em ordens diferentes. Permita-se ousar.

Seja colaborativo, coopere sempre. Poupe seu superior. Faça a sua entrega com qualidade e objetividade. Para cada problema que levar ao superior já tenha duas sugestões a apresentar. Exerça ao máximo a sua autonomia, se não tiver autonomia, conquiste-a com entregas consistentes e no prazo.

Olhe as pessoas nos olhos. Os olhos dizem muito de você e irão dizer muito sobre as pessoas que cruzarem seu caminho. Fique atento. Seja humano ao se relacionar com as pessoas. Trate as pessoas com equilíbrio entre como você gostaria de ser tratado e como elas gostariam de ser tratadas. Cative e valorize a sua equipe, estabeleça laços de confiança; é neste ambiente saudável que todos buscam satisfação, realização, crescimento e bem-estar.

Nunca pedi aumento de salário. Eles vieram com o tempo, por mérito.

Um dia uma consultora de carreira me perguntou qual foi o meu principal projeto desenvolvido na organização. Respondi: "Eu ajudei a construir uma grande empresa". Colabore com sua organização, fortaleça a cultura, desenvolva sua equipe, seja grata pelas oportunidades. Em paralelo, e mais importante que tudo isso, honre seus pais, sua família, sua equipe, seu nome, sua história. Nada valerá a pena se você estiver desconectado de sua essência, seus valores, das pessoas, seus pilares. Tenho muito orgulho desse primeiro capítulo da minha história. Digo que é o primeiro porque tenho energia para escrever muitos outros.

Eu não faço mais yoga, mas continuo buscando o conforto no desconforto.

15

CARREIRA, INTELIGÊNCIA AO MERCADO OU NOSSAS CONSTRUÇÕES?

É verdade, já não somos mais os mesmos! O mercado anseia pela inovação e somos coagidos a desenvolver habilidades. É muito além do LinkedIn e do currículo. É a construção do nosso conteúdo. Quem somos? O que resolvemos? Pode ser que você esteja nessa busca, mas quando olha para sua realidade há CAOS. Então, deixe-me dizer: o caos é o que antecede a ordem. Bem-vindo à sua construção de carreira.

JANAINA ROST

Janaina Rost

Jana Rost, +50. Sou mentora de carreira e designer instrucional. Eu contribuo com os indivíduos em seus desafios de carreira: recolocação, transição e aceleração. As conexões no mundo do trabalho me encantam – dores, anseios, sonhos, propósito. Conteúdo e experiência que se transformam por meio da vivência e do aprendizado das mentorias, no olhar do *couselling*, *lifedesigning* e *coaching*. Penso carreira e metodologias ágeis, na prototipagem e novas possibilidades. As trocas são pelo mundo, com psicanalistas e *master trainers*. Mais de 300 projetos individuais. *Head* de negócios, operações em treinamento e gestão de projetos, em fusão e aquisição, além do desenho de programas de mentoria, posicionam meu maior tempo de atuação. Técnica e execução de projetos complexos e de volume. Sou *expert* em compor times de consultores no Brasil, Europa e EUA. Especialistas em cultura local e global. Minha expertise está em impulsionar as pessoas a resultados melhores e mais sustentáveis. Cursei Relações Públicas pela PUC-RS, pós-graduação em Estratégia e Negócios. Sou Conselheira de Governança pela FIA|USP, na 1ª. Turma.

Contatos
janainarost.com.br
janaina@janainarost.com.br
Instagram: @janainarost
LinkedIn: linkedin.com/in/janainarost/
11 96326 5110

O caos no mundo do trabalho

O mundo do trabalho está em constante evolução e mudança, parece que logo após encerrar um projeto tem mais três esperando para serem feitos. As novas tecnologias, vindas pela transformação digital, agora nos acessam com tudo, inclusive as doenças no mundo. As mudanças no mercado global e as demandas dos consumidores nos fazem olhar para o novo, que inclui o envelhecimento da população. O IBGE já traz dados significativos daquilo que já sabíamos, menos filhos, mais tempo de vida, novos jeitos, velhas formas. A rapidez com que tudo muda contribui para um ambiente de trabalho cada vez mais caórdico e desafiador – queremos ser modernos, sustentáveis. As histórias se repetem dentro da mentoria de carreira. Eu vivenciei mais de 300 casos individuais, entre eles alta gestão, CEOs e profissionais talentosos e em empresas percebidas como disruptivas. As situações se repetem com os mesmos questionamentos:

- "Parece que eu não estou pronto!".
- "Não sei por onde começar".
- "Não sei o que estudar".
- "Sinto falta de aprender".

O caórdico nosso de cada dia é tão presente que parece levar apenas cinco minutos para ouvir alguém dizer: "Eu não aguento mais meu chefe", logo após receber o kit de boas-vindas ao novo cargo. É o CAOS no mundo do trabalho. E para todo caórdico há uma desconstrução.

A antifragilidade está além da resiliência ou da robustez. O resiliente resiste a choques e permanece o mesmo. O antifrágil fica melhor.
NASSIM NICOLAS TALEB

É necessário buscar novos recursos, mentorias, conteúdos e conhecimentos para superar os desafios e se tornar melhor. O aprendizado desmistifica, esclarece. A ordem vem depois do caos, é essa sequência: autoconhecimento, construção do *storytelling* – da narrativa, inteligência de mercado. Em casos de transição de carreira e, depois falamos de currículo e algoritmo, é a partir da estrutura que a composição acontece.

Impacto nas carreiras

O índice de *burnout*, a doença do cansaço e do desequilíbrio, é agravante dentro das empresas, a sensação descrita pelos indivíduos é: "nunca foi tão difícil descansar", a teoria da sociedade do cansaço. Somos bombardeados de conteúdos que nos incentivam a ser cônjuges perfeitos, profissionais impecáveis. Somos forçados a estar em um padrão de beleza e performance. O que é para um, se replica, tornando-se quase obrigatório para mim. Gosto do dizer de que cada um tem seu cada um.

As doenças emocionais são as doenças da década. Tive a experiência de participar de *lives* com o psicanalista Daniel Ritzel em meu Instagram, em que abordamos esse tema. Durante a experiência foi notável que vivemos em um constante sentimento de dívida. Criamos um ideal de vida tão inalcançável que nos deixa com a percepção de estarmos abaixo da média, sempre em débito. E a partir daí vem a síndrome do impostor; ouço por aí: "Parece que não estou 100% pronto", "nunca sou bom o suficiente".

E de verdade? Você não vai estar 100% pronto para nada, porque para estar pronto é necessário ter experiência e vivência, e isso vem a partir da execução, da experimentação.

Tudo começa a partir da construção do Eu. As nossas narrativas, nas desconstruções do caótico, daquele momento que nem sabemos por onde começar, como iremos contar nossa história? Para isso, existe uma ferramenta que utilizo muito dentro da mentoria, a prototipagem.

O caminho da prototipagem é listar de maneira simples o que melhor fazemos, como somos reconhecidos e valorizados. Pode-se complicar por meio dos testes e *assessments*, tudo começa pelo mais simples e vai ao mais complexo. Começar pelo simples também resolve. Então, aqui vai um exercício para você começar a construção da sua narrativa. Pergunte às pessoas de sua convivência e observe:

- "O que melhor eu faço?";
- "Como eu ajudo você no dia a dia?";

- "Para que função você mais precisa de mim?";
- "O que preciso melhorar?";
- "Que atitudes no trabalho e na vida me mudaram em definitivo?".

As conversas construtivas precisam ser francas, exigem preparo e escuta ativa. Tempo de presença, forma e estrutura de diálogo, planejamento. E nossa inferência também se manifesta. Nem sempre nosso conteúdo e experiências são valorizados e reconhecidos pelo outro ou pela equação em que estamos – empresa, líder, equipe, mercado – é tanto fator, e a vida em seus diferentes momentos de exigências – saúde, mudanças, ciclos, aqui vou sempre falar disso. A carreira é sobre NÓS.

O trabalho compõe o *life design* – o desenho de vida e trabalho, outro conceito que uso dentro das mentorias. Você desempenha papéis no mercado de trabalho que outros indivíduos não conseguem, seja por valores diferentes, necessidades, experiências ou conteúdos técnicos. A solução para o mercado está na sua individualidade. Em como você faz o que faz. A construção da carreira é sua responsabilidade. Seu papel está no reconhecimento dos diferentes exemplos, histórias para contar e técnicas. Na construção da sua narrativa.

O que eu quero que você entenda agora é o papel da empresa na carreira dos indivíduos e como você pode colaborar para transformar o caos em sua empresa.

A solução está na sua individualidade

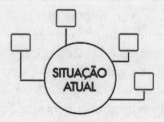

O Life Designing coloca a sua própria situação de vida individual no centro de toda a geração de soluções possíveis.

O papel das empresas

As empresas precisam levar em consideração a inteligência das pessoas na linha estratégica da organização. É necessário entender as prioridades estratégicas do negócio, conectar as pessoas dentro dos seus modelos operacionais; é como colocar um bom comunicador para atender clientes e um influenciador com experiência na execução para ser líder. É sobre pessoas, processos e performance.

Você tem o entendimento do seu COMO, dos seus valores e experiência; a empresa tem como papel integrar o ciclo do empregado "cargo, salário, tarefa e performance" com a jornada de colaboradores e as demandas das transformações de consumo, as tendências do mercado. Se isso não estiver claro para a empresa, você é quem precisa agir dentro dos acordos e aqui é onde a sua construção de carreira faz total diferença.

As empresas também têm um papel importante a desempenhar na preparação dos seus indivíduos. É importante que elas estejam dispostas a investir nos processos de aprendizagem com metodologias de ensino para o adulto – experiencial. Não mais de comando e controle, eu falo e você escuta. Essas soluções são compostas nos programas de mentoria, que – além do treinamento – desenvolvem performance e criam conexão entre os indivíduos.

O que impede você de construir uma carreira?

A falta de visão de carreira é um dos principais desafios enfrentados. Muitas pessoas entram em uma determinada área sem saber exatamente o que querem fazer a longo prazo, e no fim se sentem desmotivadas e sem saída. Por vezes perdem-se na percepção de fins de ciclos em produtos, funções e seus tempos e aprendizados. É como se não comprassem mais os produtos, mas quisessem a garantia dos seus empregos. E, como falo, já não somos, nem queremos mais o que tínhamos. Gosto do exemplo dos carros, não é mais sobre ter ou não o bem, e sim sobre mobilidade.

Um dos principais desafios enfrentados é a falta de visão de carreira. Muitas pessoas entram em uma determinada área sem saber exatamente o que querem fazer a longo prazo, e no fim se sentem desmotivadas e sem saída. Por vezes perdem-se na percepção de produtos e funções e do seu próprio ciclo de aprendizado.

Dificuldade em mudar e revisitar as *soft* e até *hard skills*. Os conteúdos técnicos e de comportamentos.

Entramos na rotina do trabalho e de casa e sempre deixamos para "amanhã". Aquilo que nos constrói e dá estrutura para a carreira, precisa ser pensado e trabalhado. Gosto do conceito de Mark Savickas para ilustrar, aqui estamos falando da competência adaptabilidade: a curiosidade, de sempre estar aberto ao novo, o conteúdo – aquilo que nos estrutura e que nos traz o como, o controle, nosso senso de priorização e a consideração, que aqui é o olhar ao outro, que pode ser equipe, organização ou o mercado. O desejo de mudança é para ontem, mas há dificuldade em revisitar as nossas competências e comportamentos – o que fez sentido ontem, é transformado no agora.

Limitações e zona de conforto

Há o desejo de mudar, mas não se sabe quais são as possibilidades. O nosso pensamento é fixo naquilo que conhecemos e dominamos e a nossa zona de conforto nos limita. O nosso melhor, por vezes, é o que mais nos impacta. A visão sobre o mercado é deturpada e, muitas vezes, é difícil enxergar além das fronteiras. Estou falando sobre pensamento, não sobre geografia, mas os horizontes também fazem parte das nossas possibilidades.

Adaptação às mudanças do mercado

Agora, se estamos falando de mercado e novas possibilidades, que tal retornar ao ponto inicial de quando fomos contratados?

- "Para que mesmo eu fui contratado?";
- "Que transformações o mercado trouxe para o negócio e como eu atuo hoje na empresa?".

Como podemos contribuir com as mudanças de produtos e processos que a empresa enfrenta? Queremos ser promovidos, mas nem sempre buscamos a inovação, não olhamos para o global, apenas para aquilo que é mais confortável para o agora. Terceirizamos, o que precisamos aprender. Gostamos e queremos guias prontos. Mas, e se nossa decisão é sair de onde estamos?

Demissão, ou os movimentos de saída

Muitos profissionais em mentoria de carreira me falam sobre a insegurança e a incerteza do que fazer para buscar um novo emprego. "Eu preciso saber para onde vou e o que faço". Alguns chegam a solicitar uma lista de empresas para ligar e enviar o currículo. Então, de fato, o processo de demissão já

Impulsionadores de carreira

começa na tomada de decisão da saída. É o resultado de diferentes coisas que nos incomodam durante muito tempo.

A demissão é uma consequência; e como toda consequência é necessário entender as causas. Será que temos diante das novas posições dificuldades de posicionamento, velhas e novas discussões que não estamos totalmente prontos? Ou é só simplesmente porque não achamos um jeito de fazer? Interromper o ciclo e partir ao novo começo parece ser a mais fácil ou única alternativa.

Por que as pessoas pedem demissão? Muitas coisas podem levar à exaustão e à desmotivação no trabalho. Algumas das principais causas são:

- Pressão constante para atingir metas e cumprir prazo.
- Sobrecarga de trabalho.
- Falta de reconhecimento e valorização.
- Falta de equilíbrio entre trabalho e vida pessoal.
- Falta de oportunidades de crescimento e desenvolvimento profissional.

Então se a sua decisão é recomeçar dentro da sua atuação, chegou a hora de conversarmos sobre a inteligência de mercado e a transição de carreira.

A busca pelo novo

É muito além do currículo e LinkedIn. Possivelmente esse seja o seu primeiro passo, pensar em quantas empresas precisam do que você faz, enviar o currículo e preparar o LinkedIn. Se você voltar um pouco a leitura, lembrará de que eu falei sobre o olhar para o seu momento, sob as causas que fizeram você mudar, o primeiro passo para encontrar a ordem é ter clareza e entendimento do seu agora.

Dentro desse entendimento, é o olhar da construção da narrativa que irá fazer a diferença, antes de partir para as ferramentas – LinkedIn e currículo – é preciso pensar a respeito da estrutura. Não faz sentido olhar para a preparação de entrevista, sem olhar para a construção do profissional por trás do cargo.

Dentro de uma nova possibilidade, é importante buscar o que ainda de fato não está pronto; é a constância do aprender a aprender. Trabalhar as velhas competências que precisam ser desenvolvidas e que já são tão faladas, por avaliações de desempenho. É lidar com seus medos e angústias por vezes provenientes das crenças que nos limitam, e que nem sempre sabemos de onde vêm. Afinal, aquilo que passou não vai mudar sozinho. Precisamos olhar para o seu momento agora, o que fez você chegar aonde está?

Novos empregos e oportunidades

A inteligência de mercado vem da ampliação da nossa rede de contatos. Quais segmentos e movimentos ampliam para o futuro. Novas áreas e modelos de atuação, formação e conexão. Quem precisa do que você pode ofertar? Além disso, trabalhar sua marca pessoal e aplicá-la no olhar do algoritmo (LinkedIn) estabelece uma linha base de referência e relevância, além de facilitar a tomada de decisão de quem contrata. É sobre facilitar e simplificar a "oferta"; sim, é preciso deixar claro ao olhar de quem contrata, quem tem o problema e que precisa da nossa solução.

Aprendi que nunca podemos deixar que um emprego ou cargo leve embora nossa alma; no entanto, há uma responsabilidade nossa dentro do autoconhecimento, o que realmente não foi bom? E a partir de uma decisão compreender o que precisa ser trabalhado e como se "apresentar" ao mercado com suas experiências é o que irá guiar a sua jornada. Seja dentro de uma organização, ou em busca de um novo trabalho, busque olhar para o seu senso de realização e proposição. Desafie-se e torne-se melhor com o caos que lhe cerca. Bom trabalho!

Referências

ANDEATTA, B. *Programados para crescer 2.0: use o poder da neurociência para aprender e dominar qualquer habilidade*. São Paulo: Madras Editora, 2021.

HARVARD BUSINESS SCHOOL. *Shaping Your Career: Expert solutions to everyday challenges*. Harvard Business School Publishing, 2008.

KRAUSZ, R. R. *Trabalhabilidade*. São Paulo: Nobel, 1999.

NASIO, J. D. *Por que repetimos os mesmos erros*. 2. ed. Rio de Janeiro: Zahar, 2014.

SAVICKAS, M. *Career Adaptability*. American Psychological Association (APA), 2018.

TALEB, N. *Antifrágil: coisas que se beneficiam com o caos*. Rio de Janeiro: Objetiva, 2020.

ULRICH, D.; ULRICH, W. *The Why of Work: How great leaders build abundant organizations that win*. McGraw-Hill, 2010.

16

A COMUNICAÇÃO PARA GERAR SUCESSO PROFISSIONAL

O capítulo se propõe a apresentar alternativas de visibilidade e posicionamento no mercado de trabalho aos profissionais e empreendedores, diante de uma série de dificuldades típicas de uma sociedade grande como a brasileira. São apresentadas diversas sugestões e oportunidades a quem deseja, utilizando as possibilidades de comunicação dos universos off-line e on-line e do marketing, obter conhecimento, reconhecimento e sucesso profissional.

JENER TINÔCO

Jener Tinôco

Sociólogo pela Universidade Federal do Rio Grande do Norte. Publicitário, pós-graduado em Marketing pela Fundação Getulio Vargas. Diretor da Armação Propaganda e âncora dos programas Bom Dia CBN, na rádio CBN Natal, e Mundo dos Negócios, na TV Tropical – Record TV. Foi presidente da ABAP RN (Associação Brasileira de Agências de Publicidade), além de fundador e ex-presidente do Sindicato das Agências de Propaganda do Rio Grande do Norte. Foi também sociólogo da Universidade Federal do Rio Grande do Norte (UFRN) e professor da Universidade Potiguar (UNP).

Contatos
jener@armacao.com.br
Instagram: @jenertinoco
twitter: @jenertinoco
LinkedIn: Jener Tinôco
84 3221 4010
84 99982 1957

Somente a disciplina e o trabalho duro geram sucesso.

A complexidade social do nosso tempo, em que prosperam a precariedade do mercado de trabalho, a fragilidade educacional – especialmente nas escolas públicas –, a violência descontrolada a assombrar os brasileiros, serviços de saúde absolutamente ineficientes, a contínua confrontação política que só gera desarmonia, o incremento do ambiente digital e da inteligência artificial, desafia continuamente quem precisa se inserir profissionalmente, conquistar seu lugar e alavancar sua carreira.

Com tantas e tamanhas variáveis, o mercado de trabalho brasileiro demanda, cada vez mais, profissionais obstinados na busca pela sua melhor colocação e ao mesmo tempo capazes de serem percebidos e reconhecidos por suas qualificações, experiências e domínios. Da mesma forma, a quem tem espírito empreendedor e procura construir um futuro diferente para si e para sua família e tem a percepção de que vai precisar se dedicar com força, trabalhar de maneira obstinada, jamais desistir e buscar projeção.

Numa sociedade grande como a brasileira, com mais de 214,3 milhões de habitantes, num mercado competitivo distribuído de maneira irregular numa extensão territorial de mais de 8,5 milhões de quilômetros quadrados, em que há fortes e reconhecidos problemas de infraestrutura, de distribuição de renda, de acesso ao que há de mais moderno nos instrumentos de integração nacional, é então um desafio gigantesco se apresentar ao mercado e disputar espaço em condições de igualdade. Mas isso não deve e não pode gerar desânimo em quem quer que seja; ao contrário, quanto maior a dificuldade maior deve ser a vontade de superá-la. E para tanto é evidente que o profissional precisa ter uma sólida formação e uma visão de mundo capaz de proporcionar a ele enxergar as oportunidades que são oferecidas pelo mercado e buscar a sua adequação a elas.

Surge aqui uma característica que considero das mais relevantes num bom profissional: ser mente aberta, o que implica estar aberto a consumir conhecimento, a consumir informações, a conviver com o novo, a ouvir a opinião dos outros e a manter diálogo, ainda que discorde.

Não há mais espaço para aquele profissional maniqueísta cuja visão de mundo é estabelecida de maneira inconciliável com quem pensa diferente.

Estamos na área digital; segundo o Website Rating , em janeiro de 2023 havia mais de 5,6 bilhões de usuários de internet no mundo. Quem está fora desse ambiente que acolhe um universo gigantesco de pessoas se comunicando em tempo real dificilmente terá facilidade para se colocar bem no mercado de trabalho e para fazer uma justa e adequada gestão da sua própria carreira.

Se esse novo ambiente digital proporcionou a comunicação *one to one*, o que antes era considerado sob o guarda-chuva da comunicação de massa mudou para o foco individual, em que cada um pode divulgar o que quiser – claro, respeitando os limites legais.

Não se nega aqui a força da chamada mídia tradicional, os veículos de comunicação off-line; ao contrário, ressalta-se a incorporação dos veículos on-line, mais acessíveis em custos e operações, ao cidadão comum. Comercialmente, emissoras de rádio e televisão seguem eficientes para ações fortes de vendas, formação de imagem e comunicação rápida com o conjunto da sociedade.

O que essa junção do off-line com o on-line gerou?

A aceitação e a consolidação de um conceito *umbrella* que sintetiza o ambiente atual numa definição curta e assertiva: tudo é comunicação.

Nunca a comunicação teve tanto protagonismo como agora. Como profissional de comunicação assisto frequentemente discussões de não especialistas fazendo um grande esforço de exposição para transformá-la em razão e consequência das mais variadas demandas da sociedade. Então, se uma empresa quer contratar profissionais qualificados é um problema de comunicação, se quer reduzir seus estoques de produtos é um problema de comunicação, se quer construir sua imagem também é um problema de comunicação; da mesma forma, se a empresa precisa se posicionar sobre qualquer pauta da sociedade, qualquer problema sobre a sua atuação, enfim, tudo gira em torno da comunicação.

A comunicação cresceu fortemente de importância a tal ponto que ela está presente em praticamente todas as ações da atividade econômica, sejam elas de empresas ou de profissionais, de governos ou de poderes constituídos, de ONGs ou de cooperativas.

Talvez essa seja uma das poucas certezas que temos nesses tempos de hiper-conectividade. E é assim mesmo, ainda que teóricos não queiram reconhecer ou procurem desmerecer esse determinado empoderamento comunicacional que faz do indivíduo ao mesmo tempo emissor e receptor de mensagens.

Se estamos conectados o tempo inteiro nas mais diversas plataformas é natural, então, que o avanço das tecnologias e o surgimento de múltiplos produtos e possibilidades imponham aos profissionais mais atualizados a qualificação na sua área de formação e uma qualificação complementar na área de comunicação capaz de proporcionar a cada um a compreensão ampla do processo comunicacional em que o mundo digital colocou no mesmo barco todos nós.

A comunicação é uma habilidade determinante para o sucesso na carreira profissional, já que possibilita a construção de relacionamentos, a liderança de equipes, a exposição lúcida de ideias, além da capacidade de adaptação a inovações e mudanças tão comuns e rápidas neste nosso tempo.

Então, o que se deve fazer?

A inteligência sinaliza ao profissional moderno investir no desenvolvimento de habilidades da comunicação ou, como opção, ficar para trás, com níveis de conhecimento e reconhecimento reduzidos e, por isso mesmo, dependente do humor, ou do mau humor, de chefes imediatos ou contratantes com práticas antigas que não valorizam aqueles profissionais que conhecem pouco ou que até desconhecem seus talentos, suas aptidões e suas performances.

As pessoas passaram a se comunicar entre si, em segundos, em qualquer lugar com acesso a internet, sobre os mais variados assuntos, inclusive sobre imagem, reputação e confiança de pessoas, da vida local a líderes políticos, religiosos, celebridades, além de notícias e memes. Vieram daí as *fake news*, deformações digitais comuns no comportamento humano.

Não há como desconhecer, gostemos ou não, que a tecnologia mudou definitivamente o padrão de comunicação. E o que cada profissional pode fazer em benefício da sua própria carreira é ter presença ativa nas plataformas digitais, gerar informações e conteúdos relevantes, posicionar-se diante dos temas que lhe são caros e assim se apresentar ao mercado e manter firme sua presença.

Há inúmeras vantagens nesse ambiente digital. Você pode definir a quem quer se apresentar, como quer se apresentar, que tipo de assuntos e falar especificamente com o público-alvo que você desejar.

Para inserção nesses ambientes de tantas possibilidades, de inúmeras mudanças nos hábitos de consumo de mídia, o profissional precisa cuidar da gestão da sua carreira com uma atenção absolutamente diferenciada, decidindo a partir de informações e dados reais, confiáveis.

Criar uma marca profissional própria é tarefa complexa, mas perfeitamente possível por quem procura se afirmar; assim, mais do que uma peça de design bonito, uma marca deve simbolizar uma imagem positiva na percepção do público.

Marcas pessoais transmitem diretamente o que você é e faz, daí a necessidade de declarar bem, de fazer bem feito e de ter atitude diante dos temas importantes da sua área profissional.

O ideal mesmo é que essa atitude seja tão relevante a ponto de fazer você se transformar em fonte para a mídia quando o assunto específico que você domina for pautado.

Você precisa estar nas redes sociais; a sua exposição, a relevância do seu conteúdo e a sua interação podem fundamentar a construção de sua marca, que em sentido amplo pode ser pessoal ou empresarial, projetando a imagem que você definiu e sobre a qual se apresenta e se manifesta diretamente.

Não há nessa construção de marca própria um viés empírico; ao contrário, demanda ações planejadas e executadas segundo um plano estabelecido e controlado naquilo que chamamos de branding, que é a gestão da marca.

Qual é o papel da marca?

> *Uma marca forte é a essência do sucesso empresarial, pois ela representa a promessa, a história e a conexão emocional com os consumidores, tornando-se o elo fundamental entre a empresa e o mundo.*
> WASHINGTON OLIVETTO

A marca diferencia, distingue, mostra a personalidade daquele profissional, configura todos os atributos dele num só símbolo.

Há redes sociais hoje para todos os propósitos, embora o foco profissional esteja concentrado no LinkedIn, em cujo ambiente estão os profissionais do mercado, incluindo o pessoal de RH, responsáveis pelas indicações e/ou contratações.

O fato importante é que a comunicação é capaz de amplificar as informações profissionais de cada um, desde que esse seja um bom propósito na gestão de suas carreiras. Então, na definição de um plano específico o mais importante que recomendamos é a definição da estratégia a ser adotada, nada muito complexo nem muito formal, apenas o estabelecimento escrito do que se pretende, como se pretende, em quanto tempo, com qual propósito e a definição de métricas para acompanhamento.

O ambiente digital é o mais acessível, sem dúvida, mas você não deve descartar o ambiente físico, onde há forte visibilidade e repercussão. Então, no processo de construção de sua marca pessoal, você pode definir um tema básico a trabalhar e sobre ele escrever artigo em jornal, revista, lançar um *podcast*, fazer um comentário num programa adequado em emissoras de rádio ou televisão.

Caso seja de difícil acesso, é possível escrever um artigo e postar no Facebook ou enviar por e-mail ou por WhatsApp. O importante é fazer circular as informações fundamentais sobre a sua carreira e habilidades, ressaltando o que for mais expressivo.

Sempre haverá espaço para repercussão de boas opiniões; se tiver disciplina, foco em quem pretende impactar e precisão nas declarações, o bom profissional encontrará o espaço necessário para comunicar o que for relevante ao desenvolvimento da sua carreira.

Os veículos de comunicação gostam de entrevistar especialistas que dominam bem suas áreas de atuação profissional e que declaram bem. Nesses casos, aqueles que se destacam viram fontes de informação e são sempre chamados pelos veículos quando há adequação de matérias e pautas e enquanto forem considerados confiáveis. Esse é outro ponto fundamental; não basta ser fonte, precisa merecer a confiança. É muito comum um profissional se projetar como fonte e depois querer influenciar com a sua ótica o direcionamento que é dado pelo veículo. Nesses casos, rapidamente, a fonte perde credibilidade e, em consequência, deixa de ser chamado.

A definição da comunicação como disciplina imprescindível a sua evolução profissional deve ser estabelecida a partir do momento em que você deseja se apresentar ao mercado de trabalho e utilizada sempre com atualizações dos seus atributos, *soft skills*, valorização das suas experiências e cases de sucesso, quando houver, além do contínuo fluxo de informações sobre tudo de interessante que merecer ser apresentado como diferencial e/ou expertise pessoal.

Impulsionadores de carreira

A você que almeja investir na carreira valorizando a sua marca profissional, procure uma assessoria que tenha qualidade técnica comprovada, capaz de possibilitar que você se destaque em meio à concorrência e alcance resultados expressivos para possibilitar o desenvolvimento de uma carreira brilhante e, claro, bem remunerada.

Um ponto de fechamento a quem se ampara nessas dicas e estratégias para alavancar a sua carreira e alcançar seus objetivos profissionais vem de Steve Jobs, o mais visionário e inovador empresário do nosso tempo, quando disse:

> *Seu trabalho vai preencher uma grande parte da sua vida, e a única maneira de estar verdadeiramente satisfeito é fazer o que você acredita ser um ótimo trabalho. E a única maneira de fazer um excelente trabalho é amar o que você faz.*

Que você ame seu trabalho, que se qualifique sempre, que se comunique com o mercado continuamente e, claro, que você consiga alavancar a sua carreira profissional e ser feliz, razão de toda e qualquer iniciativa empreendedora.

17

MODA AO ESTILO *PIN-UP*
CONHEÇA O *CASE* DE SUCESSO DA MARCA RETRÔ REFERÊNCIA NO BRASIL

O estilo retrô tem ganhado cada vez mais espaço no mercado da moda brasileira e o empreendedorismo desse nicho tem se mostrado lucrativo desde a produção de roupas, sapatos, acessórios até fotografia, tatuagens e organização de eventos. Neste capítulo, apresentamos o estudo de caso de sucesso da marca referência nacional no estilo retrô, mais especificamente no estilo da arte pin-up.

JORDANA DONNI

Jordana
Donni

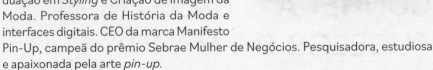

Designer graduada em Desenho Industrial, estilista graduada em Moda e com pós-graduação em *Styling* e Criação de Imagem da Moda. Professora de História da Moda e interfaces digitais. CEO da marca Manifesto Pin-Up, campeã do prêmio Sebrae Mulher de Negócios. Pesquisadora, estudiosa e apaixonada pela arte *pin-up*.

Contatos
www.manifestopinup.com.br
manifestopinup@gmail.com
Instagram: @manifestopinup
Facebook: Manifesto Pin-Up
Threads: @manifestopinup
11 98489 1275

Jordana Donni

O estilo *pin-up* é um movimento estético e cultural que teve seu ápice nos Estados Unidos nas décadas de 1940 e 1950. As *pin-ups* eram mulheres que apareciam em fotos, cartazes, ilustrações, publicidades; geralmente em poses sensuais e ingênuas, mas sem que existisse nudez ou vulgaridade. Esse estilo se tornou bastante popular entre os soldados norte-americanos durante a Segunda Guerra Mundial e acabou influenciando a moda, a decoração e o comportamento de muita gente.

Uma das empresas pioneiras em moda retrô no Brasil é a marca Manifesto Pin-Up, criada em 2012 pela estilista Jordana Donni.

A marca se destaca pelas suas peças multifuncionais, pela releitura do estilo retrô inspirada nas décadas de 1940, 1950 e 1960, pelo uso de tecidos – em grande maioria que não precisam ser passados – e pela modelagem ousada, que explora as formas do corpo feminino. Fisicamente, expõe a loja da marca em eventos, festas e encontros destinados ao nicho. A Manifesto Pin-Up foi responsável por introduzir no Brasil a moda retrô associada a peças versáteis; e por criar um novo conceito ao estilo, New Retrô, foi campeã do prêmio Sebrae Mulher de Negócios em 2018.

"Adoro fazer os bazares com a loja da Manifesto Pin -Up nos eventos porque conheço pessoalmente muitas clientes que compram pelo site. E muitas delas se tornam fãs da marca e até amigas, como exemplo a cliente Vanessa, conhecida com o nome pin-up de Miss Red Nessa.

Hoje, além de cliente, a Vanessa tornou-se grande amiga pessoal e modelo da marca, e toda essa história nasceu por intermédio das redes sociais.

É muito importante atualmente essa aproximação; as marcas novas como a minha vêm estreitando relacionamentos com os clientes e público.

As redes socias têm grande mérito nisso, estreitar vínculo com o cliente é um conceito de marketing e vendas. Essa conexão que uma empresa estabelece com seus clientes é fundamental para a fidelização. E essa valorização do

Impulsionadores de carreira

atendimento personalizado presencialmente ou pelas redes sociais é um dos tópicos fundamentais do conceito da marca Manifesto Pin-Up".

O estilo *pin-up* também tem contado com uma série de influenciadoras digitais que se destacam na estética *pin-up* e que ajudam a difundir essa arte. Com um grande número de seguidores, eles são capazes de influenciar o comportamento do público em relação a produtos e serviços, transmitindo credibilidade e confiança. Entre as mais famosas do Brasil estão: a própria empresária Jordana Donni, conhecida no meio como Jojo, Aurora D'vine, Lady Von Page, Bettie from Hell, Juliana Lourenço, Astral Romannce, dentre outras.

Os influenciadores digitais se tornaram fundamentais para as empresas que buscam ampliar sua visibilidade e impacto no mercado.

"O influenciador digital, a *priori*, exerce um papel de orientar os seus seguidores sobre determinadas marcas. Esse comportamento tem um grande impacto nas redes sociais, pois as pessoas não são influenciadas apenas por marcas, mas também por comportamentos".

Essas nossas famosas influenciadoras *pin-ups* no Brasil têm ajudado a divulgar empresas e eventos relacionados ao nicho, além de mostrar como adotar esse estilo de maneira criativa e acessível. A influenciadora da Manifesto *pin-up*, Lola Guedes, que é cliente e uma grande fã da marca, foi escolhida à dedo. A observei por anos até fazer o convite para ser a primeira embaixatriz da marca.

"Na era digital de hoje é importantíssimo ter influenciadores para promover os produtos da empresa, mas o perfil desse profissional deve estar alinhado com os valores e os conceitos da marca. Por isso, não me importo tanto com a quantidade de seguidores, mas sim se os valores desse *influencer* estão alinhados com os valores da marca para que ambos possam crescer juntos".

Jordana é uma mulher de grande influência no meio da Cultura Custom, vintage e retrô. Sendo madrinha de muitos concursos de *pin-ups* no Brasil e por incentivar e valorizar o fortalecimento das mulheres nos eventos dessa cultura no país, é considerada a Miss Pin-Up Brasil.

"Há mais de uma década, eu luto pelo direito das mulheres organizando concursos de *pin-ups* e encontros de mulheres nos eventos da cultura *custom*, vintage e retrô, que antes só tinham atrativos para homens. E com isso, fomentar o empreendedorismo nesse meio, que antes do meu prêmio do Sebrae era um público muito restrito e o estilo pouco conhecido no Brasil.

O título de Madrinha de concursos de *pin-up* foi invenção minha, isso para chamar a atenção de todas as mulheres que sentiam vontade de participar dos concursos, mas tinham medo ou vergonha. Então, inventei esse título para confortar as candidatas. Na verdade sou uma mentora, assessoro as mulheres em tudo o que precisam para se tornar uma *pin-up* fiel ao estilo, desde a criação do *look*, penteado, maquiagem, performance de apresentação do concurso até como se comportar nos eventos.

Uma *pin-up* precisa saber como se portar ao tirar foto em um carro porque pode danificar o veículo. Precisa pedir licença ao dono desse veículo (que para ele tem grande valor sentimental, sem contar o valor financeiro) – é preciso ter muito cuidado se não há algo de metal nas roupas que possa riscar a pintura do veículo, nunca entrar de salto alto no carro ou sentar em cima do capô. Para ser uma *pin-up* é necessário todo um estudo e ter boa conduta de etiqueta".

Em uma era digital em que o marketing mais do que nunca é essencial para qualquer empresa, as parcerias se tornaram fundamentais para se destacar no mercado. Além das empresas, eventos, festas e encontros direcionados ao estilo retrô, há também dois portais de notícias muito importantes aqui no Brasil especializados no assunto do tema: o *Jornal Rockabilly Brasil* e o *Universo Retrô*, esses portais de notícias abordam assuntos específicos ao tema da cena e atraem amantes desse estilo.

Lançado em 2015, o *Universo Retrô* é o primeiro portal de notícias e conteúdo sobre cultura, entretenimento e estilo de vida vintage e retrô do Brasil. O projeto foi idealizado pela publicitária Daise Alves e a jornalista Mirella Fonzar, que uniram suas experiências para criar o *Universo Retrô*, que têm os conteúdos com atualizações diárias.

O *Jornal Rockabilly Brasil*, idealizado pela Tatiane Vietro, nasceu com uma proposta voltada para potencializar e fortalecer a Cultura do Rockabilly em todo o Brasil por meio de pesquisas, matérias, entrevistas, divulgação e cobertura *in loco* de eventos e festivais parceiros, concursos nacionais e internacionais, divulgação de aulas de dança de Rockabilly.

A marca Manifesto Pin-Up tem parceria direta com o *Jornal Rockabilly Brasil*, isso porque acredita que é muito importante fazer parcerias com empresas complementares ao seu nicho.

"Em um mercado tão competitivo, fazer alianças ajuda a agregar competências, aumentar as vendas e ainda reduzir custos, o que é um quesito que todas as empresas almejam. A parceria da marca Manifesto Pin-Up com o portal *Jornal Rockabilly Brasil* é uma estratégia capaz de trazer excelentes resultados, desde o curto ao longo prazo. Compreender as vantagens dessa parceria foi o incentivo necessário para darmos o primeiro passo e construir um relacionamento de sucesso entre as duas empresas.

Impulsionadores de carreira

Uma das responsáveis pelo *Jornal Digital Rockabilly* é a Tatiane Vietro – pesquisadora da Unicamp, e quando nos conhecemos compartilhamos nossas afinidades e gostos pela cultura retrô, pelo estilo *pin-up* e pelo estilo musical Rockabilly. A parceria surgiu rapidamente pelo fato de uma empresa complementar a outra".

Outra parceria de sucesso da Manifesto Pin-Up foi firmada com a Ju Bassetti Cheff.

Juliana tornou-se referência por seu estilo *pin-up* e personalidade marcante, assim como também seria eternizada em suas receitas quando seu *hobby* foi descoberto pelo paladar do público e se transformou em sua principal paixão. Ganhou o *reality show* no canal GNT "Que seja doce", o primeiro reality brasileiro de confeitaria e, em seguida, foi convidada a participar da equipe de produção do programa, quando descobriu sua paixão pela *food stylist*. A artista da cozinha acabou levando o estilo de vida da sua vida para suas panelas, o que resultou em uma saborosa combinação, aclamada pela mídia e por seus clientes fiéis.

A união dessas duas empresas criou uma experiência única para os clientes de ambas as marcas: juntas oferecem um kit menu degustação da chef aos clientes que adquirirem um valor X na Manifesto Pin -Up, e em contrapartida os clientes que adquirem um valor X da empresa Ju Bassetti Cheff são presenteados com um avental da marca Manifesto Pin -Up, de uma coleção especial lançada em parceria com as duas marcas.

Eventos como Hot Rods Brasil e o Santa Catarina Custom Show movimentam muitos negócios. Eventos importantes da Cultura Custom, vintage, retrô e antigomobilismo acontecem uma vez anualmente no Brasil. Eles reúnem boa música, exposição de veículos *custom*, moda retrô, arte, antiguidades, danças, *workshops*, gastronomia, *pin-ups* e muitos amantes da cultura *custom*.

O Hot Rods Brasil teve a sua primeira edição em 2011 e é uma referência nacional nesse segmento.

Nesse evento do Hot Rods Brasil, Jojo (nome artístico *pin-up* da estilista da marca Manifesto Pin-Up) é madrinha do evento e organizadora do concurso de *pin-ups*.

O conceito do concurso é enaltecer as mulheres, propiciar atrativo para toda a família dentro do evento, e trazer uma experiência do estilo *pin-up* para as mulheres que ainda não são do meio tornarem-se adeptas do estilo.

Outro fator muito importante do concurso é a valorização da sororidade entre candidatas.

156

"Há inscrições de candidatas de todo o Brasil, e eu, como organizadora do concurso, prego a sororidade entre elas.

Não é um concurso de beleza, e sim destinado ao estilo, comportamento e atitude: empatia, solidariedade e acolhimento entre mulheres. A todo momento elas estão sendo observadas dentro do evento e a que mais se encaixa com o conceito do concurso é eleita a Miss Pin-Up Hot Rods Brasil, representante pelo período de um ano.

Todas as mulheres podem se inscrever, não importa a idade, biotipo físico ou se já é do meio ou não".

Esses concursos elegem a representante do evento por um ano e ajudam a difundir o estilo e a valorizar os empreendedores que se dedicam a oferecer produtos inspirados nas *pin-ups*.

Não é surpresa que a estética *pin-up* tenha encontrado seu caminho na indústria da tatuagem. Os negócios da arte *pin-up* são muitos e constantemente se reinventam, e uma das formas mais marcantes dessa renovação é a junção do estilo *pin-up* com o universo da tatuagem e da fotografia. Tatuadores talentosos incorporam elementos e características clássicas do estilo *pin-up* em seus projetos, como traços finos, cores vivas e uma atenção meticulosa aos detalhes.

"A Manifesto Pin-Up conta com o apoio de um fotógrafo estudioso na estética *pin-up*: Alessander Marcondes estuda a fotografia sobre *pin-ups* há anos, é um grande profissional e juntos trabalhamos em manter fiel a arte do estilo *pin-up*. Uma referência no Brasil sobre tatuagem ao estilo é a tatuadora *pin-up* Mirella Brizzi, que trabalha o conceito de tradicionalidade do *old school*, *pin-ups* e mistura também a delicadeza do *fine line*".

Mas os negócios não param por aí, podem ser explorados muitos setores. Por exemplo, a BP Locações aluga o carro para ensaios fotográficos destinados ao tema. Esse modelo de negócio de locação de antigomobilismo surgiu da necessidade de ter mais opções em ensaios fotográficos retrôs. Bruna Pepper aluga o Karmann Ghia 1968 para os ensaios temáticos ao estilo, eventos e filmagens.

Outro exemplo de negócio é a festa Pin Up's Party, que acontece tradicionalmente na cidade de São Paulo; foi criada em 2004 pelo DJ Ivan Rocker para reunir e aproximar pessoas que possuem a paixão em comum pelo estilo dos anos 1950 e 1960.

A festa é realizada uma vez por mês e toca o gosto musical Rockabilly e Rock'n'roll dos anos 1950 e 1960, entre outros estilos do gênero.

A Manifesto Pin-Up expõe a loja nos bazares dessa festa desde o início da marca. A Pin Up's Party é grande incentivadora de empreendedores de moda retrô do nicho.

Recentemente houve um grande marco histórico da cena e para os negócios do nicho: O Dia Internacional do Rockabilly e o Elvis Day, projeto de lei Nº 17.168O que inclui as celebrações no calendário oficial de eventos da capital paulista na data 16 de Agosto. A iniciativa partiu da vereadora Edir Sales e foi sugerida por Peter Presley – dançarino, amante do rockabilly e um dos responsáveis por ajudar a alavancar o início da cena rocker paulistana.

Por fim, neste ano de 2023, a Manifesto Pin-Up foi convidada a ceder uma matéria para uma revista de Portugal: a *Conecta*, revista internacional para empreendedores que buscam se destacar no mercado, apostando em diferenciais competitivos. A *Conecta Magazine* é liderada por Mariana Fontes (CEO), brasileira e uma cliente antiga da Manifesto Pin-Up. E como fruto desta matéria, asssw marca foi convidada a comercializar seus produtos em Portugal.

A Manifesto Pin-Up é uma marca para mulheres de todos os estilos, os produtos criados têm o propósito de que as mulheres se sintam bem consigo mesmas, mesmo não sendo adepta ao estilo. Jordana Donni e sua marca têm grande influência no engajamento da disseminação e valorização dessa cultura. Além disso, o estilo *pin-up* ajuda a estimular a autoestima e a autoconfiança de muitas mulheres, que encontram na estética retrô uma forma de se expressarem e de se sentirem valorizadas.

Referências

BERNI, M. T. *Gerenciamento de marketing*. São Paulo: IBRASA, 2002.

CARVALHO, P. A. de; SOUZA, M. I. P. O. PinUps: fotografias que encantam e seduzem. *Discursos Fotográficos*, v. 6, n.8, p. 119- 144, jan./jun. 2010.

CHURCHILL, G. A.; PETTER, J. P. *Marketing: criando valor para os clientes*. São Paulo: Saraiva, 2000.

COBRA, M. *Administração de marketing*. 2. ed. São Paulo: Atlas, 1992.

COSTA, F. M. A. *Performances do feminino: a pin-upisação de celebridades brasileiras*. Dissertação – Programa de Pós-Graduação em Comunicação Social, Universidade Federal de Minas Gerais, Belo Horizonte, 2014.

COSTA, F. M. A. Pin-ups de ontem e hoje: metodologia de comparação de imagens de feminilidades performadas. *Líbero*, v.17, n.33A, p.147-152, jan./jun. 2014.

CUNDIFF, E. W.; STILL, R. R.; GOVONI, N. A. P. *Marketing básico.* São Paulo: Atlas, 1979.

GORDON, I. *Marketing de relacionamento: estratégias, técnicas e tecnologias para conquistar clientes e mantê-los para sempre.* 5. ed. São Paulo: Futura, 2002.

HOLTZ, H. *Database marketing.* São Paulo: Makron Books,1994.

SAGGESE, A. J. *Imaginando a mulher: pin-up, da chérette à playmate.* 2008. 418f. Dissertação – Programa de pós-graduação em Filosofia, Universidade de São Paulo, São Paulo, 2008.

18

ENVIRONMENTAL, SOCIAL AND CORPORATE GOVERNANCE
SEJA UM PROFISSIONAL PREPARADO PARA A 6ª ONDA DA INOVAÇÃO NO MERCADO DE TRABALHO

A sigla ESG tem dominado o mundo empresarial e as instituições públicas. Este capítulo tem como premissa viabilizar estratégias para esses novos tempos. Qualificar seu currículo para além da formação é essencial, e os pilares do ESG são imprescindíveis para sua carreira profissional ser impulsionada, garantindo confiabilidade e a certeza da consolidação do seu futuro!

LILIAN GUEDES

Lilian Guedes

Arteterapeuta, arte-educadora da rede pública municipal de São Paulo. Graduada pela Unesp, contando com as graduações em Artes Visuais, Geografia e Letras – Português/Inglês. Pós-graduação em Neuropsicopedagogia, Arteterapia, Terapia Cognitivo-comportamental, Avaliações Psicológicas e Psicopedagógicas, Gestão Escolar, Alfabetização e Letramento, dentre outras. Pós-graduação *stricto sensu* em Educação e Saúde na Adolescência pela Unifesp (concluído os créditos). Coautora do livro *Autismo – integração e diversidade*, tendo um viés inclusivo e agregador para além das aparências dos sujeitos, sendo mãe de três adolescentes e tendo lugar de fala, como coautora do livro *Disciplina e afeto*, preponderando a vivência *in loco* da difícil tarefa, quiçá o grande desafio, de educar seus filhos e filhas para um mundo repleto de adversidades. Respaldada nas experiências profissionais, como Gestora dos Centros Unificados, e à frente da coordenação de projetos voltados à Educação e na coordenação pedagógica em instituições escolares. Além disso, minha inclinação atual tangencia formações na temática ESG (*Environmental, social and corporate governance*), direcionada a empresas, e, concomitantemente, como preparar profissionais para tal mercado de maneira qualificada e responsiva.

Contatos
pesquisadoraunifesp@gmail.com
Instagram: @lilian_ escritora
Facebook: Lilian Guedes
11 99454 9232

> *Nada é mais poderoso do que uma ideia cujo tempo chegou.*
> VICTOR HUGO

Diálogos com o mundo

Atualmente, vivemos em um mundo pautado pelas tendências, em que muitos navegam ao sabor dos ventos, permitindo se deixar levar pelas situações externalizantes do dia a dia. E, nesse contexto, quando se apercebe, os dias somatizam semanas e deixamos de realizar o nosso propósito. E você reconhece o seu propósito?

Para partirmos do ponto inicial para sua profissão, faz-se imperioso saber o que você gostaria de realizar nos próximos anos e que lhe permitiria sucesso promissor. Esse sucesso promissor advém do quanto de tempo, de investimento e de *feedback* você empreende para obter o retorno que julga ser substancial perante a escolha do caminho profissional alcançado.

Para estabelecer estratégias que impulsionam sua carreira é basilar que conheça o mercado como hoje se apresenta, tanto quanto se faz primordial como chegamos até aqui. Dessa forma, é importante destacarmos que a nossa humanidade há mais de dois séculos relativiza o tempo por eras, sendo demarcadas por transformações profundas, emergindo dessas transformações as referidas "ondas da inovação".

Segundo o economista Joseph Schumpeter, em 1942, a teoria da Destruição Criativa aborda as longas ondas de inovação. As mudanças ocorrem à medida que as perdas econômicas acontecem.

Por volta do século XIX, a demografia urbana e o comércio foram influenciados pelas ferrovias, como hoje observamos setores inteiros da mídia sendo engendrados pela internet. Esses impactos econômicos para esse autor são concebidos por ONDAS da INOVAÇÃO e sintetizei tais percursos para melhor entendimento do nosso próprio contexto histórico.

As ondas da inovação

- **Primeira onda** – acontece durante a Revolução Industrial, a energia da água, enquanto recurso e disponibilidade para a fabricação de papel, têxteis e produtos de ferro, de caráter fundamental. A primeira fábrica têxtil propulsiona a urbanização e as cidades ganham amplitude no entorno das fábricas.
- **Segunda onda** – por volta de 1845 e 1900, vieram avanços significativos em ferrovias, vapor e aço. Esses recursos naturais como ferro, petróleo, aço e cobre no complexo ferroviário detêm verdadeiros monopólios de elevada expressão.
- **Terceira onda** – a energia elétrica produz a luz e a comunicação telefônica, dominando a primeira metade do século XX. A indústria automobilística, com Henry Ford, gera linhas de montagem. Os modais remetem à metrópole norte-americana e seus padrões de consumo.
- **Quarta onda** – o marco da quarta onda é a aviação, revolucionando as viagens. Esse movimento redimensiona a integração econômica. Corroborando com esse movimento surge o advento da internet, inaugurando uma nova fronteira da globalização, uma paisagem sem fronteiras de fluxos de informação digital.
- **Quinta onda** – Schumpeter, com as inovações tecnológicas aceleram o crescimento econômico e os padrões de vida são otimizados. Essa onda demarca a conexão, a globalização e as informações dominam expressivas nas redes sociais e na divulgação em massa, com o crescimento da publicidade.

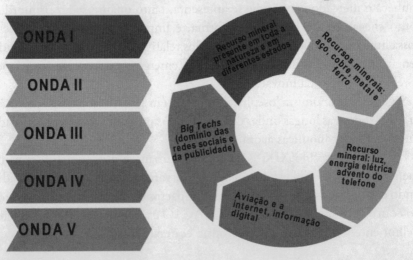

- **Sexta onda** – o marco dessa onda é o pacto global estabelecido pelos países, com o lançamento do termo "ESG", e a inteligência artificial, digitalização, robótica e drones, gerando a automação de sistemas, análise preditiva e processamento de dados. O tempo para concluir as tarefas pode mudar de horas para segundos.
- **Sétima onda** – reflete a nossa atualidade, com os desdobramentos da pandemia de covid-19. As empresas estão se ajustando a esses novos padrões e o futuro do trabalho nas condicionantes híbrido ou remoto remodela esse momento. O desenvolvimento do metaverso, o meio digital como moeda de troca, criptomoedas, PIX, no domínio do campo econômico, com transações bancárias na volatilidade célere. As preocupações incidem na privacidade de dados e busca-se atender aos critérios ESG.

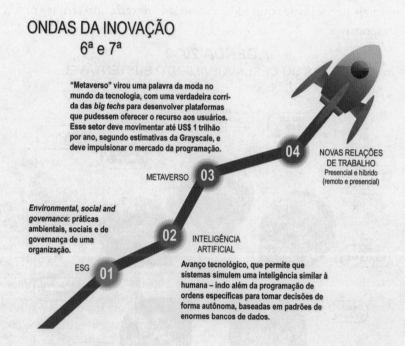

Mas, afinal, o que é ESG?

ESG é uma sigla em inglês que significa *environmental, social and governance*, e corresponde às práticas ambientais, sociais e de governança de uma organização. Surgiu em 2004, na 6ª Onda, com o Pacto Global, partindo do Banco Mundial/Who Cares Wins. O termo surgiu em resposta a uma provocação do secretário-geral da ONU, Kofi Annan, a 50 CEOs de grandes instituições financeiras. O questionamento incidia em como integrar fatores sociais, ambientais e de governança no mercado de capitais.

Os critérios ESG voltados para as empresas brasileiras ampliaram a competitividade empresarial. Atuar de acordo com padrões ESG é a busca atual no âmbito empresarial, internamente no nosso país ou em outros.

Os *stakeholders*[1] sinalizam, para o mundo empresarial, solidez, impacto, redução de custos e validação do renome, independentemente das fragilidades do campo econômico.

Como aponta o Climate Change and Sustainability Services, da Ernest Young, as informações ESG são essenciais hoje para a tomada de decisões dos investidores. Os critérios ESG estão totalmente relacionados aos ODS. Os 17 Objetivos de Desenvolvimento Sustentável, os grandes desafios da humanidade, que reportam as fragilidades mundiais. Esses itens carregam as primordiais necessidades que toda a sociedade deveria apresentar em seu campo responsivo.

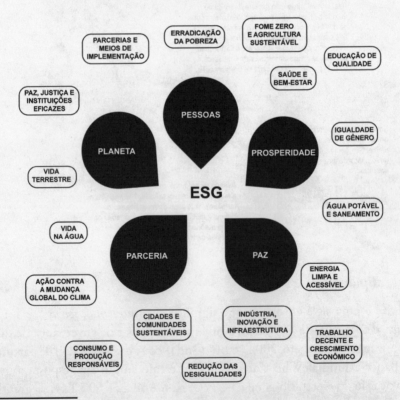

---

[1] Podemos definir o que são *stakeholders* como "grupos e indivíduos que, de uma forma ou de outra, apresentam algum nível de interesse nos projetos, atividades e resultados de uma determinada organização". Em uma tradução direta, seria algo parecido com todas as partes interessadas de uma empresa.

Pesquisas apontam que as empresas procuram, cada vez mais, processos de integração dos ODS às estratégias, metas e resultados. Como exemplo, no nosso país, fundos ESG captaram R$ 2,5 bilhões em 2020 – mais da metade da captação veio de fundos criados nos últimos 12 meses. Tal levantamento foi realizado pela Morningstar e pela Capital Reset. Dessa forma, as dicas e estratégias apontadas a seguir partem do ESG. Convertendo o entendimento dos critérios das empresas para o sujeito, partiremos do coletivo para o sujeito, da empresa para o empregado a fim de que a sincronicidade se multiplique, qualificando a obtenção dos resultados propostos.

- **Governança** – seja protagonista da sua história, apresente liderança com suas metas estabelecidas e confie no seu propósito; para esse movimento você necessita de comprometimento com o que deseja realizar.
- **Social** – que nas suas relações pessoais e interpessoais ancore suas práticas de maneira ética e comprometida com objetivos de desenvolvimento sustentável ODS, transparecendo confiabilidade no engajamento profissional.
- **Sustentabilidade** – agir conscienciosamente para com as pessoas e com o ambiente tem impacto no agir responsivo; o que eu não quero para mim não faço para o outro, e igual medida vale para o ambiente que me acolhe.

Diálogos com você

- **Introspecção** – tenha consciência quanto a suas habilidades. Parta da descoberta do seu caminho! Somente você poderá indicar a trajetória que deseja seguir. E quando estiver convicto da profissão que escolheu, nada mais o deterá.
- **Alavancas** – impulsione sua carreira com metas, planejamento, comprometimento, dedicação e contínuo acompanhamento do que deseja realizar.
- **Rotina** – crie seu roteiro para possivelmente norteá-lo nesse percurso; sistematize sua rotina.
- **Propósito** – tenha dimensão do que deseja, mapeando seus objetivos. Tente ser específico e busque informações sobre a área em que deseja atuar ou na qual já se encontra engajado. Tenha em mente aonde quer chegar.
- **Estudo** – foque no aprendizado contínuo. As tendências atuais estão sempre revisitando a sua prática de trabalho. Sempre é investimento participar de web conferências, *workshops*, cursos, congressos, conferências e seminários.
- **Mentoria** – termo muito utilizado no mundo empresarial. Essas pessoas se especializaram para ancorar suas dúvidas no campo profissional, sugerindo conselhos e orientando no processo da sua caminhada profissional.

Impulsionadores de carreira

A mentoria traz análises potentes de vivências que seguramente auxiliarão nas decisões assertivas, desviando das situações obstaculizantes.

• *Networking*[2] – vital para pautar os vínculos. Você pode construir tais vínculos, por meio de encontros, eventos que ocorram na empresa. As plataformas das empresas garantem a conexão com os colaboradores e os próprios empresários.

• **Gestão de conhecimentos** – saiba se comunicar. A comunicação é a chave da sua promoção. Contribua e agregue valor nos seus comentários sendo diretivo. Os seus avanços devem ser enaltecidos, sempre de maneira a contribuir com os demais.

• **Relações interpessoais** – a empatia e a colaboratividade devem estar presentes nas suas relações profissionais; são as famosas habilidades sociais. Quanto mais priorizá-las, mais próximo de possíveis cargos de liderança você estará.

• **Proatividade** – abra-se para as participações e esteja presente com novas ideias para os desafios do cotidiano. Esteja sempre atento a problemas ou oportunidades A sua visibilidade, aliada à prontidão, trará relevância para a empresa.

• **Inteligência emocional** – prepare-se para situações inusitadas, que demonstrem flexibilidade e adaptabilidade: mostre-se disposto e mantenha sempre em mente o plano A, B e C. Muitas vezes a rotina nos surpreende e somos pegos de surpresa para enfrentar desafios que não esperávamos. A capacidade de se adaptar às mudanças. O profissional que se adapta às adversidades e usa-as de maneira criativa para novas soluções traz fidelização à empresa, revelando que está receptivo a fortalecê-la.

• **Revisite seus passos** – *feedbacks*[3]. Ouça de maneira construtiva os comentários sobre você. Tudo é processo de aprendizado. As organizações apreciam pessoas que admitem e ressignificam seus possíveis erros.

• **Postura ESG** – seja ético, seguro quanto aos posicionamentos diante das interações entre os pares. Os valores atitudinais garantem uma carreira estruturada e promissora.

Seja um profissional diferenciado diante dessa pós-revolução digital, gerindo seus conhecimentos, sempre tendo como bússola a inovação, independentemente da empresa, universidade, escola ou mesmo direcionado ao seu empreendimento particular.

Faça uso da economia criativa e dos pilares do mundo ESG e, dessa forma, ampliará seus horizontes e compreenderá a dimensão holística do

---

2 *Networking* é um termo em inglês que significa "rede de contatos". É quando uma pessoa mantém uma rede de relacionamentos com outras para a troca de informações e conhecimentos.

3 *Feedback*, palavra origem inglesa, que significa opinião, retorno, avaliação ou comentário. Este termo está incorporado em nosso vocabulário, sendo empregado justamente para expressar um ponto de vista. É uma forma de avaliar e opinar sobre algo para que sirva de parâmetro.

seu propósito. Logo, a sua profissão reverberará no impacto que a sociedade necessita e transformará em legado para o planeta em instância maior.

Referências

Congresso Conecta Saúde SESI – participação no evento ocorrida em 09 e 10/05/2023, base nas audições dos palestrantes Augusto Cury, Carla Tieppo, Cátia Tokoro, Fernando Akio, Fernando Torelly, Grácia Fragalá, JJ Camargo, Joel Jota, Lucas Medeiros, Reinaldo Bulgarelli e Soraia Schutel.

OLIVEIRA, G.; FERREIRAS, V. *Nem negacionismo nem apocalipse – economia do meio ambiente: uma perspectiva brasileira.* São Paulo: Bei, 2021.

SOBEL, R. S.; CLEMENTE, J. *O essencial de Joseph Schumpeter: A economia do empreendedorismo e a destruição criativa.* Barueri: Avis Rara, 2021.

VOLTOLINI, R. *Vamos Falar de ESG? – Provocações de um pioneiro em sustentabilidade empresarial.* Osasco: Editora Voo, 2021.

Ilustração capturado pela página, https://www.conexaoambiental.pr.gov.br/Pagina/Objetivos-de-Desenvolvimento-Sustentavel-ODS-0, 29/07/2023, 22:12 horas.

19

DESAFIOS NA CARREIRA DA MULHER ADVOGADA

Sobre a discussão de gênero, defendemos que a mulher advogada precisa definir seu projeto de vida como protagonista, ainda que essa dinâmica envolva a luta pelo poder, muitas vezes sendo tolhida de ocupar espaços de visibilidade por preconceito, decorrente de um processo histórico e, infelizmente, ainda em evolução. Destacamos a importância de buscar o conhecimento e o estudo contínuo como ferramentas para combater situações de caráter misógino em alguns espaços profissionais. Apesar de ser um tema sensível, somente o diálogo aberto fomentará o desenvolvimento de ações e programas na sociedade, que valorizem o espaço da mulher, incluindo as advogadas. Essa é a nossa proposta.

LUCIANA COSTA

Luciana Costa

Advogada há 25 anos, graduada pela UNP (1997). Especialista em Direito Público (UNP); Curso de Preparação à Carreira do Ministério Público – CEAF/MPRN. Atuação em Direito Público, Civil, Médico-Consumidor, Extrajudicial, Administrativo-Disciplinar. Experiência no magistério, coordenação jurídica em concursos, cursos, congressos – FESMP/RN. Advogada há 14 anos da Associação do Ministério Público do Rio Grande do Norte (AMPERN). Atuação no Conselho Nacional do Ministério Público (CNMP), no Conselho Nacional de Justiça (CNJ), Conselho de Ética da OAB, além de Tribunais Superiores (STJ-STF). Atuação no Medeiros Costa. Escritora, desde os 14 anos, nos gêneros crônicas, contos e poesias. Pintora autodidata.

Contatos
luoliveiracosta@yahoo.com.br
Instagram @luciana_costa_advogada
LinkedIn: linkedin.com/in/Luciana-costa-9738401b

> *É importante lembrar a essas garotas o quão valiosas elas são. Eu quero fazê-las entender que uma sociedade é medida pela forma como suas mulheres e meninas são tratadas.*
> MICHELLE OBAMA

A sociedade precisa tratar com seriedade a igualdade de gênero, com a adoção de medidas concretas, diante das barreiras erguidas em desfavor das mulheres, incluindo os desafios da mulher advogada nas relações de poder, edificando um pensamento mais coerente e razoável, garantindo o efetivo protagonismo feminino!

No plano constitucional a igualdade material somente foi estabelecida em 1988; contudo, temos uma cultura muito conservadora quanto às questões de gênero, particularmente na área jurídica, de modo que hoje os espaços de poder e os espaços políticos são em grande escala ocupados por homens.

Essa realidade é bem visível quando observamos a composição dos altos escalões dos Poderes, seja na Advocacia, no Judiciário, no Executivo, no Legislativo e no Ministério Público. Mesmo com a maioria de mulheres, os cargos de chefia e de poder, via de regra, são ocupados por homens.

Segundo dados da OAB Federal, há cerca de 634 mil mulheres exercendo a profissão de advogada no Brasil. Outras 7,7 mil são estagiárias de direito. Nos empregos e nos estágios, elas são maioria: 50,4% e 53,2% do total, respectivamente; não obstante, na diretoria nacional da OAB, em 90 anos de história, duas advogadas compõem a diretoria nacional da entidade (OAB, 2022).

Registre-se que as recentes conquistas vieram após a aprovação da paridade de gênero, uma regra que passou a ser aplicada às eleições da OAB em 2021, após um longo processo de luta, resultando na eleição de mais mulheres para a presidência e diretorias de seccionais e subseções e para os cargos de conselheiras em todos os níveis (federais, seccionais e de subseção), com a eleição de cinco advogadas nas presidências das seccionais SC, BA, MT, PR e SP. Ou seja, somente agora tem-se um marco de participação feminina na história das seccionais do Sistema OAB.

Histórico de lutas (Fonte: OAB FEDERAL)

1932: mulheres passam a exercer o direito ao voto, conferido pelo Decreto n. 21.076.

1988: a Constituição Federal é promulgada e representa um marco na igualdade de gênero.

2017: Cléa Carpi da Rocha (OAB-RS) – 1ª mulher agraciada com a Medalha Rui Barbosa, maior comenda do Conselho Federal da OAB.

2020: Conselho Pleno da OAB Nacional aprova a paridade nas eleições da entidade.

2021: cinco mulheres são eleitas presidentes de seccionais: Marilena Winter/PR, Cláudia Prudêncio/SC, Patrícia Vanzolini/SP, Gisela Cardoso/MT e Daniela Borges/BA.

Fonte: OAB FEDERAL.

Em 1997 comecei minha luta pela paridade, disputando a posição de oradora da turma de Direito, quando conquistei o espaço para o primeiro discurso em uma grande plateia, no Centro de Convenções de Natal e, posteriormente, oradora na Solenidade de Formação do primeiro Curso de Preparação à Carreira do Ministério Público – CEAF/MPRN, na Justiça Federal do RN.

Há 25 anos já percebia as questões de gênero que ia enfrentar, mas perseverei, vivendo situações difíceis em embates com advogados experientes, homens que se mantinham na postura de imposição do poder, em audiências e reuniões.

Trago esse recorte histórico para esclarecer que não foi fácil encontrar a minha medida de sucesso; e mesmo agora me deparo com situações relacionadas ao gênero, ainda que de maneira velada.

Então, decididamente, destaco que a vida de uma mulher na advocacia tem que ser de protagonismo, determinação e altivez, para alcançar o poder institucional merecido e o espaço a que faz jus nessa missão, designada no plano constitucional como indispensável à administração da justiça, logo a mulher advogada não pode se deixar intimidar jamais!

Compreendi, a partir de uma intensa atuação profissional, os desafios pelos quais passo e certamente ainda terei de passar por ser mulher e, como advogada, felizmente pude desenvolver as competências do acolhimento e da escutatória, que valem bem mais do que os ganhos objetivos das teses, embora tenha uma particular proporção de êxito em meu histórico profissional devido ao intenso estudo e determinação.

Na minha vivência, aprendi sobretudo a importância de saber receber o cliente, enquanto pessoa humana, saber acolher, cuidar da dor, com uma abordagem sistêmica e singular, o que geralmente a mulher advogada faz muito bem, em sua visão para além das normas e da jurisprudência, na administração dos sentimentos, quiçá por uma inclinação biológica ou psicológica, uma aptidão que faz a diferença, partindo de uma visão mais humanizada.

Na linha do tempo, percebo o quanto me foi dada a oportunidade de crescimento na advocacia, proporcionada pela vivência em cargos privados, públicos e de chefia; enfrentando as barreiras de gênero, reconheço que superei muitas dificuldades.

Relembro, durante o Magistério, o início de algumas aulas com a pergunta: o que é um processo judicial?

Essa abordagem era feita com a clara intenção de instigar o debate em torno de uma advocacia mais humana. Isso porque a maioria dos alunos da academia via o processo como um fim em si mesmo, um instrumento técnico; mas sempre insisti: processos são vidas, são pessoas feridas, são relações humanas em desequilíbrio, que estão sendo discutidas na Justiça, que é o mecanismo estatal disponível para a mediação dos conflitos.

Sobre o tema, em recente entrevista (OLIVETTO, s/d) a ministra Cármen Lúcia relata ao jornalista Washington Olivetto a dificuldade profissional das magistradas e "mãegistradas", reforçando as questões de gênero acerca do acesso da mulher ao poder. Ou seja, as mulheres conseguem chegar ao poder; contudo, com maior dificuldade que um homem.

Em termos práticos, em uma disputa por um cargo, a mulher tem que ter uma capacitação bem mais embasada, sem embargo das distorções salariais, que até esse tempo permanecem em muitas organizações.

De fato, as mulheres definitivamente não ocupam os melhores espaços profissionais, por uma resistência histórica, sendo certo que, para destravar os acessos aos cargos, as mulheres são especialmente determinadas e focadas em seus objetivos, cobrando a adoção de medidas efetivas.

No caso da Magistratura e do Ministério Público, como são cargos que dependem de concursos, é mais fácil o ingresso da mulher, o que não significa que na Administração Superior as mulheres tenham o espaço que merecem.

Na advocacia a situação é mais delicada, pois os cargos executivos, de poder e visibilidade, em sua grande maioria, estão destinados aos homens

Impulsionadores de carreira

advogados. Vemos isso na própria Presidência das Seccionais da OAB, nos quintos constitucionais nos Tribunais, nos Cargos de Gestão e Direção que são comissionados da área jurídica, os CEOs, ou seja, há um longo caminho para a mulher alcançar efetivamente a paridade.

Apesar dessa realidade, digo às advogadas mulheres que se mantenham aguerridas, fiéis na militância, buscando o estudo intenso como ferramenta para conquistar a alta performance.

Com efeito, para além do conhecimento, as mulheres tem se destacado por um perfil ensinável, proativo, comprometido, trabalhador e sobretudo leal e amável; assim, o *front* feminino vem avançando, tornando diferenciada a contribuição da mulher para a organização e a mobilização da sociedade civil, diante da dedicação e da identificação com as causas da ética, da dignidade profissional e da valorização da cidadania, incluindo as mulheres advogadas.

O Poder Judiciário já reconhece a necessidade de resguardar o espaço das mulheres; entretanto, permanece insatisfatório nos órgãos de cúpula, realçando a ministra Laurita Vaz: "Não pela falta de competência ou merecimento das mulheres, mas, sim, pela existência de dificuldades para transitar em espaços políticos historicamente ocupados por homens", situação que se reproduz na advocacia.

Idêntica postura vemos nos altos escalões do Executivo, no Congresso Nacional, no Judiciário e na advocacia, ou seja, embora as mulheres tenham aumentado a participação profissional, não obtiveram os espaços devidos e a igualdade assegurada pela Constituição.

Eu sempre acreditei no poder do capital intelectual e na determinação para vencer, não mirei as portas fechadas, mas sobretudo cuidei das janelas abertas, valorizando cada conquista e oportunidade, mesmo tendo de enfrentar o descrédito declarado de alguns advogados, não obstante os diversos cargos que ocupei, na advocacia pública e privada, nunca me distanciei em busca da equidade de gênero, defendendo as minhas convicções técnicas, honrando a trajetória histórica de outras mulheres, rumo à paridade, tendo a minha mãe, Maria Denise, como primeiro referencial.

É tempo de redimensionar perspectivas, com a adoção de ações afirmativas, na construção de um cenário diferenciado, com mais oportunidades em cargos de liderança para as mulheres, mesmo com o desafio de conciliar a vida profissional com a pessoal.

Registro ter exercido plenamente as minhas funções como advogada. Mesmo com a maternidade tardia, aos 38 anos, permaneci em exercício, em *home office*, sem nenhum prejuízo às atividades, durante os dois meses após o nascimento da milha filha, usando os recursos então disponíveis antes mesmo de termos as plataformas de vídeo. As demandas eram resolvidas por e-mail ou por telefone, com a mesma dedicação, deixando um legado de resultados positivos.

Devo lembrar que sempre coloquei em evidência a vocação, como advogada, à disposição para ajudar as pessoas. Como dizia no início, processos são vidas envolvidas e todas as causas são grandes para quem espera a Justiça, devendo a mulher advogada ser a protagonista incansável, para defesa de seu cliente.

Sobre o tema, cito Sheryl Sandberg, eleita uma das dez mulheres mais poderosas do mundo pela *Forbes*. Enfrentou o tema da desigualdade de gênero em sua obra *Lean In* (Faça acontecer), publicada no Brasil, abordando as questões sobre as dificuldades de acesso das mulheres no mundo do trabalho e empresarial, em uma abordagem crítica, realçando a importância da voz das mulheres, para que elas atinjam todo o seu potencial.

O problema de gênero presente no mundo do trabalho é destacado em nível mundial pela autora, abrindo um debate que precisa ser enfrentado pela sociedade, encorajando as mulheres a assumirem riscos e se lançarem em busca de seus objetivos, incluindo a mulher advogada.

> *Quando você começar sua carreira após a faculdade, procure oportunidades, procure crescimento, procure impacto, procure uma missão. Mova-se para os lados, para baixo, para a frente e para fora. Construa suas habilidades e não o seu currículo.*
> SHERYL SANDBERG

No mesmo norte, Michele Obama (SOUZA, 2020), advogada, eleita a mulher mais influente do mundo em 2019 pela Revista *Time*, defende a derrubada de preconceitos sexistas e a luta para que mais mulheres ocupem cargos de liderança.

No Brasil, Flavia Piovesan, doutora em Direito Constitucional pela Pontifícia Universidade Católica de São Paulo, defende os direitos civis e políticos das mulheres do Brasil, no marco da igualdade de gênero contemplada pela Constituição de 1988, destacando os avanços, os obstáculos e os desafios para a sua implementação, nos espaços públicos e privados, em sua plenitude e com inteira dignidade.

No estado do Rio Grande do Norte, faço menção honrosa a duas mulheres protagonistas que impactaram minha vida, as minhas mentoras: a dra. Iadya Gama Maio, procuradora de justiça do MPRN e atual corregedora-geral do

MPRN, e a dra. Eliana Alves Marinho, titular da 1ª Vara Criminal e do 1º Tribunal do Júri de Natal/RN, mulheres que lutam pela paridade e abriram "suas portas do conhecimento" para que eu pudesse iniciar minha vida profissional, como estagiária e assessora, e sempre me incentivaram a superar os meus limites.

O presente debate é atual e necessário para a construção de uma sociedade mais igualitária, mais justa e humana, em que as mulheres consigam galgar os mesmos espaços ocupados pelos homens, com base na meritocracia e, mesmo que haja resistência, não podemos desistir de fomentar ações concretas para gerar efetivas oportunidades para todos os gêneros.

Enfim, acredito que homens e mulheres, irmanados em propósitos, são capazes de transformar o mundo.

Referências

OAB. *Inclusão e participação: a mulher na advocacia e na história da OAB*, 2022. Disponível em: <https://www.oab.org.br/noticia/59435/inclusao--e-participacao-a-mulher-na-advocacia-e-na-historia-da-oab>. Acesso em: 11 ago. de 2023.

OLIVETTO, W. Instagram. Disponível em: <https://www.instagram.com/reel/CrifD8Svr5x/?igshid=MzRlODBiNWFlZA%3D%3D>. Acesso em: 11 ago. de 2023.

PIOVESAN, F. *Igualdade de gênero na Constituição Federal: os direitos civis e políticos das mulheres no Brasil*. Disponível em: <https://www12.senado.leg.br/publicacoes/estudos-legislativos/tipos-de-estudos/outras-publicacoes/volume-i-constituicao-de-1988/principios-e-direitos-fundamentais-igualdade-de-genero-na-constituicao-federal-os-direitos-civis-e-politicos-das-mulheres-do-brasil>. Acesso em: 11 ago. de 2023.

SOUZA, J. *Michelle Obama: conheça curiosidades sobre uma das mulheres mais admiradas do mundo*. Culturadoria. 2020. Disponível em: <https://culturadoria.com.br/cinco-coisas-sobre-michelle-obama/>. Acesso em: 11 ago. de 2023.

20

DESBLOQUEANDO SEU POTENCIAL
ESTRATÉGIAS INOVADORAS PARA IMPULSIONAR CARREIRAS PÚBLICAS

Presentes no imaginário de uma grande parte da população, as carreiras públicas representam inúmeras oportunidades para profissionais que desejam contribuir para o bem-estar da sociedade e obter estabilidade profissional. No entanto, alcançar sucesso nessa seara requer mais do que apenas as habilidades técnicas e os conhecimentos que garantiram a vaga. Tal como ocorre na iniciativa privada, observa-se, no setor público, a presença de critérios cada vez mais elevados para o exercício dos cargos e funções, a exigir de autoridades, gestores e servidores o domínio de novas habilidades e competências. Surgem, assim, os impulsionadores capazes de alavancarem carreiras públicas, por meio da adoção de estratégias-chave, maximizando as chances de sucesso e realização profissional.

LUCIANA ELMOR

Luciana Elmor

Educadora corporativa, gestora pública por 27 anos, professora-pesquisadora no núcleo de Administração da Justiça na UFMT. Mestre em Direito – EPD/SP, MBA em Poder Judiciário pela FGV/RIO, especialista em Direito Público pela PUC-MG e Direito pela UFJF.

Contatos
www.criatividadeegestao.com.br
criatividadeegestao@gmail.com
Instagram: @criatividadeegestao
Facebook: @criatividadeegestao
LinkedIn: linkedin.com/in/luciana-elmor
21 98338 1262

A compreensão dos legítimos anseios da sociedade a quem servimos, a construção de significados para o trabalho realizado e de que forma tudo isso se conecta com os objetivos estratégicos da instituição em que se inserem são compromissos essenciais à construção de uma carreira pública exitosa e significativa. Somente quando se compreende a relevância da sua contribuição para a realização dos objetivos da unidade organizacional, a entrega de resultados de excelência em um ambiente saudável e motivador se torna uma realidade, desbloqueando potenciais e habilitando o impulsionamento de carreiras.

Identificar propósitos e construir significados para o trabalho a partir de princípios públicos faz dos ocupantes de cargos e funções das carreiras públicas referências de engajamento em torno dos objetivos em comum, funcionando como verdadeiras molas propulsoras da construção de uma visão coletiva que empodera pessoas e qualifica processos, impulsionando efetivamente trajetórias profissionais exponenciais.

Desenvolvimento contínuo

Somos seres qualificantes e em razão disso é correto afirmar que não estamos prontos. Ao contrário, nossa humanidade nos remete a uma capacidade de aprimoramento constante, enquanto assim permitirmos. A educação e o desenvolvimento contínuo desempenham um papel fundamental no tocante ao nosso desejo de autorrealização, bem como no avanço de nossa carreira no setor público, caracterizado por um ambiente dinâmico e complexo, em que as demandas e os desafios estão em constante evolução. Portanto, profissionais que assumem o compromisso de aprimorar suas habilidades e conhecimentos têm uma vantagem significativa para lidar com essas demandas em constante mudança.

A ampliação de conhecimentos e habilidades dependerá sempre de uma postura firme no sentido de buscar oportunidades de aprendizado e supe-

Impulsionadores de carreira

ração de *gaps* de desempenho. Ao assumir atribuições diferentes e explorar diferentes departamentos ou setores, temos a oportunidade de aprender sobre novos temas, adquirir habilidades complementares e obter uma visão mais abrangente dos serviços públicos prestados. Essa diversidade de conhecimentos e habilidades pode tornar os profissionais mais versáteis e adaptáveis, capacitando-os a enfrentar uma ampla gama de desafios em suas carreiras.

Buscar graduações, pós-graduações e certificações relevantes para a área de atuação permite que os profissionais adquiram habilidades especializadas e conhecimentos atualizados, impulsionando de maneira efetiva a carreira pública. Investir em educação e desenvolvimento contínuo, participando também de treinamentos, *workshops* e conferências relacionadas ao setor público ajuda a expandir a rede de contatos e a se manter atualizado sobre as melhores práticas.

Consideradas como maneiras mais diretas de se investir em educação, as graduações e pós-graduações relevantes para nossa área de atuação propiciam a construção de uma base sólida de conhecimentos em disciplinas como administração pública, políticas públicas, direito, economia, entre outras. Ao obter uma formação acadêmica especializada, os profissionais do setor público adquirem uma compreensão mais profunda dos conceitos e teorias subjacentes aos desafios que enfrentam em sua área de atuação. Isso lhes permite tomar decisões mais informadas e implementar soluções mais eficazes.

Além da educação formal, buscar certificações e qualificações profissionais específicas para o setor pode ser altamente benéfico. Essas certificações fornecem uma validação das habilidades e conhecimentos adquiridos, aumentando a credibilidade do profissional e demonstrando seu compromisso com o desenvolvimento contínuo. Existem diversas certificações disponíveis em áreas como gestão pública, gestão de projetos, liderança e ética no setor público. Essas certificações não apenas aprimoram as habilidades técnicas, mas também demonstram uma compreensão profunda das normas e práticas éticas no serviço público.

Além da educação formal e das certificações, participar de treinamentos, *workshops* e conferências relacionadas ao setor público tem se mostrado bastante eficaz para se manter atualizado sobre as melhores práticas e tendências emergentes. Esses eventos fornecem uma oportunidade para aprender com especialistas renomados e compartilhar experiências com outros profissionais do setor público. A interação com colegas de outras organizações e até mesmo de outras áreas de atuação dentro do setor público pode fornecer *insights* valiosos e abrir portas para colaborações futuras.

Networking

Uma segunda ferramenta poderosa para impulsionar a carreira pública reside em estabelecer e cultivar relacionamentos profissionais saudáveis com colegas de trabalho, superiores, mentores e outros profissionais do setor. Isso pode abrir portas para oportunidades de avanço. Participar de grupos de discussão, associações profissionais e eventos relacionados ao setor público pode ajudar a construir uma rede sólida de contatos, que irão oferecer orientação, referências e *insights* valiosos.

Enfrentando e reduzindo o isolacionismo e a centralização, o *networking* é uma ferramenta poderosa e indispensável para impulsionar a carreira pública, por estabelecer e cultivar relacionamentos profissionais estratégicos, abrindo portas para oportunidades de crescimento e desenvolvimento profissional, permitindo aos envolvidos acesso a uma variedade de benefícios.

Algumas razões pelas quais o *networking* é tão importante na carreira pública merecem destaque: a) oportunidades de conexão com outros colegas de trabalho, superiores, mentores e outros profissionais do setor público, propiciando novos olhares sobre os desafios comuns, facilitando a construção de soluções coletivas; b) acesso a conhecimento e *insights*: *networking* oferece a oportunidade de compartilhar conhecimentos e *insights* valiosos com outros profissionais do setor público. Ao participar de grupos de discussão, associações profissionais e eventos relacionados ao setor público, você tem a chance de se envolver em discussões sobre melhores práticas, desafios comuns e tendências emergentes. Essas interações permitem que você amplie seus horizontes, aprenda com a experiência dos outros e esteja atualizado com as últimas informações do setor; c) orientação e mentoria: conectar-se com profissionais mais experientes e estabelecer relacionamentos de mentoria pode ser extremamente benéfico para o crescimento e o desenvolvimento profissional. Um mentor no setor público pode oferecer orientação, compartilhar sua experiência, fornecer conselhos e abrir portas para oportunidades de aprendizado. Esses relacionamentos podem ser inestimáveis na construção de uma carreira sólida e no desenvolvimento de habilidades e conhecimentos relevantes; d) referências e recomendações: um *networking* eficaz no setor público pode levar a referências e recomendações valiosas. Quando você constrói relacionamentos sólidos com colegas, superiores e outros profissionais influentes, cria oportunidades especiais, aumentando sua credibilidade e legitimidade na função que exerce; e) colaboração e parcerias estratégicas: o *networking* também abre portas para colaborações e parcerias estratégicas no setor público, beneficiando a todos. Essas parcerias podem levar a projetos conjuntos, compartilhamento de recursos e oportunidades de trabalho em equipe, ampliando assim seu alcance e impacto no setor público, afirmando--se como uma ferramenta poderosa para impulsionar a carreira pública. Essa interação com pessoas de diferentes áreas e níveis hierárquicos pode ajudar a construir uma rede de contatos diversificada e valiosa, oferecer suporte, orientação e *insights* valiosos ao longo da carreira. Além disso, ter conexões em diferentes órgãos ou setores irá facilitar a colaboração e o intercâmbio de conhecimentos entre diferentes partes da instituição.

Capacidade de resolver problemas e gerar resultados

Para se destacar na carreira pública, é fundamental demonstrar habilidades e competências sólidas. É preciso preparação e desenvolvimento de habilidades técnicas e comportamentais para aproveitar oportunidades, assumir projetos desafiadores, liderar equipes e tomar iniciativas que resolvam problemas, gerem impacto positivo e resultados à altura dos legítimos anseios dos usuários dos serviços prestados.

Projetos complexos e exigentes permitem desenvolver e aprimorar habilidades como liderança, resolução de problemas, gerenciamento de recursos e tomada de decisão. Ao assumir a responsabilidade por projetos desafiadores, os profissionais das carreiras públicas têm a oportunidade de mostrar suas habilidades, sendo relevante documentar e comunicar claramente os resultados alcançados, destacando os benefícios para a organização e a sociedade como um todo.

A liderança eficaz, nesse contexto, se apresenta como uma competência essencial em virtude de envolver a capacidade de inspirar e engajar equipes, tomar decisões estratégicas e comunicar de maneira clara e assertiva a visão, a missão e os objetivos institucionais, abrindo portas para o impulsionamento na carreira pública.

Assumir papéis de liderança em projetos ou equipes, ser capaz de agregar pessoas em torno dos objetivos comuns e demonstrar resultados coletivos saudáveis nesses contextos é uma maneira poderosa de evidenciar competência para contribuir com a efetividade dos objetivos estratégicos institucionais.

Em um mundo transformado por mudanças velozes e perenes, a capacidade de tomar iniciativas também é uma habilidade bastante valorizada no setor público, que exige cada vez mais de seus agentes proatividade na adoção de iniciativas que gerem impacto positivo. Identificar problemas ou lacunas e propor soluções inovadoras demonstram uma mentalidade empreendedora e a capacidade de pensar além das tarefas atribuídas. Ao serem tomadas iniciativas no sentido de implementar mudanças positivas e gerar resultados tangíveis por autoridades, gestores e servidores públicos, impactos positivos e duradouros passam a envolver as instituições onde os mesmos se inserem.

Tão importante quanto alcançar resultados é documentá-los e comunicá--los de maneira clara e convincente. É preciso quantificar e manter registros detalhados de resultados, incluindo informações como metas estabelecidas, estratégias adotadas, obstáculos superados e impactos alcançados. Essa documentação ajuda a respaldar a demonstração de competências e resultados em avaliações de desempenho e promoções na carreira pública. Além disso, é essencial comunicar e compartilhar os resultados de maneira clara e acessível, destacando os benefícios para a organização e a sociedade como um todo.

Desenvolvimento de habilidades de comunicação

A comunicação eficaz é uma habilidade essencial para os profissionais que desejam ter sucesso na carreira pública. Ser capaz de expressar ideias de maneira clara e concisa, tanto na forma escrita quanto oral, é fundamental para colaborar com colegas de trabalho, negociar, influenciar e liderar equipes. A comunicação é um dos pilares da liderança. Durante a pandemia, os líderes precisaram, muitas vezes, inspirar e motivar à distância, sem contato direto com o seu time.

A comunicação humana envolve muitas variáveis e dentro de um contexto corporativo assume contornos ainda mais desafiadores, razão pela qual se faz necessário estreitar as relações de confiança entre o líder e sua equipe, se mostrar presente, mas também confiar e deixar os demais membros da equipe agirem com autonomia e flexibilidade. A comunicação eficiente conduz as pessoas a encontrarem o seu melhor, permitindo que as unidades organizacionais garantam a qualidade do clima organizacional e os resultados de excelência.

Investir no desenvolvimento das habilidades de comunicação, importa em demonstrar competências sólidas, capazes de garantir um meio ambiente saudável e seguro para todos, com o compromisso de dar e receber *feedback* e respeito coletivo à diversidade de opiniões.

Assim, dar e receber *feedback* regularmente tem se mostrado essencial às equipes do Setor Público, por representarem eficientes ferramentas de desenvolvimento e superação. Por meio do *feedback* construtivo e mútuo de colegas, superiores e mentores é possível comunicar expectativas com clareza e identificar áreas de melhoria, fornecendo *insights* valiosos para o aprimoramento profissional.

Relacionamento interpessoal positivo

Um dos fatores que mais interferem no clima organizacional e nos resultados no setor público, a capacidade de nos relacionarmos de maneira saudável e produtiva dentro das unidades do setor público, também é responsável pelo impulsionamento de carreiras, já que as equipes são compostas de pessoas, assim como daquilo que elas produzem em conjunto. Isso nos aponta para a importância das interações humanas para o êxito ou não na prestação de serviços pelas instituições públicas. Para garantir ambientes saudáveis e produtivos, todos os membros das equipes precisam conhecer e trabalhar pela realização dos objetivos comuns, estimulando-se o desenvolvimento individual e coletivo, superando obstáculos e construindo relações harmônicas.

Quanto mais entendermos de gente e nos qualificarmos para garantir a qualidade de nossos relacionamentos na equipe, mais aptos estaremos a ocupar cargos e funções superiores dentro da seara pública.

Conclusão

O conjunto de estratégias e habilidades específicas destacado representa impulsionadores essenciais capazes de qualificar profissionais a alcançarem o sucesso na carreira pública. Investir em educação e desenvolvimento contínuo, estabelecer e expandir uma rede de contatos sólida, demonstrar competências e resultados, além de desenvolver habilidades de comunicação de relacionamento interpessoal são elementos-chave para o aprimoramento pessoal e profissional, capazes de impulsionar a carreira pública.

É certo que cada pessoa possui sua própria trajetória e ocupa de maneira única seu cargo ou função na carreira pública, podendo o sucesso ser alcançado de diferentes maneiras; assim, é essencial adaptar as estratégias sugeridas às necessidades e às metas individuais, levando em consideração as características e as oportunidades específicas do setor público em que se está inserido. Contudo, ao adotar e implementar as estratégias discutidas aqui, observar-se-á uma preparação superior para o enfrentamento dos desafios da carreira pública, bem como para o aproveitamento das oportunidades de crescimento e desenvolvimento profissional disponibilizadas ao longo do tempo, evidenciando que o uso inteligente dessas estratégias permitirá construir uma carreira sólida e significativa no setor público.

A carreira pública, a exemplo do que se observa na iniciativa privada, tem sido premida a transformações no sentido de atingir mais eficiência e exige a adoção de estratégias que propiciem o desenvolvimento de habilidades e competências capazes de gerar entusiasmo e determinação no plano individual, inspiração e engajamento no plano coletivo, bem como resultados de excelência, de tal forma que funcionem como verdadeiros impulsionadores de carreiras, baseados em qualificação e meritocracia, traduzindo em última análise os legítimos anseios da população, representada pelos usuários dos serviços públicos prestados.

Referências

CORTELLA, M. S. *Qual é a tua obra?* São Paulo: Vozes Nobilis, 2015.

HUNTER, J. C. *Como se tornar um líder servidor*. Rio de Janeiro: Sextante. 2006.

ROSEMBERG, M. *Comunicação não violenta*. São Paulo: Ágora, 2021.

SINEK, S. *Comece pelo porquê*. Rio de Janeiro: Sextante, 2018.

21

CARREIRA AMBIDESTRA
COMO O *LIFE DESIGN* PODE CONTRIBUIR PARA A CONSTRUÇÃO DO SEU PORTFÓLIO DE VIDA E CARREIRA

Neste capítulo, você encontrará elementos fundamentais para construir seu portfólio de vida e carreira. Por meio do *life design,* você identificará ferramentas para conduzir seu percurso de vida e carreira com mais autoconhecimento, adaptabilidade e experimentação. Ao considerar a carreira ambidestra como uma possibilidade de criar o caminho com autenticidade, colaboração e prototipagem, profissionais e organizações poderão ressignificar suas práticas de carreira, contemplando o portfólio de experiências significativas, assim como habilidades necessárias e valiosas à organização.

MAIANE BERTOLDO LEWANDOWSKI

Maiane Bertoldo Lewandowski

Apaixonada por estudar o comportamento humano organizacional, materializou esse estudo nas formações em Psicologia e Ciências Sociais e, mais tarde, em *Coaching*, *Mentoring* e ferramentas de *assessment*. Pós-graduada em Avaliação Psicológica e Psicologia Organizacional. Mestre em Gestão e Negócios pela Unisinos/RS e pela Université de Poitiers (França). Sua dissertação sobre desenvolvimento de gestores médicos recebeu menção honrosa francesa e foi premiada como melhor trabalho no Semead da FEA/USP. Atua na área da saúde há mais de dez anos, com a oportunidade de ser gestora de recursos humanos em Porto Alegre, Brasília e São Paulo. Atualmente, é consultora de recursos humanos na Sociedade Beneficente Israelita Brasileira Albert Einstein, além de atuar como docente, mentora, conteudista e tutora. Dedica-se aos trabalhos voluntários como mentora de mulheres e de jovens em busca de desenvolvimento de competências socioemocionais, assim como à avaliação de *cases* de gestão de pessoas em premiações representativas da área.

Contatos
maianebl@yahoo.com.br
Instagram: @maianebl
Facebook: facebook.com/maiane.bertoldolewandowski
LinkedIn: Maiane Bertoldo Lewandowski

*Em uma escala de 1 a 10, quanto você está motivado
e comprometido com sua carreira?*

A temática carreira representa um desafio para indivíduos e organizações. Fomos criados para tomar decisões lineares e decidirmos sobre nossa opção de carreira ainda na adolescência. No entanto, as transformações sociais e econômicas, assim como o avanço da tecnologia e a inteligência artificial, suscitam revisitar o propósito e o significado do trabalho.

Ficamos tão preocupados em tomarmos as melhores decisões que nos esquecemos de considerar todas as possibilidades e potencialidades. Saber construir seu futuro e explorar sua multipotencialidade passa por encarar a carreira como um projeto de vida e por buscar dar sentido às experiências significativas.

Em minhas experiências como mentora e *coach* de carreira, percebo que muitos profissionais não sabem contar sua história de vida e carreira, não se dedicam a construir uma narrativa coerente, tendo como base as diferentes dimensões de vida, valores e a satisfação de necessidades.

A carreira está associada a escolha e tomada de decisão. Não existe apenas um único caminho predefinido, mas um processo de atualizações recorrentes de nossas novas versões. Além dos ciclos de carreira e fontes de renda, devemos construir e reconstruir nossa história considerando alternativas distintas. Por que investir totalmente em um único caminho, se podemos ter opções?

O que você está fazendo para colocar sua carreira em movimento? Ao considerar a carreira como todas as experiências significativas que impactam nossa construção de vida e identidade, temos no *life design* uma metodologia valiosa para apoiar nesse processo de exploração e experimentação de trajetórias de vida.

Life design: origens e perspectivas

*Para quais experiências/pessoas você precisa dizer sim
para chegar mais perto do que quer na sua carreira?*

Finalizei a graduação em Psicologia no ano de 2004, e naquela época falar sobre carreira era tratar sobre orientação vocacional. O que você nasceu para fazer? Qual é sua vocação? Alguns anos mais tarde, Mark Savickas (2018), propôs um método focado na construção de trajetórias de vida e carreira no século XXI, o *life design*.

As intervenções envolvem construir a carreira por meio da narração de sua história, onde a identidade é desconstruída e reconstruída conforme a diversidade de papéis ocupados. Lidar com a adversidade e as mudanças exige um conjunto de repertórios, como adaptabilidade, curiosidade e comprometimento.

O *life design* pressupõe a realização de atividades significativas para sua trajetória de vida (como prática e não somente ideias) e intencionalidade (escolha, decisão e envolvimento).

Em 2010, Bill Burnett (2017), diretor do Programa de Design de Stanford, junto com Dave Evans, propôs utilizar a metodologia do *design thinking* para trabalhar o design de vida e carreira. O objetivo é colocar a própria situação de vida no centro de toda geração de soluções possíveis, trabalhando com as etapas do *design thinking* (BROWN,2020): empatizar (*insights*), definição de desafios (foco), ideação (*brainstorming*), prototipagem (construir) e teste (entregar).

Por que focar em uma única possibilidade ao invés de explorar várias alternativas possíveis? Você escolhe melhor quando explora o maior número de opções disponíveis.

O design nos traz a perspectiva de que escolher o problema a resolver é tão importante quanto focar na solução. Ao direcionar energia para o problema, conseguimos identificar crenças e assim reformular o pensamento para fazermos escolhas mais assertivas. Saber contar a nossa história oferece sentido às nossas escolhas.

Explorador de si mesmo: como conhecer e utilizar ferramentas de *assessment* para autoconhecimento

*O que você pode fazer agora para as suas escolhas e
ações refletirem mais e melhor os seus valores e forças?*

Aceitar-se como um ser humano repleto de forças e limites é, acima de tudo, sinal de equilíbrio, autoconsciência e vulnerabilidade. Mas para essa aceitação e desenvolvimento, o ponto de partida é estruturar o seu *assessment*.

As ferramentas de *assessment* constituem uma medida objetiva e padronizada de uma amostra do comportamento em relação a suas fortalezas, suas potencialidades e suas fraquezas. Elas são utilizadas como medidas de valores, motivadores, forças, fraquezas, comportamentos e temperamentos.

A humanidade sempre demonstrou curiosidade e interesse sobre o comportamento humano, atuando diretamente na separação e na tipificação de padrões. As ferramentas de *assessment* foram bastante utilizadas pelo exército durante a 2ª Guerra Mundial, e a partir da década de 1950 começaram a ser utilizadas pelas organizações.

As ferramentas sobre valores, como a Avaliação de Valores Pessoais (BARRETT, 2017) e as Âncoras de Carreira (SCHEIN, 1996), refletem o que realmente importa para você, descrevendo suas motivações. Elementos que você não abre mão nas suas escolhas. Você pode compreender por que faz o que faz, considerando a influência das suas crenças para tomadas de decisões mais assertivas.

Já as forças são características individuais que, quando exercitadas, trazem um impacto positivo em diversas esferas da vida do indivíduo e contribuem para o seu desenvolvimento. Quando você as identifica e as aplica em suas atividades cotidianas, encontra mais entusiasmo, produtividade, satisfação e bem-estar nas tarefas que se propõe a fazer. Como referência de ferramenta, temos o Questionário sobre Forças de Caráter (SELIGMAN, 2019).

Se você já se arrependeu imediatamente após agir de maneira totalmente contrária ao que pensa ou gostaria de ter feito, esteja certo de que seus sabotadores entraram em ação... Fraquezas ou sabotadores podem ser descritos como os comportamentos ou padrões de pensamentos negativos que nos atrapalham em nossas atividades, relações e entregas. Como exemplos de ferramentas, temos a Avaliação dos Sabotadores (CHAMINE, 2013).

Agora pense, em um instante, nas pessoas com quem você trabalha... Com certeza, você seria capaz de descrevê-las, não é? Seu modo de se comunicar, relacionar-se, executar suas atividades, liderar... Diferentemente da perso-

Impulsionadores de carreira

nalidade, o comportamento é explícito e percebido nas nossas interações e ações. Como exemplos de ferramentas temos o DISC (MARSTON, 2016) e o MBTI (ANGNES, 2015).

O resultado de cada uma delas por si só não é suficiente. O que faz a diferença nesse processo é fazer a leitura de maneira assertiva, tanto das ferramentas em conjunto como o quanto elas se encaixam na sua dinâmica de vida e carreira. Nenhuma ferramenta de autoconhecimento, independentemente do que se propõe a avaliar, responde de maneira determinista o que você é ou não é. As categorias, dimensões ou perfis são modelos didáticos para que seja possível a identificação e o planejamento da estratégia de ação.

Aliás, esse é um cuidado extremamente necessário: não se deve tratar cada resultado como um estereótipo, pois o ser humano apresenta múltiplas facetas. Os resultados devem ser compreendidos e analisados à luz da sua trajetória: pensar, sentir e agir da forma como você é mais ajuda ou mais atrapalha? Você consegue ser assertivo e agir de maneira coerente com a situação na maior parte das circunstâncias? Em qual momento seus valores influenciaram uma tomada de decisão? O que facilitou ou dificultou a decisão? Como suas âncoras impulsionam você? O que seus valores, forças, sabotadores e padrão de comportamento revelam sobre você?

Carreira e anticarreira para construção da carreira ambidestra

*Quais atividades e experimentos provocam a sua
curiosidade e que você gostaria de saber mais?*

Habituamo-nos a entender carreira como a sequência de posições ocupadas ao longo da trajetória profissional, muitas vezes dependentes das tendências de mercado e das possibilidades da organização. Já a anticarreira está associada a encarar o trabalho (e não o emprego) como um estilo de vida. Nela, o aprendizado e o desafio são presentes e desejados (TEPERMAN, 2019), onde se cria várias formas de gerar valor e, muitas vezes, renda.

Na construção da carreira, tende-se a buscar estabilidade e zona de conforto, trilhar o melhor caminho para chegar ao objetivo. Em contrapartida, na anticarreira, buscam-se alternativas e experimentações, para além de vínculo empregatício, criando possibilidades e diversos caminhos.

Uma das dores e desafios dos profissionais e organizações é investir em um desses polos, quando se trata de posicionamento e desenvolvimento de carreira. Por que tomar essa decisão e eliminar toda a sua multipotencialidade?

É nesse ponto que a carreira ambidestra se apresenta como uma alternativa. O movimento recursivo entre carreira e anticarreira aponta que ambas precisam de investimento. Assim como as lideranças ambidestras precisam focar tanto nos resultados organizacionais e gestão da rotina (liderança executora), como em engajar e influenciar o time (MAGALDI; NETO, 2022), além de estimular a curiosidade, a criatividade e a adaptabilidade (liderança ágil), a carreira também deve ser cultivada sob a perspectiva ambidestra.

Ao mesmo tempo que você investe na sua área *core* (como RH, finanças, tecnologia, marketing, por exemplo), tornando-se competitivo e garantindo eficiência, precisa encontrar o equilíbrio para explorar novas possibilidades, ampliando visão, atuação e habilidades, inclusive fora do seu *core*.

Ativar o modo carreira ambidestra possibilita criar o percurso em carreiras múltiplas. A carreira ambidestra é alimentada por todos os papéis que ocupamos na vida (filhos, pais, profissionais, amigos, líderes), pelos eventos significativos (momentos de coragem, orgulho e superação), pelas fases e experiências de carreira (envolvendo cargos, empresas e modelos de trabalho distintos), assim como motivadores e necessidades (carreira interna) e etapas concretas exigidas por uma profissão ou organização (carreira externa).

Ao enxergar como um designer, que não pensa somente no caminho e no ponto de chegada, mas o cria do seu próprio ponto de partida, devemos desenvolver nosso percurso de maneira autêntica por meio do design de vida e carreira. Qual é a história que você quer contar? Como sua narrativa é construída e compartilhada? Como ela expressa sua identidade? Para refletir e responder a essas questões, estruturando seu portfólio de vida e carreira, considere o esquema a seguir:

Impulsionadores de carreira

- **Comece seu portfólio de onde está:** na ansiedade de buscar o melhor objetivo e caminho para a carreira, muitas vezes esquecemos de renunciar ao que não precisamos. Lembre-se: não foque em escolhas certas, pois você não tem como saber para onde vai sem saber onde está. Inicie seu portfólio considerando: Como você pode usar suas coragens e orgulhos para se tornar a pessoa e profissional que deseja ser? Nessa etapa, considere também os seus resultados das ferramentas de *assessments*, analisando como eles podem impulsionar suas escolhas e carreira.
- **Na sequência, construa sua bússola:** se não há escolha certa, mas somente boas escolhas, é preciso articular sua visão de vida e de trabalho. O significado que o trabalho tem para você é coerente com o que torna a sua vida valiosa? Onde essas visões convergem e onde divergem? Aproveite esse momento para coletar histórias inspiradoras. O que elas falam sobre você, suas crenças e o que você não abre mão?
- **Crie experiências de prototipagem:** passamos uma vida pesquisando sobre carreira, mercado e tendências a fim de termos informações adequadas para escolher, mas quantas vezes nos dedicamos a prototipar experiências para explorarmos alternativas? Seguir um profissional que você admira, realizar trabalho voluntário, atuar em um projeto de uma área distinta, entrevistar profissionais de segmentos e níveis diferentes, lançar-se a uma nova metodologia de gestão, empreender em algo que você gosta muito. Tudo é válido! O que você já quer ter experimentado, sentido e aprendido daqui seis meses considerando o profissional que deseja ser?
- **Por fim, considere a cocriação e a imunidade ao fracasso:** você vive e projeta a vida em colaboração. Quem é seu *board*? Seus mentores? Conselheiros? Apoiadores? Não mire somente o destino, pois uma vida bem projetada envolve construir o caminho, abraçando a vulnerabilidade, a alternância entre a ordem e o caos, a descoberta e o aprendizado. Quais são os aprendizados-chave (indicadores) que demonstrarão que você está atingindo o seu objetivo?

Na perspectiva do design de vida e carreira, precisamos colocar em ação consciência, curiosidade e adaptabilidade para criarmos experiências que podem gerar novas possibilidades de carreira. Ao projetar sua vida, você inicia de onde está, por quem você é, tem muitas ideias, age e toma as melhores decisões possíveis.

Manifesto design de vida e carreira

Para facilitar a reflexão e construção do seu portfólio, segundo o design de vida e carreira, compartilho algumas premissas:

1. Foque no autoconhecimento e identifique com honestidade onde você está nesse momento de vida e carreira.

2. Seja um curioso de si mesmo e projete muitos caminhos possíveis.
3. Abrace sua vulnerabilidade e experimente sem medo de errar e evoluir.
4. Assuma o que você não abre mão e construa sua narrativa de vida e carreira com autenticidade e flexibilidade.
5. Crie os caminhos sem se deixar levar pelo seu julgamento e conecte-se às pessoas diversas que o apoiarão.
6. Seja adaptável e consciente para realizar *brainstorming* e prototipar experiências.

Possibilidades para a construção da carreira ambidestra nas organizações

O que você pode fazer para começar a testar novos caminhos profissionais?

O que está no centro das práticas sobre carreira nas organizações? Ainda são os cargos, atividades limitadas ao organograma e movimentos para cargos distintos? As discussões sobre pessoas são realizadas com base nas entregas ou são ampliadas para todas as habilidades e necessidades do futuro?

Ao considerarmos que a aprendizagem é uma forma de estratégia, e esta influencia o negócio, por que não mensurar o quanto as pessoas estão evoluindo em suas carreiras ao longo do tempo? Que tal aliar as possibilidades de *people analytics* para mapear o quanto foi investido em cada profissional e o quanto cada um tem evoluído na carreira dentro e fora da organização? Para analisar o quanto os profissionais galgam novos espaços, alternam papéis, sem necessariamente mudar de cargo? Quem tem trazido novas provocações ao time e à organização?

Se a carreira ambidestra é considerada um portfólio de experiências significativas, por que não considerar o portfólio de habilidades necessárias e valiosas à organização? Se o indivíduo é reconhecido pela sua capacidade de mobilizar pessoas e influenciar as redes sociais por meio de suas postagens, onde mais sua habilidade de influência pode ser utilizada? Ao direcionar a carreira via habilidades e experiências, os profissionais podem conciliar seus interesses às missões críticas da organização.

Ao considerar um design de estrutura mais ágil, assim como sensibilizar e preparar as lideranças para conversas de carreira mais genuínas e coerentes, as organizações demonstrarão que dialogar sobre carreira compreende ouvir e colocar em ação o design de vida.

Referências

ANGNES, D. L. *Tipos psicológicos de Jung e Myers-Briggs (MBTI): um enfoque gerencial.* Novas Edições Acadêmicas, 2015.

BARRETT, R. *A organização dirigida por valores: liberando o potencial humano para a performance e a lucratividade.* Rio de Janeiro: Alta Books, 2017.

BROWN, T. *Design thinking: uma metodologia poderosa para decretar o fim das velhas ideias.* Rio de Janeiro: Alta Books, 2020.

BURNETT, B.; EVANS, D. *O design da sua vida: como criar uma vida boa e feliz.* São Paulo: Rocco Digital, 2017.

CHAMINE, S. *Inteligência positiva.* Rio de Janeiro: Fontanar, 2013.

MAGALDI, S.; NETO, J. S. *Liderança disruptiva: habilidades e competências transformadoras para liderar na gestão do amanhã.* São Paulo: Gente, 2022.

MARSTON, W. M. *As emoções das pessoas normais.* São Paulo: Success for You, 2016.

SAVICKAS, M. L. *Career counseling.* 2. ed. American Psychological Association (APA), 2018.

SCHEIN, E. H. *Identidade profissional.* São Paulo: Nobel, 1996.

SELIGMAN, M. *Felicidade autêntica: use a psicologia positiva para alcançar todo seu potencial.* Objetiva, 2019.

TEPERMAN, J. *Anticarreira: o futuro do trabalho, o fim do emprego e do desemprego.* São Paulo: Joseph Teperman, 2019.

22

IMPULSIONANDO UMA CARREIRA PROFISSIONAL

A autora procura ilustrar, com leveza, a importância de estruturarmos um plano de carreira e coloca, por meio de uma visão leve e simplificada, pontos básicos e de fundamental importância, principalmente para aqueles que estão iniciando sua carreira no mundo coorporativo, para que possam refletir sobre suas escolhas e engajamento em uma profissão responsável e sólida para crescimento contínuo e realizações futuras.

MÁRCIA TEJO

Márcia Tejo

Graduada em Administração de Empresas, Gestão de Recursos Humanos e Gestão de Pessoas pelas Universidades São Judas Tadeu e Anhembi Morumbi. Atualmente, se dedica a estudar e se aprofundar em psicologia positiva e inteligência emocional. *Master coach* pelo Instituto Brasileiro de Coach (IBC). Sólida experiência no mercado de prestação de serviços, constituída pela vivência de quase 41 anos de carreira em grandes empresas. Sua atuação se destaca, com relevância, no desenvolvimento de talentos humanos e melhorias organizacionais. Como *coach*, tem destaque em motivação/ autoestima, transição de carreira e relacionamentos. Como *member apprentice worldwide*, tem como objetivo mentorar, ajudar e apoiar jovens talentos em fase de ascensão profissional em diversos países. Atualmente, ocupa a posição de CEO & Founder do Grupo Way Back Gestão de Negociação e Relacionamentos, empresa com 31 anos de atuação no segmento de Crédito e Cobrança Nacional e Internacional, dentro do conceito de *Business Process Outsourcing*.

Contatos
www.wayback.com.br
marcia@wayback.com.br
LinkedIn: Márcia Tejo
Instagram: @marcia_tejo

Desmistificando o plano de carreira para obter realização

Antes de falar sobre impulsionar carreira, quero fazer um breve relato a respeito do que é um plano de carreira.

O plano de carreira é um programa estruturado que vem de encontro com o nosso atual desejo, permitindo-nos fazer uma reflexão com o que queremos e almejamos para nossa vida e onde desejamos ou não chegar. É através desse plano que nós podemos estudar e entender melhor estratégias a serem por nós adotadas, visando que nossa carreira profissional seja bem planejada nos possibilitando assim podermos atingir todas as nossas metas e objetivos por nós traçados para nossa realização profissional e por consequência pessoal.

Grande parte de nós tem atividades realizadas em nossas vidas que são feitas de modo inconsciente (é a tal questão que falamos que nosso cérebro é mestre em economizar energia e nós em nos sabotarmos). Contudo, quando a questão é "nossa profissão", precisamos agir de maneira mais do que consciente; afinal de contas, é muito caro deixar a vida nos levar, porém ainda antes de definirmos que carreira queremos seguir, devemos estudar um pouco sobre o autoconhecimento e conhecer a nós mesmos – isso é de suma importância para nossa vida em todos os aspectos. Conhecer nossos pontos fortes, nossos pontos fracos, é primordial para sabermos o que podemos potencializar e o que devemos melhorar, o que buscamos, nossos limites, o que não queremos de jeito algum, o que nos faz felizes e assim por diante, isso é fundamental para então começarmos a jornada em busca do trabalho ideal. Dito isso, sugiro que você, leitor, procure fazer uma autoanálise, observando suas características pessoais, gostos, valores, habilidades, motivações e reflita sobre sua jornada até aqui, os aprendizados obtidos e no que você ainda precisa fazer no sentido de especializar-se, tornando assim mais fácil encarar essa fase de frente e traçar planos para que sua trajetória profissional seja

Impulsionadores de carreira

embasada em uma construção séria, em que os planos por você elaborados se conectem com planejamentos estruturados e possam atingir um futuro promissor e fazer toda diferença em sua vida profissional.

Outra coisa importante é que, de modo geral, as pessoas tendem a se concentrar nas demandas familiares e de trabalho, e se esquecem de o quanto é importante cuidarem de si, fazendo coisas que elas realmente gostam, como ler, divertir-se, cozinhar, ir a eventos culturais, viajar, fazer atividade física, esses fatores são importantes não só para a vida, mas também para o currículo pois acabam por abrir muitas vezes um leque de outras possibilidades. Um bom recrutador lê atentamente o currículo do candidato prestando atenção também na identificação das *soft skills* que podem contribuir na tomada de decisão para a contratação.

Nem tudo dependerá de nós. Alavancar a carreira para se destacar no mercado pode não ser uma tarefa fácil, digo isso porque com a alta competitividade que temos hoje, a concorrência por bons empregos é bastante acirrada, e os processos seletivos seguem cada vez mais exigentes; além do avanço da tecnologia e dos meios de comunicação, que quebraram completamente várias barreiras e criaram oportunidades diferenciadas de trabalho no mundo todo. Sendo assim – e sabedores disso –, devemos ter foco nas atividades que podemos controlar. Sugiro, então, que sejamos realistas ao iniciar os passos para impulsionar a carreira almejada, pois para que você alcance o sucesso profissional é necessário determinar e seguir com seriedade o objetivo da sua carreira. Além disso, é preciso ter uma dose de resiliência, assertividade e, como mencionado acima, autoconhecimento na hora de buscar aquela vaga tão desejada que fará os seus olhos brilharem e permitirá que os objetivos de sua carreira sejam bem definidos e estruturados. Dessa forma, você conseguirá obter mais clareza quanto aos rumos de seu desenvolvimento profissional.

Por este motivo, ter objetivos bem definido é importante porque eles consistem em identificar aonde se quer chegar e em quanto tempo, sendo assim adote uma metodologia e tire os seus objetivos do papel e coloque-os em prática, definindo metas que sejam mensuráveis, atingíveis, simples e específicas. Isso irá facilitar a criação de diretrizes realistas para que você acompanhe seu plano se preparando para sua carreira e até mesmo para seu negócio.

Para você entender com leveza e simplicidade, menciono aqui alguns tópicos que sempre servem de norteadores, os quais venho seguindo até hoje na construção da minha carreira e recomendo aos jovens iniciantes nessa jornada chamada "plano de carreira".

Preste atenção! É importante e não é complicado:

- Faça um teste vocacional e procure reconhecer suas habilidades e competências.
- Pesquise profissões (seus prós e contras).
- Defina o que enche seus olhos, seu coração de prazer e o que não.

Após a escolha da sua profissão:

- Conheça as oportunidades que a profissão por você escolhida oferece para sua carreira.
- Tenha em mente o que você precisará investir e o que você terá que abrir mão, ainda que momentaneamente.
- Trace seu objetivo e estabeleça prazos a curto, médio e longo prazo.
- Crie uma planilha ou arquivo e anote o passo a passo com eventuais *check lists* para certificar-se de estar acompanhando e concluindo etapas.
- Defina quais são os cargos que pretende atingir.
- Não tema recuar e rever prazos (ainda com referência a esse tópico, é importante ter em mente que recuar e rever não consiste em desistir, e sim em adequar suas estratégias – o que é muito saudável).

Além disso que foi exposto, procure sempre investir em autoconhecimento, pois isso é tão importante quanto estudar, porque é a partir disso que o profissional desenvolve competências e habilidades socioemocionais entre outras e irão lhe ajudar para a vida toda. Esse trabalho pode ser feito com terapia, *coaching* de carreira, mapa biográfico e teste de perfil comportamental, entre outras ferramentas por exemplo. Existem várias delas que podem nos auxiliar e ajudar a conhecer nossos pontos fortes e fracos e a desenvolver valores que são como uma bússola na tomada de decisões e, por conseguinte e como resultado, o profissional se diferencia, assume a postura de dono da sua carreira, além de ter mais autonomia para escolher e trabalhar em empresas aderentes aos seus valores, o que é de suma importância para decolar na sua carreira. Organização e profissional com valores semelhantes.

Todos nós, trabalhadores, em geral almejamos crescer profissionalmente; afinal, conquistar posições é sinônimo de um salário maior e, por consequência, mais realizações pessoais e profissionais. No entanto, a ascensão profissional não precisa ser rápida, e sim sólida – e com uma pitada de ansiedade para "chegar lá"; isso é benéfico. É preciso ter calma e paciência para fazer a coisa certa no momento certo.

Procure se aprofundar também no tema inteligência emocional, isso irá lhe beneficiar em todas as áreas da sua vida, especialmente na carreira, porque as

Impulsionadores de carreira

pessoas que conseguem separar muito bem a vida pessoal da profissional nos dias atuais também acabam por se destacar, pois sabem identificar e controlar melhor suas emoções, o que é importantíssimo. Atualmente, a inteligência emocional é uma competência muito valorizada. Depois da pandemia temos alguns desvios do comportamento humano bem relevante, por esse motivo devemos dar uma atenção especial para esse quesito. Antes, os profissionais eram avaliados basicamente pelo QI (Quociente de inteligência), que considerava a capacidade técnica dos candidatos, nos dias atuais, não mais.

Esse índice vem sendo substituído pelo QIE (Quociente de inteligência emocional) e sabedores disso, temos que assegurar que aprendemos como lidar e identificar as nossas emoções para poder usá-las a favor da carreira especificamente escolhida, neste contexto e em tudo na sua vida, e estar atentos a isso porque quando nos conhecemos e dominamos nossas emoções, aprimoramos o nosso conhecimento adquirindo várias outras habilidades que se complementam com as habilidades que são mais exigidas pelo mercado de trabalho e que se somam e acabam por contribuir para alavancar a carreira, muitas vezes de maneira mais rápida e eficiente. Pode até parecer bobagem, mais é muito importante, acredite.

As habilidades exigidas pelo mercado de trabalho são as chamadas de *power skills*. As *power skills* são um conjunto de talentos técnicos e comportamentais que os profissionais reúnem e desenvolvem para melhor atender às demandas do mercado e ainda sobre isso existem as chamadas *soft skills*, que são habilidades encontradas na personalidade do profissional, aquelas que são naturais de cada um de nós, como organização, boa gestão de tempo, empatia, flexibilidade e concentração, cabendo a cada profissional explorar melhor o uso de suas características naturais e quais ainda precisa colocar atenção para desenvolver melhor. Com elas, você consegue aprimorar suas habilidades com foco na incorporação da sua metodologia de trabalho, mentalizando a importância delas para o seu crescimento profissional. As *soft skills* são diferentes, por exemplo, das *hard skills*, essas podem ser desenvolvidas e mais bem treinadas por meio de cursos e estudos teóricos. Com a plena consciência de quais *soft skills* você sabe que pode contar para realizar tarefas, ficará mais fácil traçar estratégias de ação utilizando como base as habilidades mais fortes em si, conseguindo atingir seus resultados de maneira muito mais rápida e eficaz.

Outra coisa importantíssima é que todos nós sabemos que fazer uma pós-graduação, um mestrado e muitas vezes um doutorado faz toda a diferença no seu currículo, mas, por experiência, digo que às vezes não faz sentido emendar uma pós-graduação logo na sequência de uma conclusão da graduação. Vale mais a pena começar a trabalhar e identificar o que falta para melhorar a sua formação acadêmica antes de escolher a pós-graduação; e, já atuando no mundo coorporativo, você poderá perceber que fazer uma pós-graduação em uma área diferente, como curso complementar agregará mais por meio de novos e diferenciados conhecimentos. Você poderá escolher a segunda graduação em uma área relacionada ao seu segmento de atuação ou outros correlatos, o que fará total sentido em complementariedade.

Procurar sempre estar atento as tendências do mercado, principalmente na área que você escolheu atuar, e participar de cursos, palestras e *workshops* abre muitas portas de contato entre os profissionais, mas para isso é preciso deixar a timidez de lado e ter a iniciativa de se apresentar para um palestrante, trocar contatos, fazer perguntas no *coffee break*, bem como seguir profissionais interessantes na sua área e fora dela nas redes sociais, comentando e curtindo seus *posts* para estabelecer uma interação real, faz diferença e nos coloca com profissionais do nosso meio. Isso é importante porque cria uma relação entre as partes que pode vir a nos propiciar novas oportunidades no futuro. E ainda falando de *network*, manter uma boa relação com os professores e colegas da universidade também é *network* importante. É mais comum do que se pensa alunos conseguirem um estágio ou emprego por indicação de professores que observam potencial nos estudantes.

Portanto, confie no seu potencial para se superar e vencer as situações adversas que aparecem na sua trajetória, não se deixando dominar pela insegurança do início e falta de experiência. Quando estiver ingressando no mercado de trabalho, não sinta vergonha de pedir ajuda; pelo contrário, se precisar ou for necessário dividir a execução de uma tarefa com algum colega mais experiente, faça-o. Ter dificuldades é normal, independentemente do tempo de experiência que você tem. Todos nós precisamos passar por essas situações buscando auxílio; é assim que estará se desenvolvendo ainda mais. Encare essas situações de dificuldade como uma lição a ser aprendida, independentemente do resultado. Errar faz parte do processo, só não erra quem não trabalha e é tentando que você conseguirá descobrir o caminho até seu potencial máximo para depois se superar.

Outro aspecto de suma importância é a comunicação com eficácia. Seja qual for a área de atuação profissional, a boa comunicação sempre será um diferencial para aqueles que sabem usar as suas estratégias; e isso também vale para as outras áreas da sua vida. Não pare de estudar, sempre os melhores

Impulsionadores de carreira

destacam-se na comunicação, encantam e convencem o seu público-alvo desde que dominem o que estão falando. As empresas sempre valorizam a capacidade de se expressar e se comunicar dos colaboradores e parceiros de negócios. Essa é uma habilidade que, por muitas vezes, evita e soluciona conflitos dentro das organizações e promove o bom relacionamento com os clientes internos e externos.

Seja colaborativo, empático e entusiasta. No mercado de trabalho, quase todos que nos rodeiam podem colaborar com o nosso desenvolvimento de alguma forma e por este motivo é indispensável ser colaborativo, tanto com seus colegas de trabalho quanto com seus superiores, tendo maturidade, sendo transparente para adquirir o melhor das pessoas e também compartilhando o melhor de si com elas, pois é no ambiente corporativo que a empatia é útil não apenas para uma boa comunicação e alinhamento interno, mas também na geração de um bom clima organizacional que impactará diretamente a sua produtividade e dos demais. Não é difícil, pois a empatia está diretamente ligada a pequenas atitudes, como ouvir mais seus colegas e tentar compreendê-los antes de sair contra-argumentando e fazendo a diferença diante dos diversos problemas relacionados com a equipe. Outro fator importante no mundo corporativo é sempre comunicar suas ideias, pois além de demonstrar iniciativa pode ser de total relevância para a solução de problemas da equipe e melhorias significativas para a organização, valorizando as pessoas e contribuindo inclusive para o crescimento dos colegas de equipe. Na hora de falar, lembre-se, "Nós" e não "Eu", reconhecendo os colegas e os agradecendo, inclusive para com seu sucesso. Isso gera credibilidade com a equipe, a empresa, e suas chances de ter melhores oportunidades se ampliarão, além de o clima ficar sempre agradável e colaborativo. Pode apostar!

Novamente quero reforçar que é importante tirar uma hora do dia para dedicar tempo a uma autoanálise. Pode ser inclusive na hora do banho, o que importa é que você se pergunte como está a sua saúde emocional; e pensar – se for o caso – em soluções para resolver os possíveis problemas emocionais. As pessoas não pensam muito nesse tema, mas estar com a mente tranquila é um dos principais requisitos para ser uma pessoa motivada e consequentemente espalhar essa motivação aos demais.

É muito comum que os colaboradores de uma organização tenham queixas acerca dos diversos processos ou pessoas da empresa em que trabalham. Muitas vezes os problemas procedem, outras nem sempre; por esse motivo, é preciso ter em mente que é difícil construir um ambiente de trabalho que faça com que as pessoas deem o seu melhor se não estiverem bem. Contudo, se puder ajudar nessas melhorias, mesmo que sua contribuição seja pequena, você estará ajudando a criar um novo diferencial para a sua empresa. Lembrando sempre de que analisar as circunstâncias e mudar hábitos é sempre necessário para todos nós, assim, você estará ajudando a construir a empresa na qual muitos querem trabalhar; e isso sem dúvida é observado. Valorize a equipe que atua com você no trabalho e a organização da qual você faz parte, pois a sua colaboração dentro dos processos corporativos será engrandecedora e você terá a oportunidade de crescer tanto pessoal quanto profissionalmente e alcançar uma carreira de sucesso, além de contribuir com os demais como exemplo.

Espero ter contribuído, pois abordei o tema – que é muito amplo – de maneira prática e com simplicidade, visando clarificar a importância que existe em estruturar um plano de carreira, principalmente aos iniciantes.

Para encerrar, quero aqui deixar uma reflexão que não tenho observado no mundo corporativo: "Nós somos os únicos responsáveis por buscar meios para o nosso crescimento profissional". Portanto, não fique esperando que alguém lhe ofereça oportunidades, as crie, por onde passar, com sabedoria, responsabilidade e respeito.

23

A IMPORTÂNCIA DA GESTÃO DE PESSOAS NO DESENVOLVIMENTO DE CARREIRA

Neste capítulo, abordaremos, brevemente, um assunto tão importante que hoje já é foco de MBA: A gestão de pessoas. Uma descrição dos tipos de personalidade, posturas, comunicação não verbal e uma série de pequenos detalhes que podem fazer a diferença na trajetória profissional em qualquer área. Do céu ao inferno em segundos, dependendo de leitura equivocada que se faz sobre alguma pessoa ou situação. Aproveite!

MAURICIO MENDES

Mauricio Mendes

Executivo sênior do segmento de saúde em empresas nacionais de grande porte – Amil, Medial, GNDI E HIAE –, bem como instituições da administração pública – Secretaria de Saúde de São Caetano do Sul. Forte vivência em gestão estratégica e regulação de planos de saúde. Gestão de unidades de negócios, liderando projetos, construindo experiências e oferecendo apoio consultivo nas estratégias e jornadas, promovendo impactos reais, focados na diferenciação, excelência e lucratividade. Larga experiência na formação e na liderança de times de alta performance, com habilidade em conduzir a mudança de comportamento dos liderados, buscando melhores práticas de gestão e de desempenho. Ampla experiência em diagnóstico e reestruturação institucional e organizacional, estudo de cenários, variações e tendências, definição e gestão para o desenvolvimento de negócios. Vivência em processos de fusionamento de culturas institucionais: valores, estruturas, processos, sistemas e pessoas.

Contatos
m.m.albuquerque@uol.com.br
LinkedIn: linkedin.com/in/mauriciomendesalbuquerque
11 99501 2233

uito se fala sobre a carreira, e é dito popular que as qualidades técnicas nos colocam empregados, porém será a capacidade relacional que nos manterá no cargo, e isso é a mais pura verdade. Não há como sublimar o fato de que todas, absolutamente todas, as empresas são conduzidas por pessoas, e é com elas que lidaremos durante o período em que estivermos fazendo parte do corpo de colaboradores, seja qual for o modelo remuneratório (CLT ou PJ), então, é muito importante entendermos como isso pode ser feito da maneira mais saudável possível. Esse assunto é de tal importância que hoje já temos MBAs específicos para tratar dele; sendo assim, tentaremos dar um *overview* apontando os principais fatores influenciadores nesse quesito.

Antes de entrar em uma empresa, é preciso ter claros quais são os valores desta e compararmos com os nossos, pois é muito comum a candidatura para um emprego sem que haja, de fato, a atenção para a estrutura organizacional da empresa em questão; e corre-se o risco de entrar em um lugar que não atende às expectativas tanto do colaborador quanto do empregador, o que resultará em um custo emocional desnecessário; ao invés de alavancar a carreira, pode resultar apenas em uma nota de permanência curta em uma instituição no curriculum, e a recorrência disso pode ser um fator negativo aos ímpetos aspirados. Muitas vezes o apelo financeiro pode ser um fator decisivo nessa escolha e ao mesmo tempo uma grande armadilha. Durante uma entrevista de emprego, ao invés de se falar o que supostamente o entrevistador queira ouvir, talvez seja melhor se mostrar de modo mais autêntico. Isso pode custar a vaga? É claro que sim, porém também poupará o candidato de ir para uma organização que nada tem de congruência com os seus reais valores.

Uma vez alinhadas as expectativas, não existe a absoluta garantia de que o período em que estiver dentro da organização será um paraíso, mesmo porque, como já citado, são as pessoas que fazem as empresas, e esta tem,

Impulsionadores de carreira

como objetivo, o alcance das metas estabelecidas; e aí vem o ponto central da nossa discussão: como isso é feito.

Para termos mais clareza, é preciso que tenhamos claros alguns arquétipos com os quais teremos que lidar e precisaremos ter a habilidade emocional de adaptação, adequação e muitas vezes de resiliência para atingirmos nossos objetivos.

As principais características pessoais que poderemos encontrar dentro da mesma empresa são:

- Pessoas pragmáticas: são objetivas e estão interessadas na seguinte pergunta: no que isso pode me afetar, positiva ou negativamente? Essa é a resposta que deve vir primeiro: o resultado e a praticidade é o ponto central, são racionais e requerem agilidade e objetividade na resposta dos questionamentos depois. A análise detalhada deverá estar à disposição para quando solicitada, mas a agilidade é a marca principal.
- Pessoas analíticas: tanto essas quanto as primeiras são racionais; apesar de ter um processo muito mais moroso quando comparado aos pragmáticos, o detalhe é o ponto central da sua discussão. São pessoas que só tomam decisão depois de terem feito (ou ter checado) todas as análises plausíveis, e para essas pessoas é necessário dar todos os dados analisados primeiro e depois as ações propostas, exatamente ao contrário que as primeiras.
- Pessoas conciliatórias: são aquelas que tomam decisão pensando principalmente no conjunto; são mais emocionais e muitas vezes tomam decisões que podem não ser as melhores do ponto de vista estratégico, porém certamente é o que trará menos desgaste com o time. Então, é importante – ao abordar esse tipo de pessoa – apontar todas as implicações positivas e negativas, como grupo, e em caso negativo, quais são as ações que possam mitigar esse aspecto.
- Pessoas protagonistas: também são emocionais, em geral são pessoas que pensam como as ações podem afetar o futuro, são idealizadoras, gostam do novo, são de extrema criatividade e precisam fazer parte da construção da ideia; como o arquétipo já define, é de extrema importância que suas ideias sejam observadas, levadas em consideração e colocadas dentro da resolução de um problema ou na "fabricação" de uma nova estratégia.

É importante salientar que dificilmente as pessoas têm apenas uma dessas características, sendo que, normalmente, há um mix de características, e o indivíduo, dependendo da situação ou nível de pressão em que se encontra, pode se mostrar de uma forma ou de outra.

Independentemente das características que se mesclam, ainda existem pessoas controladoras, centralizadoras, as que delegam, e temos o maior vilão das relações institucionais interpessoais, que se chama EGO. Todos o temos, uma vez que ele é o responsável pela interação entre nossa censura interna e nossos instintos de modo a manifestar e nos relacionar com o meio. Tendo isso em mente, é preciso lembrar que essas características já descritas estão presentes tanto nos líderes quanto nos liderados, e o próximo passo é perceber essas características individuais nas nuances do dia a dia.

É fácil identificar características em pessoas egoicas, por mais disfarçadas que estas possam estar, por exemplo: aquela pessoa que se refere a ela mesma com o cargo antes do nome (qualquer coisa é só você falar: CHEFE, você pode me ajudar?). Note que mesmo mostrando acessibilidade e disposição e proximidade fica claro no discurso quem é quem na relação. Esse tipo de pessoa/estrutura normalmente está presente em instituições mais verticalizadas em que a forma controle/comando está presente, incentivada, mesmo sabendo que hoje as instituições tendem a ser mais *flat*, e as pessoas ESTÃO em determinadas posições ao invés de SEREM o título que ocupam.

Empresas que ainda são extremamente verticalizadas, em que a gestão comando/controle ainda é uma prática comum podem não ser um problema sem solução. Há formas de tentar contornar alguns transtornos oriundos de uma ordem direta que possa não ser factível e isso pode ser feito, por exemplo, tentando seguir um raciocínio lógico, tentando desenhar passo a passo os movimentos necessários para se tentar atingir o objetivo; e nesse trajeto poderá ficar clara a impossibilidade de realização, ou muitas vezes um caminho se abrirá para que se chegue a um meio-termo ou mesmo poderá aparecer a chave necessária para destravar o processo que a princípio parecia ser inviável. Sem usar a frase "não é possível". Vamos ver num exemplo fictício extremo:

Ordem: preciso que seja providenciado um convite porque quero estar na primeira fila para assistir à coroação do novo rei da Inglaterra, que acontecerá amanhã e começará às 9 horas em ponto!

Resposta: claro, mas para isso precisarei de sua ajuda em alguns pontos, chefe.

Temos em nosso *networking* alguém influente que consiga colocar seu nome na lista de personalidades para ter acesso à cerimônia? E mais, o chefe tem algum título real? Porque só a realeza terá esse privilégio. Um lugar mais atrás poderia atender à necessidade? Preciso checar, mas não vi em nossa lista ninguém que atenda a esses quesitos; você conhece, chefe?

Também precisamos de uma passagem para Londres para o voo de hoje. Você já a tem, chefe? Há verba para alugar um jato particular caso não haja mais lugares disponíveis no voo?

Precisamos de uma reserva em um hotel. Estou checando porque todos os noticiários anunciam que os melhores hotéis estão lotados pelo grande fluxo de turistas na cidade, dada a grandeza do evento. E assim por diante...

A ideia nesse exemplo esdrúxulo é mostrar que ao invés de simplesmente usar de uma negativa, muitas vezes é mais positivo demonstrar de modo tranquilo a impossibilidade de realização da demanda, e de preferência fazer com que o demandante participe da discussão e chegue por si só à conclusão de que não será possível atender no prazo solicitado, além pedir sugestões alternativas. Isso também pode e deve ser usado com as demandas dos liderados. É de extrema importância nas relações interpessoais que o interlocutor demonstre interesse pela necessidade do outro e, de modo racional, também demonstre uma possível impossibilidade sem usar um NÃO como resposta imediata.

No âmbito corporativo também é muito fácil encontrar pessoas com o ego exacerbado, as quais denominamos pessoas egoicas. Elas normalmente não são tão difíceis de contornar, mas para tal há a exigência de certa maturidade emocional, uma vez que sempre precisam ter sua vaidade validada e quando têm seu ego "acarinhado" tendem a ser mais flexíveis. Para lidar com pessoas egoicas, em especial as que estão acima de nós no status da empresa, precisamos ser mais inteligentes e não nos deixarmos entrar em um duelo de egos.

Vale lembrar que, em toda organização sempre existiram vários níveis de competência, alguns abaixo ou acima de outros. É fundamental que se pense também em como gerir o time liderado, e essa pode ser a grande mola propulsora de uma carreira ou o fator de desligamento de um profissional, o que voltamos à máxima que diz que são as habilidades técnicas que colocam um indivíduo numa empresa e a habilidade relacional que o mantém ou determina sua saída.

Falando agora do relacionamento com as pessoas que estão no mesmo nível estrutural e, principalmente, dos profissionais que estão sob nossa gestão, independentemente das técnicas já consolidadas, algumas premissas sempre dão muito bons resultados, como:

Respeito: lembrar que ninguém é, apenas está, e o gestor de hoje pode ser o gerido de amanhã; ter claro que ninguém é melhor ou mais importante que ninguém em um grupo. A função pode ser algo de maior destaque, o que não lhe confere maior notoriedade.

Um exemplo claro é o relógio. Quando perguntado a alguém qual é a parte mais importante deste, a resposta mais comum é:

— São os ponteiros, porque sem eles é impossível saber as horas.

Próxima pergunta:

"Se aquela peça que está nas entranhas da máquina da qual nem sabemos seu nome não funcionar, os ponteiros vão mostrar as horas? Então, qual é a peça mais importante?".

A resposta nessa hora muda para:

— A tal pecinha dentro da máquina...

Com mais algumas perguntas, podemos demonstrar que relógio sem ponteiros ou relógio com ponteiros e sem bateria, ou seja lá o que for, não vai funcionar; portanto, o conjunto é o importante, e não uma parte ou outra isoladamente. É claro que, isoladamente, cada parte tem o seu valor, e isso precisa e deve ser reconhecido, mas não o faz maior ou menor que o do outro. Esse paralelo é muito útil na descrição de importância de uma equipe e funciona como bom fator para agregar e engajar o time.

Distância do poder: uma questão nas relações, que pode ocorrer por inúmeros fatores, muitas vezes não propositais, mas que devem sempre ser observados, entre elas:

- **Fisionomia:** muitas vezes, por estar 100% com foco em alguma questão, as pessoas podem passar por outras sem dizer um "bom dia", sorrir ou às vezes nem mesmo ver quem está cruzando seu caminho; e isso pode ser – e muitas vezes é – interpretado com uma placa de "não disponível", o que fatalmente distanciará o relacionamento.
- *Dress code:* uma gravata pode transmitir a ideia de inacessibilidade e superioridade quando a intenção era apenas estar elegante. Então, o modo de se vestir requer atenção também.
- **Honestidade:** é melhor ter alguém frustrado por ouvir um não e poder trabalhar esse indivíduo para que ele entenda qual foi a limitação que levou a uma negativa, tentando construir com ele uma possibilidade de mudança de panorama, do que ter alguém muito mais magoado porque se sentiu enganado; e esse sentimento costuma ser altamente contagioso, podendo fazer que se perca o time todo.
- **Transparência:** é importante negociar o que é negociável, porém existem coisas que não estão no nosso escopo de decisão e que não temos como negociar. No entanto, é importante que isso fique muito claro para o time e que esse saiba da nossa disposição de escalonar o assunto, mostrar que isso foi feito, trazer os resultados obtidos, bem como a explicação recebida.

Muitas vezes é função da gestão, mais que qualquer coisa, vender as ideias e trazer todos os liderados para o mesmo lado, lidar com detratores de modo direto, próximo e respeitoso.

Impulsionadores de carreira

Por mais incrível que possa parecer, a melhor ferramenta de acesso – e gratuita – é a divergência de pontos de vista. É a oportunidade de ver o mesmo assunto por outro prisma; é a chance de crescer pessoal e profissionalmente, além da oportunidade de exercer o próximo conceito:

Empatia: a capacidade de ver o mundo pelos olhos do outro, segundo o conceito e os valores deste. A empatia nos dá a chance de entender de fato o outro, sua necessidade, e a possibilidade de "trabalhar" o que for necessário (se possível) para mudar, por exemplo, um comportamento disruptivo, trazendo esse colaborador para perto.

Por fim, porém não menos importante, é mandatório valorizar os feitos do time e sempre mencionar o autor de uma ideia ou iniciativa de sucesso quando essa não for sua. O dinheiro muitas vezes é bem menos importante que o reconhecimento. E isso NUNCA deve ser esquecido.

24

QUER BRILHAR? COMECE PELO SEU DIFERENCIAL!

Comece pelo seu diferencial: é ele que levará você a uma carreira de sucesso, deixando sua marca nas empresas e na vida das pessoas que estiverem no seu caminho.

RITA SBRAGIA

Rita Sbragia

Diretora executiva de RH, com carreira desenvolvida nas multinacionais P&G (Procter&Gamble), DuPont, Chemours (*spin-off* da DuPont) e Diversey, do portfólio da Bain Capital. MBA executivo em Gestão Estratégica de RH pela FGV (Fundação Getulio Vargas). Coautora dos livros *Mulheres do RH* e *Gestão do RH 4.0: digital, humano e disruptivo* (Literare Books International). Mentora de desenvolvimento de liderança e alta performance. Reconhecida entre os 10 RHs mais admirados da América Latina em 2020 e 2021 (Grupo Gestão RH).

Contato
LinkedIn: linkedin.com/in/ritasbragia/

Quer impulsionar a sua carreira? Apaixone-se por ela, cuide dela. Busque fazer o que ama, sempre aprender, melhorar e transmitir o seu conhecimento aos outros. Neste capítulo, eu compartilharei algumas dicas resultantes de grandes aprendizados que tive na minha carreira. Minhas **DICAS** estão estruturadas assim:

Diferencial
Integridade
Competências
Autoconhecimento
Sonhos

Parte 1: diferencial

Quando você sair do seu trabalho atual, do que as pessoas sentirão falta?

Você conhece o seu diferencial? Nas minhas sessões de mentoria, essa é uma das perguntas que as pessoas mais têm dificuldade para responder. Em uma definição direta, diferencial é o que nos torna únicos. Alguns exemplos:

- **Ayrton Senna:** seu diferencial era ser campeão e humilde, o que o tornou um herói para o Brasil e para o mundo. Ele nos ensinou que vencer não é ser melhor que os outros, é ser a melhor versão de si mesmo.
- **Renato Russo:** suas letras são imbatíveis: simples e profundas. Falavam – e ainda falam – diretamente com o nosso coração, abordam os dilemas da juventude de sua época, mas que são atemporais. Ele nos ensinou que é preciso amar as pessoas como se não houvesse amanhã.
- **Rita Lee:** letras inovadoras e revolucionárias. Seu diferencial era falar de amor com criatividade, coragem e ousadia em tempos de repressão. Com ela aprendemos que enquanto estamos vivos, cheios de graça, talvez ainda possamos fazer um monte de gente feliz.

Dicas para descobrir o seu diferencial:

1. Pergunte para as pessoas o que elas apreciam em você.
2. Reflita sobre essas perguntas:
   - Quais são os seus talentos?
   - O que destaca você das outras pessoas?
   - Como você usa os seus talentos para se destacar?
   - O que você ama fazer que faria até de graça?
   - O que flui naturalmente em você?
   - Qual era a sua brincadeira preferida quando criança?

Conhecer as suas fortalezas é fundamental para o seu sucesso. Se você for um líder, ou almeja ser, é imperativo que conheça também as fortalezas dos membros do seu time, pois as pessoas alcançam a excelência quando trabalham no que os seus talentos farão a diferença. Designar, por exemplo, uma pessoa com personalidade introvertida e perfil analítico para ter como seu grande projeto algo relacionado a rituais de socialização do time não o fará utilizar o seu melhor talento, além de possivelmente levar a pessoa a um estresse desnecessário. Ela pode até desenvolver essa habilidade, mas provavelmente não chegará a um nível de excelência; é como colocar um goleiro para bater um pênalti na final de um campeonato. Por isso, o foco no diferencial e nas fortalezas é a chave para o sucesso.

Parte 2: integridade

> *Procurando pessoas para contratar, você busca três qualidades: integridade, inteligência e energia. E se elas não têm a primeira, as outras duas matarão você.*
> WARREN BUFFET

Um dos fatores que mais impulsionam carreiras é a confiança. No livro *A velocidade da confiança*, Stephen Covey (2017) a define como a soma da integridade com a competência. Sabemos que a falta de integridade pode trazer consequências desastrosas tanto para o profissional quanto para a empresa. Segundo Covey, a integridade consiste em:

- **Coerência:** fazer o que fala, ser coerente consigo mesmo e com as demais pessoas.
- **Humildade:** colocar o interesse do todo acima dos seus próprios interesses. O oposto da humildade é a arrogância, quando se coloca o ego em primeiro plano.

- **Coragem:** agir de acordo com os seus valores e princípios, mesmo em momentos de grande pressão.

Há uma passagem em minha vida que me marcou muito. Buscando equilibrar a maternidade com a minha carreira e desempenhar bem os dois papéis, estabeleci algumas poucas regras em casa para os meus filhos, já que não adiantaria colocar muitas regras porque eu não estaria em casa o dia inteiro para controlar. As regras eram sempre falar a verdade e não falar com estranhos. Em uma ocasião, meu filho, adolescente na época, confundiu a data de uma prova final, que não poderia ser reposta. Ele ficou desesperado com o erro dele e eu também assumi a minha culpa, pois não monitorei de perto. Com o risco de ele repetir de ano, alguém sugeriu buscar um atestado médico para justificar a ausência na prova, mas meu filho recusou veementemente, enfatizando a importância de falar a verdade... o que, confesso, encheu o meu coração de orgulho. Juntos, preenchemos o requerimento para a escola, assumindo nossos erros e no final permitiram que ele fizesse a prova. Resultado: ele foi aprovado e enfrentamos a pressão sem comprometer a nossa integridade.

Momentos desafiadores assim podem acontecer em nossas carreiras pela pressão por resultados a curto prazo, por exemplo. Às vezes mudar de emprego funciona, às vezes não, já que a história pode se repetir. Temos que ser honestos, mostrando coerência, humildade e coragem – o benefício será sentido, seja no curto, médio ou longo prazo.

Parte 3: competências

> *Os ventos e as ondas estão sempre do lado dos navegadores mais competentes.*
> EDWARD GIBBON

Voltemos à definição de confiança de Stephen Covey, que consiste na soma da integridade com as competências. Não confiaremos, por exemplo, um filho nosso a realizar uma cirurgia com algum profissional que não tenha talento, conhecimento e as habilidades técnicas necessárias.

Para impulsionar a carreira é fundamental desenvolver-se continuamente tanto nas competências técnicas quanto nas comportamentais, as famosas *soft skills*. Há uma frase conhecida no mundo corporativo que diz que as pessoas são contratadas pelo seu conhecimento e suas habilidades, mas demitidas pelas suas atitudes.

Impulsionadores de carreira

Alguns exemplos de competências valorizadas no mundo corporativo:

- **Competências técnicas:** comunicação clara e concisa, tecnologia e idiomas.
- **Competências comportamentais:** proatividade, inteligência emocional e adaptabilidade.

Vou focar aqui na proatividade, essencial para o sucesso na carreira (aliás, todas as competências acima são, por isso as escolhi para mencionar aqui). O contrário de ser proativo é ser reativo, que é aquele profissional que sempre se coloca como vítima, não se responsabiliza pelo que acontece com ele, reclama o tempo todo, culpa e julga as pessoas. Já presenciei vários casos na minha carreira em que a pessoa esperava uma promoção que nunca acontecia ou, pior ainda, era demitida e colocava a culpa no chefe, dizendo que era algo "pessoal". Dica: busque o hábito de ser proativo, focando em soluções e não em problemas, responsabilizando-se pelo que acontece com você, assumindo os seus erros e aprendendo com eles, além de focar no que pode controlar ou influenciar. E, claro, pedir *feedback* para melhorar sempre porque, como veremos mais para a frente, todos nós temos um ponto cego com relação aos nossos comportamentos. Ser proativo é tão essencial para o sucesso que Stephen R. Covey (2017) o designou como o primeiro hábito em seu livro *Os 7 hábitos das pessoas altamente eficazes*.

Nesse momento de avanço na inteligência artificial é importante ressaltar que as principais diferenças entre as pessoas e os robôs residem nas competências socioemocionais; por essa razão, torna-se fundamental continuamente desenvolver a nossa inteligência emocional, que engloba autocontrole, sociabilidade, empatia, automotivação e autoconhecimento, este último que abordaremos no tópico seguinte.

Finalizando o tema de competências, pergunte-se com frequência se você é um profissional atualizado, relevante e destacado. Outro conceito fundamental para impulsionar carreiras é o *lifelong learning*, ou seja, nunca parar de aprender. Tenha metas de desenvolvimento claras por meio de leitura de livros, artigos, cursos, *workshops*, palestras, mentorias, *coaching* e projetos. Como ouvi uma vez, a reinvenção é a chave para a longevidade.

Parte 4: autoconhecimento

Aquele que conhece os outros é sábio.
Aquele que conhece a si mesmo é iluminado.
LAO TSÉ

Momento de reflexão:

- Com que frequência você pede *feedback*? Como você reage a ele?
- O que deixa você feliz? Ou irritado?
- Como você reage às adversidades?
- Como você reage aos seus erros? E aos de outras pessoas?
- Quais são suas preferências de trabalho? Alguns exemplos: raciocínio lógico, solução de problemas, planejamento, processos, experimentação, inovação, relacionamentos interpessoais e desenvolvimento de pessoas.
- Quais são os seus sonhos?

Após essas reflexões, compartilho aqui uma ferramenta para ajudar no seu autoconhecimento:

Janela de Johari

Método desenvolvido pelos psicólogos Joseph Luft e Harry Ingham, que ajuda as pessoas a avaliarem a sua autopercepção e a percepção dos outros sobre elas. É composta por quatro quadrantes que representam diferentes áreas do conhecimento:

1. "Eu aberto" – são as características conhecidas por todos (pessoa e grupo), as que não temos medo de expor, que deixamos transparecer.
2. "Eu secreto" – são as partes conhecidas pela própria pessoa e desconhecidas pelos outros. São as características que não queremos que os outros conheçam, por medo de julgamento ou de reações negativas.
3. "Eu cego" – é conhecido pelos outros, mas desconhecido pela própria pessoa. São as características que são notadas pelos outros pela nossa comunicação verbal e não verbal e nas nossas reações diante de diferentes situações – mas que nós não percebemos. Aqui, pedir *feedback* constante pode ajudar a melhorar o nosso autoconhecimento e, como consequência, a inteligência emocional, com impacto positivo na vida pessoal e profissional (saúde, relacionamentos e desempenho no trabalho).
4. "Eu desconhecido" – é desconhecido por todos (pessoa e grupo). São as habilidades e as potencialidades que não conseguimos identificar, mas que podem ser descobertas e desenvolvidas com o passar do tempo.

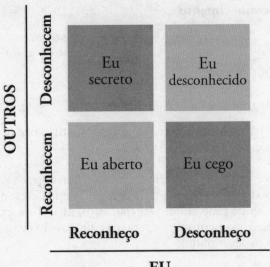

Voltando às perguntas iniciais deste tópico, autoconhecimento significa saber o que você gosta, quais são os seus sonhos, suas aspirações e tudo aquilo que contribui para a sua felicidade, assim como as coisas que você não gosta e que deixam você infeliz e suas reações a elas.

O autoconhecimento faz que tenhamos uma vida mais saudável, equilibrada e feliz. O ambiente corporativo tem reforçado o conceito, mostrando o grande impacto que o autoconhecimento tem para o sucesso das pessoas e, consequentemente, para o desenvolvimento e a progressão da carreira.

Parte 5: sonhos

O melhor jeito de partilhar nossos sonhos é vivendo cada um deles.
TONY ROBBINS

Ah, os sonhos... eles podem levar você longe!

Na infância, eu sonhava em ser professora. Minha brincadeira predileta era dar aula para as minhas bonecas ou para meus alunos invisíveis.

Na adolescência, eu sonhava em ser uma profissional bilíngue.

Na juventude, sonhei em ter um trabalho em que eu poderia equilibrar a minha vida pessoal e a profissional, pois sonhava também em casar e ter filhos.

Ainda na juventude, sonhava em ser promovida para comprar o meu carro, nosso apartamento e viajar muito pelo Brasil e pelo mundo.

Na vida adulta, continuava sonhando e, em um processo de reflexão, defini o meu propósito alguns anos atrás, dividido assim:

- No âmbito pessoal, quero entregar ao mundo dois adultos íntegros, trabalhadores e felizes: meus filhos. Missão cumprida!
- No âmbito profissional, quero fazer a diferença na vida das pessoas que cruzarem o meu caminho – algo diferente vai acontecer porque a Rita estava lá. E farei isso compartilhando os grandes aprendizados da minha vida, alguns aqui retratados neste capítulo, e sempre buscando ter um ambiente de trabalho leve e divertido. Mais recentemente, minha atuação como mentora e palestrante tem ido ao encontro desse propósito, o que também tem me trazido muita felicidade.

Que essas **DICAS** que compartilhei aqui inspirem você ainda mais a construir a carreira dos seus sonhos e deixar a sua marca por onde passar:

D. Conheça o seu **diferencial**, mostre-o ao mundo e melhore a vida das pessoas.

I. Seja **íntegro** e fiel aos seus valores e princípios e, mesmo em momentos de pressão, mantenha-se firme, doce e seja um modelo para as pessoas.

C. Nunca pare de desenvolver as suas **competências** técnicas e, principalmente, as comportamentais. Seja fonte de inspiração para as pessoas ao seu redor.

A. Busque incessantemente o seu **autoconhecimento** para que você seja próspero e feliz.

S. "Se podemos **sonhar**, também podemos tornar os nossos sonhos realidade". (Tom Fitzgerald)

Nossa carreira pode nos levar a lugares inimagináveis: ganhamos amigos para a vida toda, temos um universo de aprendizado e desenvolvimento à nossa frente, oportunidades de conhecer culturas diferentes, exercer nossos melhores talentos, sermos reconhecidos, deixar nosso legado e marcar vidas, inclusive daqueles que mais amamos. Afinal, já parou para pensar quantas vidas você poderá impactar com o sucesso na sua carreira?

Referências

COVEY, S. M. R. A *velocidade da confiança: o elemento que faz toda a diferença*. Rio de Janeiro: Alta Books, 2017.

COVEY, S. M. R. *Os 7 hábitos das pessoas altamente eficazes: lições poderosas para a transformação pessoal*. Rio de Janeiro: Best Seller, 2017.

25

INSIGHTS PARA IMPULSIONAR A SUA CARREIRA

Neste relato da minha carreira, destaco a importância das minhas crenças pessoais na busca por oportunidades. Compartilho minhas experiências, desde as transições de empregos até a mudança de carreira para recursos humanos. A mensagem central deste capítulo é a importância de ter um propósito maior, persistência, planejamento flexível e equilíbrio em todas as áreas da vida para alcançar o sucesso. Enfatizo a importância do aprendizado contínuo, do desenvolvimento de habilidades e da gratidão à minha rede de apoio. Finalizo encorajando você, leitor, a ser seu próprio líder em sua jornada profissional.

ROSANA IURKIV

Rosana Iurkiv

É graduada em Ciências Econômicas pelas Faculdades Integradas Santa Cruz de Curitiba, possui duas especializações, sendo uma em Psicologia do Trabalho e outra em Controladoria, ambas pela Universidade Federal do Paraná. Possui dois MBAs, sendo um em Gestão Estratégica de Pessoas, pela EBAPE/FGV, e outro em *Data Science* Aplicado a Negócios, pela Escola de Negócios Trevisan. *Management Executive Program* pela University of Akron e certificada pela Society for Human Resource Management. É executiva das áreas de recursos humanos e comunicação, com mais de 17 anos de experiência profissional em gestão de pessoas, atuando em grandes empresas nacionais e multinacionais nos segmentos: indústria plástica e aço, fundo de investimentos, florestal, saneamento básico, iluminação e saúde pública. Além da carreira executiva, é escritora, palestrante e conselheira consultiva, atuando em todo território nacional nas áreas de liderança, cultura organizacional, carreira e gestão de pessoas.

Contatos
rorhumanos@gmail.com
LinkedIn: br.linkedin.com/in/rosana-iurkiv
11 95884 0023

Quando somos convidados a participar de um livro de coautoria, a primeira decisão é se vamos compartilhar uma técnica – passo a passo de como fizemos – que pode ser aplicada pelo leitor ou compartilhar nossas experiências de maneira mais "abstrata", colaborando para que o leitor tenha as próprias percepções e *insights*. Neste capítulo, optei por compartilhar as minhas experiências e as lições aprendidas.

Fazer uma retrospectiva da minha carreira – o que deu certo e o que eu faria diferente – foi um momento de muitos *insights* positivos, que também me fez lembrar que muitas ferramentas aplicadas ao planejamento de carreira não funcionam da mesma forma para todos, por isso optei por compartilhar um pouco das minhas experiências e as lições que trago comigo, para que você possa avaliar o que faz sentido na sua realidade e qual é a melhor forma de aplicá-las em sua trajetória.

As crenças compartilhadas estão impulsionando você ou impedindo o seu avanço?

Comecei a trabalhar muito jovem, com 14 anos eu já trabalhava o dia inteiro e estudava à noite. Quando terminei o Ensino Médio eu não pensava o que eu gostava de fazer ou qual profissão eu gostaria de ter; a minha única preocupação era como eu pagaria a faculdade. Sempre acreditei que estudar poderia mudar a vida de uma pessoa, inclusive a vida financeira; essa foi uma crença que me impulsionou. Então, eu pesquisava sempre o valor das mensalidades e fiz a minha escolha baseada no fator preço – o curso de Bacharel em Ciências Econômicas.

Devido a uma crença compartilhada da época, que apenas pessoas que estudaram em colégio particular conseguiam entrar em uma Universidade Federal, eu não tentei. Poucos anos depois verifiquei que a nota de aprovação na Federal do Paraná, em Ciências Econômicas, era atingível, mesmo para alguém que havia estudado em colégio público a vida inteira. Essa foi uma das

Impulsionadores de carreira

lições que aprendi e a trago comigo: não deixo que crenças compartilhadas limitem as minhas escolhas e oportunidades.

Seu propósito é maior que o seu ego?

Com o ingresso na faculdade consegui um estágio na área de controladoria de uma multinacional, mas precisei sair de um emprego em que eu tinha um cargo melhor e um salário maior; às vezes é necessário abrir mão ou dar um passo atrás para alcançar o nosso propósito. Após um ano de estágio, devido a uma crise econômica, não havia a possibilidade de efetivação e como eu dependia do meu salário para sobreviver comecei a procurar outra oportunidade. Na faculdade, após avisar a todos os colegas sobre a minha situação, fiquei sabendo de uma vaga na área financeira em uma indústria multinacional; candidatei-me e na mesma semana eu já estava trabalhando.

Para aqueles que já tiveram a oportunidade de trabalhar em indústria, conhecem os desafios financeiros, pois a margem de lucro é pequena, mas esses mesmos desafios geram oportunidades, pois é muito comum a formação de equipes multidisciplinares para garantir a melhoria contínua. Fazer parte dessas equipes cria oportunidade de aumentar a visão sistêmica e conhecer um pouco mais sobre outras áreas. Fiz parte de várias equipes multidisciplinares, desde operacional até a implementação da avaliação de competências, em 2003.

Como comentei anteriormente, sempre acreditei que estudar poderia mudar a vida de uma pessoa, inclusive a vida financeira, mas fazer parte dessa equipe multidisciplinar de implementação da avaliação de competências me motivou a demonstrar que investir na educação dos colaboradores dava retorno financeiro. Por meio da monografia de conclusão da graduação, em Ciências Econômicas, comprovei a correlação positiva entre faturamento das empresas e grau de escolaridade dos colaboradores.

Ao escrever essa parte da minha jornada, pode parecer que foi fácil, que não enfrentei dificuldades nem desafios, o que não é verdade. Durante dois anos, eu pagava a faculdade e sobrava 70 reais por mês, valores da época. Muitas vezes vamos encontrar obstáculos, mas o nosso propósito precisa ser maior que os desafios que encontraremos ao longo do caminho e maior que o nosso ego.

Você espera reconhecimento financeiro no curto prazo?

Em 2005, eu havia terminado a faculdade, estava na mesma empresa, na área financeira, e cursando uma especialização em controladoria, quando então a minha carreira mudou completamente. Recebi o convite do CEO para assumir a área de Recursos Humanos. Nesse momento, percebi que as minhas atitudes, mesmo que sem algum planejamento direto, me colocaram nessa carreira, que amo tanto. Então aprendi mais uma lição: tudo o que eu me proponho a fazer, faço com amor e dedicação, e consequentemente as sementes são germinadas em terras inimagináveis. (A minha graduação não foi planejada como uma carreira, mas me dediquei 100% e utilizei todo o conhecimento que aprendi. Eu não ganhei nenhuma recompensa financeira por fazer parte de equipes multidisciplinares, mas adquiri conhecimento e o reconhecimento aconteceu naturalmente).

Você espera a sorte bater em sua porta ou você tem coragem?

Como vocês sabem, aceitei o desafio mesmo sem conhecer absolutamente nada da área de Recursos Humanos (a sorte acompanha a coragem) e sem ter um gestor com conhecimento da área para me ensinar. Eu precisava de conhecimento e encontrei em diferentes cursos e livros; a habilidade desenvolvi dia após dia, colocando em prática todo o conhecimento que eu adquiria.

Após três anos na área de RH, percebi que apenas técnica não era o suficiente, pois fazer gestão de pessoas era muito mais complexo. Minha percepção, que depois foi embasada por dados, era relacionada ao impacto da liderança no ambiente de trabalho; e com o intuito de compreender melhor as relações organizacionais, em especial o impacto da liderança, decidi fazer uma especialização em Psicologia do Trabalho.

Acredito que você tenha percebido que até essa fase da minha carreira eu não tinha um plano de carreira definido, o que me movia era o interesse em aprender e superar desafios profissionais. Contudo, em 2010 alguma coisa mudou, eu já não tinha mais desafios suficientes na empresa em que trabalhava; foi quando percebi a necessidade de um plano de carreira estruturado.

Após dois anos do primeiro plano de carreira, recebi a proposta para assumir uma cadeira maior, em uma empresa com várias unidades no Brasil e com a sede corporativa em outro estado. Ter coragem e flexibilidade de mudança aumentam as nossas oportunidades de crescimento profissional.

Eu pedi demissão dessa empresa em que trabalhei por dez anos, mudei de estado e comecei outra jornada, que era muito mais desafiadora do que haviam me relatado durante os três meses de diversas entrevistas. Cheguei com um planejamento, mas rapidamente percebi que não seria possível executá-lo.

Impulsionadores de carreira

Ter planejamento é fundamental para o sucesso profissional, mas perceber a necessidade de mudá-lo é ainda mais. Fiz as mudanças no planejamento e com ação e muita determinação conseguimos superar os obstáculos que impediam a implementação de práticas de gestão de pessoas.

Após três anos, o trabalho já não era mais tão desafiador, foi então que, ao conversar com uma liderada sobre a sua própria carreira, percebi o quanto o meu plano de carreira era falho. Eu havia feito um planejamento de curto prazo e havia pensado pequeno demais. Nesse momento, tracei um plano de longo prazo: qual era a minha meta para os próximos dez anos, todas as ações que eu precisaria executar anualmente, como eu iria mensurar a conquista das metas e qual era o orçamento necessário.

Você está apreciando a sua jornada?

Entre tantas ações previstas no meu planejamento, estava melhorar o inglês. Eu havia feito um intercâmbio em 2007, mas para mim, a nota do TOEIC (teste de proficiência em inglês) não era o bastante; então criei um plano de estudo diário, com carga horária e conteúdo. Essa foi outra lição que aprendi: não é a quantidade, é a qualidade. Quando criei um plano detalhado, deixei de dar atenção ao que me movia, que era o aprendizado, e passei a focar no atingimento da meta; e o pior, deixei de apreciar a jornada. Demorei algum tempo para perceber o meu erro e redirecionar o meu comportamento.

Você desiste no primeiro obstáculo?

Outra lição que trago comigo é: quando queremos alguma coisa temos que persistir, mesmo diante de uma negativa. Em 2017, tentei pela primeira vez a certificação internacional em Recursos Humanos (SCP – SHRM) e foi frustrante reprovar, mas levantei a cabeça, avaliei o que eu poderia melhorar e continuei. Em 2018 fui aprovada na segunda tentativa e permaneço até os dias de hoje com a certificação válida.

O que funciona melhor para você?

Ter um planejamento detalhado das ações a serem executadas, com prazo e forma de mensuração, é uma ferramenta que funciona muito bem para muitas pessoas, mas eu queria algo que me fizesse me sentir mais "livre"; afinal, tenho diversos projetos e prazos a serem cumpridos no ambiente organizacional, tarefas diárias com a família, cuidados com a saúde; pois carreira, no meu entendimento, é muito mais amplo – carreira é eu estar feliz em todas as dimensões da minha vida: trabalho, família, lazer, saúde, amigos e espiritualidade.

Por isso, em 2019, testei outra forma para idealizar e executar o meu planejamento de carreira, de maneira a continuar apreciando a jornada e alcançar os meus objetivos.

O que vem funcionando comigo nos últimos anos foi criar um quadro visual no escritório da minha casa, no qual eu coloco imagens que representam o que quero fazer, lugares que quero conhecer e bens materiais que quero adquirir. Eu e meu marido alimentamos esse quadro com as imagens para cinco anos, com ações que gostaríamos de tomar em conjunto e ações individuais.

Diariamente temos contato com esse quadro e com o sentimento que colocamos naquelas imagens que representam os nossos sonhos, e anualmente avaliamos os resultados. Com o passar do tempo começamos a constatar que algumas ações aconteceram naturalmente, outras – devido a fatores externos – executamos anos depois, mas todas estão fluindo e estamos apreciando juntos essa jornada, inclusive celebrando juntos as conquistas individuais.

Espero que a minha experiência tenha agregado valor para a sua carreira, mas para finalizar este capítulo compartilho outros *insights* a fim de impulsionar a sua carreira:

- Nos últimos vinte e quatro anos, eu optei por dar um passo para trás em três situações: duas delas para ganhar menos e uma para ganhar o mesmo salário. Carreira é a longo prazo e eu sempre considero as oportunidades que poderão ser geradas quando tomo a decisão de mudar de empresa.
- Se você é jovem e não tem a certeza do que gosta de fazer, não sofra escolhendo o curso de graduação, mas faça uma graduação com amor e dedicação. Todo o conhecimento que adquirimos é útil em nossa trajetória e podemos fazer quantos cursos de graduação desejarmos. Ao longo da minha carreira eu passei pelas áreas de controladoria, financeira, recursos humanos e comunicação; e a minha graduação, em Ciência Econômicas, é útil até os dias de hoje.
- Aprecie a jornada em todos os momentos de sua vida; se executar o seu plano de carreira é um fardo, tenha a certeza de que não valerá a pena alcançar o seu objetivo.
- Para construir um plano de carreira eficaz, é necessário estar com o *mindset* de crescimento e solicitar *feedback* de outras pessoas, entre elas: amigos, parentes, colegas de trabalho e chefia imediata. A percepção que os outros têm de nós é essencial para o sucesso.
- *Hard skills* são fáceis de serem desenvolvidas; basta você buscar conhecimento e aplicá-lo para desenvolver as habilidades necessárias, mas

Impulsionadores de carreira

o desenvolvimento das *soft skills* exige um tempo maior; por isso, pense em seu propósito no longo prazo e quais comportamentos você precisa começar a desenvolver a partir de hoje.

• Ter orçamento para executar o seu plano de carreira é fundamental; a carreira é sua e não da organização na qual você trabalha. Por isso tenha em mente que esse investimento deve ser feito por você.

• Tenha sempre um plano B, pois não controlamos o universo. Por mais que tenhamos um planejamento, todos nós estamos sujeitos a situações externas que não podemos controlar. Por exemplo: uma crise econômica, a venda da empresa, a entrada de um concorrente etc.

• Ao longo das nossas vidas encontraremos pessoas que impulsionam a nossa carreira e outras que impedem o avanço. Ter inteligência emocional, determinação e autoconfiança para lidar com situações causadas por pessoas que tentam impedir o nosso avanço também faz parte da jornada.

• Nossas conquistas são méritos da nossa rede de apoio. Reconheça e tenha gratidão. A cada conquista profissional e pessoal eu sempre reconheço o meu marido, pois por trás de uma grande mulher tem um grande homem.

• O planejamento de carreira deve conter todas as dimensões de nossa vida, não apenas a profissional. O equilíbrio é fundamental para o sucesso em qualquer profissão.

• Ao longo da nossa jornada também temos a responsabilidade de desenvolver e ensinar muitas pessoas; pense como você gostaria de ser lembrado por um liderado e seja o líder que você gostaria de ter.

Utilizei esta frase em outro livro de coautoria, mas ela também se aplica perfeitamente a esse contexto:

> *Nem sempre você terá a oportunidade de ter um líder ou um mentor para orientá-lo, mas essa jornada é sua, seja líder de si mesmo.*

Desejo sucesso em sua trajetória!

26

MARCA PESSOAL E CARREIRA

Marca pessoal é a imagem que um profissional projeta no mercado, refletindo suas habilidades, valores e personalidade. Construir uma marca pessoal forte é essencial para se destacar na carreira, gerando confiança e credibilidade. Ao comunicar sua marca pessoal de maneira autêntica e consistente, os profissionais podem atrair oportunidades e se tornar referências em suas áreas de atuação. O cuidado com a presença on-line, *networking* estratégico e desenvolvimento contínuo são elementos-chave para impulsionar a marca pessoal e alcançar o sucesso profissional.

ROSE CÂMARA

Rose Câmara

Graduada com licenciatura plena em Pedagogia pela Universidade Federal do Rio Grande do Norte (UFRN). Possui MBA em Gestão Estratégica de Negócios (UFRN); MBA em Gestão Estratégica de Pessoas (UNIFACEX). É analista comportamental e *coach*, certificada pela Sociedade Latino-Americana de Coaching (SLAC). Possui 28 anos de atuação na maior instituição brasileira de educação profissional, presencial e à distância, voltada para o comércio de bens, serviços e turismo, com carreira ascendente. Desses 28 anos, foram 15 atuando na gestão estratégica de recursos humanos. Elevamos a instituição ao seleto grupo das 150 Melhores Empresas para Trabalhar no Brasil, pelo Guia Você S/A; e as Mais Incríveis, pela FIA UOL, por dez anos consecutivos, pelas práticas de gestão de pessoas.

Contatos
rosecruzcamara1@gmail.com
rosec@rn.senac.br
Twitter: @rosecmara1
Instagram: @rosecamara21
LinkedIn: linkedin.com/in/rosecamara

Em um mundo cada vez mais conectado e competitivo, desenvolver uma marca pessoal forte tornou-se um aspecto fundamental para impulsionar a carreira profissional. A marca pessoal abrange a maneira como somos percebidos pelos outros, a imagem que transmitimos e o valor que entregamos. Ela engloba nossas habilidades, experiências, personalidade e reputação.

Neste capítulo, exploraremos a importância da marca pessoal na construção de uma carreira bem-sucedida, citando autores de referência no assunto e apresentando dicas práticas para desenvolver uma marca pessoal forte.

Ao compreender e cultivar nossa marca pessoal, temos a oportunidade de nos destacar em um mercado altamente competitivo e construir uma base sólida para o sucesso profissional.

A seguir, cito autores brasileiros que são referências no tema da marca pessoal e carreira profissional, oferecendo perspectivas relevantes e inspiradoras para aqueles que buscam se destacar no mercado de trabalho e desenvolver uma trajetória profissional bem-sucedida, como:

- Max Gehringer – renomado escritor, palestrante e consultor de carreira. Ele possui vasta experiência em recursos humanos e gestão de pessoas, e é autor de diversos livros sobre carreira e sucesso profissional. Suas obras, como *Comédia corporativa* e *Emprego de A a Z*, abordam de maneira prática e inspiradora temas relacionados à marca pessoal e ao desenvolvimento profissional.
- Leila Navarro – renomada palestrante e consultora em desenvolvimento humano e motivacional. Com uma abordagem inspiradora e motivadora, ela compartilha *insights* valiosos sobre a construção da marca pessoal e o sucesso profissional. Seus livros, como *Talento para ser feliz* e *Mulheres cheias de graça*, oferecem orientações práticas para impulsionar a carreira e alcançar a realização pessoal.
- Mario Persona – escritor, palestrante e consultor em gestão estratégica de negócios e marketing pessoal. Ele possui uma visão abrangente sobre a construção da marca pessoal, integrando estratégias de marketing e comunicação. Seus livros, como *Marketing de gente* e *marketing pessoal*, trazem

insights valiosos sobre como criar uma marca pessoal forte e alavancar a carreira profissional.

• Por fim, mas não menos importante, sugiro a leitura da obra de Tom Coelho, *Sete vidas – lições para construir seu equilíbrio pessoal e profissional.* Nela, o autor compartilha *insights* valiosos sobre a construção de uma carreira sólida e bem-sucedida, ao mesmo tempo que busca um equilíbrio saudável entre vida pessoal e profissional. Ele aborda temas como autogestão, liderança e desenvolvimento pessoal.

A construção e a manutenção de uma marca pessoal forte requerem iniciativas e cuidados contínuos e estratégicos. Veja a seguir alguns aspectos fundamentais a serem considerados nesse processo:

1. Busque o autoconhecimento: o autoconhecimento é um pilar fundamental na construção de uma marca pessoal forte e relevante. Ao se aprofundar na compreensão de suas habilidades, paixões e objetivos profissionais, o profissional ganha clareza sobre sua identidade única e autêntica. Essa consciência possibilita a comunicação assertiva de sua proposta de valor, destacando-se de maneira significativa no mercado.

2. Defina seu público-alvo: assim como uma marca comercial, é importante ter clareza sobre quem é seu público-alvo no contexto profissional. Identifique o segmento de mercado, a indústria ou a área de atuação em que deseja se destacar. Compreender as necessidades e as expectativas desse público permitirá que você direcione sua mensagem e construa relacionamentos relevantes.

3. Construa uma presença on-line consistente: ao mundo digital de hoje, é crucial ter uma presença on-line sólida e coerente. Crie perfis profissionais nas redes sociais relevantes para sua área, como LinkedIn e Twitter, e mantenha-os atualizados com informações relevantes sobre sua experiência, conquistas e projetos. Compartilhe conteúdo de valor e interaja com outros profissionais do seu campo.

4. Pratique *networking* estratégico: pratique *networking* estratégico e fortaleça seus relacionamentos profissionais para impulsionar sua marca pessoal. Participar de eventos, buscar mentores e oportunidades de aprendizado aumenta sua visibilidade e sua reputação no mercado. Cultivar relacionamentos autênticos pode abrir portas para parcerias e oportunidades profissionais.

5. Cultive sua imagem profissional: sua aparência e seu comportamento também são componentes importantes da sua marca pessoal. Vista-se de acordo com a imagem que deseja transmitir, demonstre confiança e mantenha uma postura profissional. Esteja atento à comunicação verbal e não verbal, pois ambas afetam a percepção que os outros têm de você.

6. Desenvolva suas habilidades: invista na ampliação e no aprimoramento de suas habilidades relevantes para sua área de atuação. Faça cursos, participe

de *workshops* e esteja sempre atualizado sobre as tendências do mercado. Quanto mais conhecimento e expertise você adquirir, mais valor poderá entregar e mais sua marca pessoal será fortalecida.

7. Busque autenticidade: a autenticidade é vital para manter uma marca pessoal forte. Seja verdadeiro e coerente com seus valores e identidade, evitando estereótipos. Comunicar-se autenticamente constrói confiança e credibilidade com o público.

8. Tenha consistência: consistência é a chave para uma marca pessoal forte. Mensagem coesa, apresentação e comportamento geram confiança e identificação. Mantenha qualidade e integridade na atuação profissional.

9. Aprenda continuamente: aprendizado contínuo é crucial para manter-se relevante. Atualize-se, acompanhe tendências e participe de cursos e eventos relevantes. Conhecimento atualizado fortalece sua marca pessoal e demonstra compromisso com a excelência.

10. Monitore a sua reputação: monitorar sua reputação é essencial para uma marca pessoal forte. Esteja atento a opiniões e *feedbacks*, especialmente nas mídias sociais. Responder de maneira adequada e profissional é fundamental para proteger e reforçar sua reputação.

Ao cuidar desses aspectos-chave, você estará trabalhando para a manutenção de uma marca pessoal forte, que impulsionará sua carreira profissional e abrirá portas para o seu sucesso no mercado.

Lembre-se de que a construção e o cuidado com sua marca pessoal é um processo contínuo, exigindo atenção e adaptação às mudanças do ambiente profissional e às expectativas de seu público-alvo.

No mercado brasileiro, há diversos exemplos de profissionais que construíram e mantêm suas marcas pessoais fortes. Abaixo, apresento exemplos notáveis:

• Bel Pesce é uma empreendedora, palestrante e autora brasileira de marca pessoal forte. Sua experiência em *startups* renomadas, como Google e MIT Media Lab, a tornou referência inspiradora para jovens empreendedores. Por meio de palestras, livros e da sua presença on-line, compartilha conhecimentos e transmite determinação, inovação e resiliência.

• Luciano Huck, apresentador de TV brasileiro, possui marca pessoal forte. Conhecido por carisma e habilidades de comunicação, ele é influente na mídia e se envolve em projetos sociais. Sua atuação vai além da TV, investindo em negócios e questões sociais e políticas.

• Camila Coutinho, influenciadora e empreendedora brasileira, é referência em moda e estilo de vida. Seu blog "Garotas Estúpidas" conquistou grande base de seguidores. Expandindo sua marca pessoal, lançou sua própria marca de roupas e colaborou com marcas internacionais, destacando-se pela autenticidade e estilo único.

- Maytê Carvalho, renomada escritora brasileira, possui uma marca pessoal forte no campo do desenvolvimento pessoal e profissional. Seu best-seller *Persuasão* é uma obra relevante que explora estratégias persuasivas e eficazes para aprimorar habilidades de comunicação e influência. Com seu estilo inspirador e perspicaz, Maytê tem conquistado uma audiência fiel, tornando-se uma referência no cenário literário brasileiro e reforçando sua marca pessoal como uma autora influente e inspiradora.

Esses são exemplos inspiradores que mostram como profissionais construíram suas marcas pessoais, alinhando paixões e conhecimentos para uma imagem impactante no mercado.

Invista na sua presença executiva

Para cargos de liderança, investir na presença executiva é crucial, abrangendo aparência, postura, linguagem corporal, comunicação e liderança. A presença executiva é um requisito na construção da reputação e da marca pessoal, impulsionando a carreira.

A seguir, uma lista de requisitos que vão ajudar na sua "presença executiva", contribuindo para a sua reputação profissional e o fortalecimento da sua marca pessoal:

1. Aparência profissional: cuidar da aparência pessoal, vestir-se de maneira adequada e alinhada com o ambiente de trabalho é importante para transmitir uma imagem profissional e confiante. Uma aparência bem-cuidada e profissional ajuda a transmitir credibilidade e respeito aos outros.
2. Comunicação eficaz: a presença executiva envolve a habilidade de se comunicar de maneira clara, concisa e persuasiva. Uma comunicação eficaz é fundamental para transmitir ideias, influenciar pessoas e estabelecer conexões significativas. Trabalhe no aprimoramento das habilidades de comunicação oral e escrita, adaptando-se ao público e transmitindo suas ideias de modo convincente.
3. Postura e linguagem corporal: a postura corporal, gestos e expressões faciais são elementos importantes da presença executiva. Ter uma postura ereta, gestos controlados e expressões faciais adequadas transmite confiança e profissionalismo. Prestar atenção à linguagem corporal durante reuniões, apresentações e interações profissionais pode ter um impacto significativo na forma como os outros percebem sua marca pessoal.
4. Habilidades de liderança: ser capaz de liderar, inspirar e influenciar outras pessoas é um atributo importante para construir uma marca pessoal forte. Desenvolva habilidades de liderança, como a capacidade de tomar decisões, delegar tarefas, motivar equipes e resolver conflitos, pois isso ajudará a construir uma reputação de confiança e competência.

A presença executiva ajuda a construir uma reputação profissional e a sua marca pessoal impactante. Vai além da aparência, abrangendo habilidades de comunicação e liderança. Fortalecendo-a, impulsiona-se a carreira. Profissionais com marca pessoal forte, presença executiva, boa reputação e *networking* se destacam e são referências no mercado.

Estes requisitos nos mostram o quanto é essencial investir na marca pessoal para se destacar e garantir independência profissional. Construa uma presença on-line consistente e impactante em plataformas como LinkedIn, blogs e sites pessoais. Demonstre *expertise* e participe de discussões relevantes para cuidar da reputação on-line. Assim você terá mais oportunidade, como:

1. Visibilidade e reconhecimento: profissionais com uma marca pessoal forte são mais facilmente reconhecidos e lembrados no mercado de trabalho. Sua reputação positiva e conexões estabelecidas aumentam sua visibilidade, fazendo que sejam considerados referências em suas áreas de atuação. Essa maior visibilidade pode resultar em convites para participar de projetos importantes, palestras e eventos, ampliando suas oportunidades de crescimento e exposição profissional.

2. Credibilidade e confiança: são geradas por uma marca pessoal forte, baseada em competência e ética profissional. Profissionais com essa reputação são vistos como confiáveis e capazes de entregar resultados de qualidade, facilitando parcerias e relações no ambiente de trabalho.

3. Liderança e influência: profissionais com marca pessoal forte são reconhecidos como líderes e influenciadores. Sua expertise, habilidades de comunicação e liderança inspiram confiança e respeito. Assumem papéis de destaque na organização.

4. Atração de novas oportunidades: uma marca pessoal forte atrai novas oportunidades de carreira, propostas de emprego e parcerias. A reputação positiva e conexões abrem portas para visibilidade e liderança. O protagonismo é essencial na jornada de desenvolvimento da carreira.

Possuir proatividade e buscar oportunidades é essencial para construir uma carreira sólida. Esteja atento a desafios internos e externos, atualize-se sobre tendências e assuma riscos calculados para crescer profissionalmente.

Busque orientação de mentores ou *coaches* para apoio no desenvolvimento profissional. Gerenciar a carreira implica análise regular, reavaliação de objetivos e tomar decisões difíceis.

Por fim, para construir uma carreira sólida, é essencial priorizar o equilíbrio entre vida pessoal e profissional. Cuide do seu bem-estar físico e mental, estabelecendo limites saudáveis para garantir um desempenho eficaz. Seja flexível e

Impulsionadores de carreira

resiliente ao se deparar com novas oportunidades e desafios, mantendo-se aberto a novas experiências que possam impulsionar seu crescimento profissional.

É importante lembrar que o desenvolvimento da carreira é uma jornada única e individual para cada pessoa. Seja adaptável às circunstâncias que surgirem, esteja disposto a aprender com cada experiência e seja protagonista do seu próprio caminho profissional. Ao assumir o controle da sua carreira, você poderá alcançar realizações gratificantes e construir uma trajetória sólida e bem-sucedida.

Uma marca pessoal forte é essencial no mundo competitivo. Investindo em si mesmos, profissionais traçam metas e abrem portas para novas oportunidades. O autoconhecimento, a presença executiva e o autogerenciamento levam ao sucesso. A independência na carreira permite escolher projetos e clientes. Porém, enfrentam-se desafios, como gerenciar renda e lidar com incertezas. A marca pessoal impulsiona a carreira, abrindo portas. O *networking* estratégico é fundamental para o sucesso, fornecendo *insights* valiosos. O profissional que consegue protagonizar a sua carreira tem mais chances de alcançar realizações significativas e gratificantes.

27

A IMPORTÂNCIA DO PLANEJAMENTO FINANCEIRO PARA UMA CARREIRA SAUDÁVEL

Neste capítulo, você poderá compreender a importância do planejamento financeiro na sua vida pessoal e profissional. Não importa em que momento você esteja, o importante é começar a planejar para construir um futuro estável, garantindo tranquilidade em todos os aspectos de sua vida e carreira. Seu bem-estar e sua saúde financeira devem ser aliados nessa jornada.

SIMONE MATIOLI RENZO

Simone Matioli Renzo

Especialista em Finanças Corporativas (Universidade FIA/USP) e bacharel em Ciências Contábeis com Premiação PROIN (Universidade Uniítalo). Professora de Finanças e Contabilidade na FIA (Fundação Instituto de Administração). *Head* financeira, consultora de finanças e PMO nos cursos EAD pela FIA.

Contatos
simonerenzo@terra.com.br
Facebook: facebook.com/simone.renzomilanes/
LinkedIn: linkedin.com/in/simonerenzo/
11 98957 7338

> *Cuidado com as pequenas despesas. Um pequeno*
> *vazamento afundará um grande navio.*
> BENJAMIN FRANKLIN

Planejamento financeiro: "Processo desenvolvido a partir de estratégias com o objetivo de atingir as melhores metas financeiras, seja para a vida pessoal, familiar ou das empresas".

Segundo o dicionário brasileiro da língua portuguesa, "planejamento financeiro é uma ferramenta de administração financeira que consiste no processo de organização financeira realizado por meio do reconhecimento da situação financeira atual, junto com a determinação dos objetivos aos quais se quer chegar, e o estudo de possíveis caminhos a serem utilizados para alcançar esses objetivos".

A importância do planejamento financeiro

Além de construir uma reserva financeira, você pode tomar decisões mais inteligentes sobre seu dinheiro, fazendo que ele trabalhe por você. Com isso, certamente, você terá mais tempo para alavancar sua carreira pensando em outras possibilidades profissionais.

Problemas financeiros, assim como problemas com a saúde, tendem a ser mais facilmente tratados quanto mais cedo forem identificados. A seguir, vamos relatar alguns problemas mais comuns para nossa reflexão.

- Não planejar.
- Gastar demais.
- Usar crédito para consumo.
- Achar que é cedo para pensar em aposentadoria.
- Cair em ofertas imperdíveis.
- Assumir riscos elevados.
- Tomar decisão com base na emoção.
- Focar demais no dinheiro.

Identificou-se? Se sim, vamos seguir com algumas orientações.

Benefícios do planejamento financeiro

Vamos pontuar alguns benefícios:

- Segurança financeira.
- Construção de patrimônio.
- Redução do estresse financeiro.
- Maior controle sobre a tomada de decisão.

Esses são alguns dos vários benefícios que poderá alcançar. Quanto mais benefícios conseguir, melhor será seu engajamento com o planejamento financeiro.

Início do planejamento

O primeiro passo é listar tudo o que gastamos e recebemos. Devemos administrar, racionalmente, tudo o que arrecadamos e o que devemos pagar, ou seja, nossas receitas e despesas. De maneira que não gastemos mais do que ganhamos e, também, que possamos ter alguma reserva.

Monte uma planilha, ainda que simples, com uma coluna de receita e outra de gasto. Vá anotando, diariamente, tudo o que gasta, até aqueles gastos que parecem não ter importância como:

- Padaria, aquele café diário.
- Almoço.
- Mercadinho.
- Passeios.
- Condução.

Assim, você começará a enxergar o horizonte, como ficará sua situação com as despesas e as receitas que já contraiu. Dessa maneira, caso deseje gastar mais, você terá condição de ver se poderá ou não gastar.

Sabe quando desejamos comprar algo que não precisamos? Pois é, com esse controle diário, podemos ver o impacto que sofreremos se atendermos a nossa vontade. Se o impacto for negativo, a chance de desistirmos é maior, concorda? Isso começa a nos obrigar a pensar e, com isso, nos favorecerá para a tomada de decisão.

Definição de metas

Agora que já consegue ver a real situação, defina suas metas. O que deseja para os próximos meses, depois para os próximos anos. As metas podem ser de curto, médio ou longo prazo e devem ser realistas e prioritárias.

Reveja suas metas periodicamente – e alguns ajustes, eventualmente, serão necessários.

Gaste menos do que ganha

Parece simples, não? Mas muitos de nós não conseguimos atingir. No mundo das finanças, gastar menos do que recebemos é "lei". Justamente para que tenhamos condição de iniciar uma reserva, chamamos de "Reserva emergencial" ou "Reserva de segurança". A premissa básica do planejamento financeiro é organizar as finanças para alcançar objetivos mais à frente. Pensar apenas no momento atual, viver como se não houvesse amanhã, pode funcionar nos filmes, mas na vida real é necessário se preparar para o que está por vir.

Agora que já entendemos alguns conceitos e pontos importantes no planejamento, vamos atrelar isso à nossa carreira.

Ao longo da vida profissional, é bastante comum que tenhamos diferentes sentimentos sobre o nosso trabalho. Mesmo quando fazemos aquilo que amamos, insatisfações, descontentamentos e falta de motivação acabam nos afligindo pelas mais diversas razões. Mas e quando essa sensação não passa? E quando o problema não é a empresa, a rotina ou até mesmo uma questão pessoal? Nesses casos, mudar de carreira pode ser a solução.

A vontade de fazer uma transição de carreira pode ter vários motivos:

1. Escolha profissional precoce.
2. Falta de perspectiva de crescimento na carreira.
3. Falta de propósito na função.

Tomar a decisão de mudar de profissão, contudo, não é algo fácil, pois nos tira da nossa zona de conforto. Por isso, planejar-se com antecedência é fundamental. Se deseja mudar de carreira, além da escolha para onde quer ir é importante planejar-se financeiramente a fim de viabilizar tal decisão. Afinal, devemos colocar na equação, por exemplo, uma mudança substancial no seu salário.

Para que flua da melhor forma possível, a decisão de mudar de carreira deve ser acompanhada de muita preparação. Afinal, as contas mensais de aluguel, mercado, transporte, luz e internet devem ser pagas, seja lá onde e com o que estiver trabalhando.

Mude seus hábitos de consumo, reduza gastos supérfluos e até mesmo fazer cortes necessários no orçamento mensal é um passo importante. Faça uma divisão de seu salário em categorias, de modo que permita você se organizar melhor mês a mês.

Um método simples e eficaz para fazer a divisão do seu salário e otimizar a organização das finanças, recomendado por especialistas da área, é a regra 50-30-20. É um método que surgiu como forma de categorizar o dinheiro que entra e sai em diferentes tipos de gasto. Ele ajuda você a prestar mais atenção para onde o dinheiro está indo e, com isso, saber como e com o que consegue poupar.

Regra 50-30-20

A regra 50-30-20 funciona de modo bastante simples. A ideia é dividir a sua renda líquida mensal em três categorias:

- Despesas fixas.
- Despesas variáveis.
- Poupança ou investimentos.

A receita destinada a cada uma delas deve corresponder a uma porcentagem específica do seu salário – 50%, 30% e 20%, respectivamente.

- 50% da sua renda líquida mensal deve ser destinada aos gastos fixos e essenciais, tais como moradia, água, energia elétrica, água, alimentação, transporte, plano de saúde, mensalidade escolar, entre outros.
- 30% do seu salário fica reservado para gastos variáveis – ou seja, tudo aquilo que não é essencial para sua sobrevivência, que é "supérfluo".
- Os 20% restante é usado para criar a sua reserva financeira, para guardar dinheiro a fim de realizar projetos futuros e para investimentos.

Monitore seu planejamento com frequência. Veja se está dando certo ou não. Se não estiver dando certo, observe:

- A planilha está desatualizada? Deixou de anotar alguma despesa?
- Está com reserva e não investe em nada?
- O dinheiro não dura até o fim do mês?
- As dívidas antigas não estão sendo pagas?
- Não está conseguindo planejar a longo prazo?
- Tem a sensação de que precisa de mais dinheiro para o planejamento funcionar?

Após identificar o que não está dando certo, crie um plano de ação para mitigar e/ou corrigir a situação. Feito isso, volte a monitorar com maior frequência para obter êxito.

A questão sobre planejamento financeiro e carreira é tão presente no mercado de trabalho que sempre nos deparamos com matérias em blog, canais e jornais. Seguem uma matéria que foi divulgada no canal *Em Alta* e outra na *Exame*:

Matéria sobre planejamento financeiro e carreira no canal Em Alta.

Desde muito cedo nas nossas vidas somos pressionados a escolher uma profissão e nem sempre a nossa vocação está tão clara quando jovens. Tanto que não é incomum encontrar quem tenha desenvolvido uma trajetória profissional sólida por anos e, de repente, decida mudar de carreira, começar do zero muitas vezes. Se esse é o seu caso (ou o seu desejo, por enquanto), saiba que está tudo bem e com planejamento financeiro adequado às suas necessidades, esse *reset* na vida profissional é possível e mais tranquilo do que parece.

A prova disso é a consultora de Carreiras e *podcaster* Thaís Roque. Após oito anos atuando no mercado corporativo em empresas multinacionais como Nestlé, Pão de Açúcar e Cruz Vermelha, Thaís decidiu dar uma reviravolta profissional e ajudar outras pessoas a fazerem o mesmo.

Não por acaso, ela é a convidada do mais recente episódio do *Em Alta*, nosso *podcast* em parceria com a XP Investimentos, que trata exatamente sobre porque carreira e planejamento financeiro andam lado a lado. Ou deveriam, pelo menos.

> *Educação financeira é fundamental e uma coisa que não temos na escola.*
> THAÍS ROQUE

Seus planos profissionais podem ter mudado, mas os compromissos da vida adulta permanecem. E é preciso se preparar para não ficar em dívida com eles!

"Mudanças profissionais vêm, geralmente, acompanhadas de uma série de inseguranças, como o processo de adaptação a um novo ambiente de trabalho, a necessidade de desenvolver novas habilidades e a incerteza em relação ao futuro. Não seria ótimo se as questões financeiras não fossem um motivo a mais de preocupação nesse momento?".

Impulsionadores de carreira

Matéria sobre como se planejar financeiramente para uma transição de carreira da Exame

Por que se planejar financeiramente para uma transição de carreira?

Independentemente dos seus planos profissionais terem mudado, as contas que você precisa pagar todos os meses provavelmente não vão sofrer muitas alterações. E tudo isso precisa ser levado em conta na hora de decidir mudar de emprego.

[...] Somente um planejamento financeiro bem feito vai ser capaz de responder a essas perguntas.

Conclusão

Durante este capítulo, discutimos hábitos que deverão ser modificados para uma vida financeira saudável. Fique com a lição de casa a seguir:

- Inicie seu orçamento financeiro.
- Adeque seu padrão de vida ao orçamento.
- Planeje para quitar suas dívidas.
- Encontre formas de economizar seu dinheiro.
- Faça um planejamento de metas.
- Comece a poupar e invista o seu dinheiro.
- Estude sobre organização financeira.
- Monitore seu orçamento.

Lembre-se de que não existe uma fórmula mágica para alcançar nossa estabilidade financeira e para que tenhamos maior controle sobre a situação. Mas se fizermos, gradativamente, um trabalho de organização e conscientização, certamente conseguiremos êxito em nosso objetivo.

Mais do que educação financeira, saúde financeira tem a ver com hábitos e comportamentos. Esse tipo de saúde pode não ser o mais importante da vida do ser humano, mas é o que dá suporte para que possamos encontrar bem-estar em outros aspectos da vida: **físico, mental e social**.

Possui uma vida financeira saudável a pessoa que tem suas finanças equilibradas, que consegue arcar com seus gastos essenciais, despesas não essenciais e está preparada para lidar com gastos não previstos. Ter equilíbrio nas finanças significa adequar suas despesas e metas de vida com sua renda atual, independentemente de quanto ela seja.

Saúde financeira e educação financeira até parecem ser a mesma coisa, mas não são. A educação financeira é o caminho que irá levar você à saúde financeira, pois se refere ao nível de informação que uma pessoa precisa ter para saber se relacionar com o dinheiro e fazer escolhas assertivas.

Para atingir a saúde financeira, que é organizar a vida financeira e equilibrar as contas, é preciso contar com a educação financeira, que fornece as ferramentas e informações necessárias para aprender a lidar com o dinheiro.

Seja firme e resistente. Não será um processo tranquilo, mas com certeza será gratificante pelo retorno e sucesso que terá.

Que essa leitura o auxilie nos momentos de maior reflexão e que seja uma injeção de ânimo para você.

Referências

ASSOCIAÇÃO BRASILEIRA DE PLANEJADORES FINANCEIROS; CVM. *TOP: planejamento financeiro pessoal*. Disponível em: <https://www.gov.br/investidor/pt-br/educacional/publicacoes-educacionais/livros--cvm/livro_top_planejamento_financeiro_pessoal.pdf/view>. Acesso em: 08 nov. de 2023.

EXAME. Exame: notícias, negócios, economia, carreira e mais, c2023. Página inicial. Disponível em: <https:/exame.com/>. Acesso em: 25 out. de 2023.

EXAME. *Falar sobre dinheiro ainda é tabu. Por que sim e por que não deveria?* Disponível em: <https://exame.com/colunistas/meu-acerto/falar-sobre--dinheiro-ainda-e-tabu-por-que-sim-e-por-que-nao-deveria/>. Acesso em: 09 set. de 2023.

SUNO. *Suno: investimentos inteligentes*, c2023. Página inicial. Disponível em: <https://suno.com.br/>. Acesso em: 25 out. de 2023.

28

UMA REFLEXÃO PARA AS MUDANÇAS DE CARREIRA
PESSOAS COM DEFICIÊNCIA NO MERCADO DE TRABALHO

Este capítulo traz uma reflexão sobre a importância do trabalho na vida humana e como a sociedade lida com as pessoas com deficiência no mercado de trabalho. Essa reflexão tem como objetivo evidenciar que a inclusão é o melhor caminho para que todo e qualquer indivíduo tenha acesso a uma vida digna.

THAYLLA CAVALCANTE

Thaylla Cavalcante

Psicóloga formada pela Universidade Presbiteriana Mackenzie, analista do comportamento pela Universidade de São Paulo (USP), neuropsicóloga pelo Hospital Albert Einstein, especialista em Análise do Comportamento Aplicada ao Transtorno do Espectro Autista e Desenvolvimento Atípico pelo Instituto Par (antigo PARADIGMA) e mestra em Distúrbios do Desenvolvimento pela Universidade Presbiteriana Mackenzie. Profissional atuante da psicologia clínica há mais de dez anos, com experiência em atendimentos a crianças, adolescentes e jovens adultos com desenvolvimento típico e atípico, orientação parental, orientação a profissionais de saúde e educação no Brasil e no exterior, fornecimento a supervisão clínica e palestras. Engajada em promover a inclusão em todos os ambientes sociais. Seu diferencial é se modificar e ser modificada pelo mundo.

Contatos
thayllacavalcante.psi@gmail.com
contato@grupotecer.com
LinkedIn: Tecer Psicologia e Intervenção Ltda.
11 94509 6191

> *Os homens agem sobre o mundo, modificam-no e, por sua vez, são modificados pelas consequências de sua ação. Alguns processos que o organismo humano compartilha com outras espécies alteram o comportamento para que ele obtenha um intercâmbio mais útil e mais seguro em determinado meio ambiente. Uma vez estabelecido um comportamento apropriado, suas consequências agem através de processos semelhantes para permanecerem ativas. Se, por acaso, o meio se modifica, formas antigas de comportamento desaparecem, enquanto novas consequências produzem novas formas.*
> SKINNER

O trabalho transforma a natureza para que ocorra a criação de bens para a existência humana. Assim, o homem adquire condições para satisfazer sua vida material mudando sua realidade. "O trabalho é a raiz de todo ser social" (MARX, 2007).

Considerando o conceito de trabalho, todo ser humano tem o direito deste. No Brasil, o Estado é responsável por executar vistas e efetivá-las para promover o bem comum. Na Constituição Federal de 1988, a República Federativa do Brasil constituiu como um de seus fundamentos a dignidade da pessoa humana. Os direitos fundamentais são aplicados a todas as pessoas, tendo direitos e deveres, vetando qualquer tipo de violação ou discriminação. Então, para uma vida digna se faz essencial a igualdade de oportunidades. Portanto, esse também é um direito das pessoas com deficiência. Segundo a Pesquisa Nacional de Saúde (PNS) de 2019, cerca de 17,3 milhões de brasileiros possuem alguma deficiência. As pessoas com deficiência possuem direitos e deveres como qualquer outro cidadão, tendo direito a saúde, educação, moradia, transporte, lazer, alimentação e segurança – tudo isso para uma vida digna.

O trabalho possui um grande papel na vida de qualquer sujeito, representa aprendizado, autonomia, integração, crescimento, sustento, realização e capacidade. Mas para as pessoas com deficiência existem constantes negativas.

A exclusão de espaços sociais é histórica; desde os primórdios as pessoas com deficiências são inabilitadas, consideradas inaptas à vida social, sendo privadas da liberdade que se tem por direito e sendo tratadas com preconceito e discriminação.

A definição de deficiência está relacionada a todo e qualquer comprometimento que afeta a integridade do indivíduo, causando prejuízos em sua coordenação motora, locomoção, fala, compreensão, orientação espacial ou na concepção e contato com o outro.

Pessoa com deficiência (PCD) é um termo utilizado há pouco tempo, pois, a expressão para se referir a um indivíduo com deficiência foi modificada ao longo do tempo. Uma vez que em nossa história pessoas com deficiências eram chamadas de incapazes, excepcionais e até inválidas.

O processo de inclusão das pessoas com deficiência é recente, comparado à exclusão sofrida em todos os âmbitos da vida social, principalmente no mercado de trabalho. Inicialmente as pessoas com deficiência foram extintas, não participavam do mercado de trabalho; em um segundo momento veio a fase de as empresas oferecerem trabalhos em instituições filantrópicas, depois o processo de integração em que profissionais qualificados com deficiência passaram a ser admitidos em empresas e órgãos públicos (SASSAKI, 2005). Atualmente vivemos o momento da inclusão. Mas se faz necessário leis para resguardar o direito das pessoas com deficiência.

Segundo a Organização Mundial da Saúde – OMS (2011), 15% da população mundial convive com algum tipo de deficiência; estamos falando de mais de um bilhão de pessoas.

A Convenção Interamericana para a Eliminação de Todas as Formas de Discriminação contra as Pessoas Portadoras de Deficiência (Decreto n. 3.956, 2001), em seu Artigo I, considera o termo deficiência como "uma restrição física, mental ou sensorial, de natureza permanente ou transitória, que limita a capacidade de exercer uma ou mais atividades essenciais da vida diária, causada ou agravada pelo ambiente econômico e social".

Em 1975, aprovada em Assembleia Geral da Organização das Nações Unidas (ONU), a Declaração dos Direitos das Pessoas com Deficiência surgiu para garantir igualdade na participação e oportunidades na vida em comunidade.

As pessoas com deficiências encontram dificuldades na educação e no mercado de trabalho. O acesso à educação possui barreiras tanto arquitetônicas quanto pela falta de profissionais capacitados para lidar com alunos com deficiência, o que, a longo prazo, traz prejuízos e até desistência escolar (SILVA; CARVALHO, 2017).

Qualquer indivíduo com deficiência é considerado um ser humano com garantias e direitos, tendo o Estado como uma "entidade" que assegura e efetiva o cumprimento de tais direitos, promovendo o bem comum.

Em nossa Constituição Federal Brasileira de 1988, em seu 1º Artigo, declara como fundamentais a soberania, cidadania, dignidade da pessoa humana, os valores sociais do trabalho e da livre iniciativa e o pluralismo político. Então, por direito, qualquer indivíduo brasileiro, a dignidade e o trabalho são resguardados pela Constituição.

A Declaração Universal dos Direitos Humanos, adotada e proclamada pela Assembleia Geral das Nações Unidas em 1948, em seu preâmbulo, Artigo I, afirma que todos seres humanos nascem livres e iguais em direitos e dignidade. Portanto, os direitos são aplicáveis a qualquer ser humano, e se houver qualquer tipo de violação será considerada discriminação. Dessa maneira, é preciso que ocorra igualdade de oportunidades para uma vida digna. Mas quando nos referimos a pessoas com deficiência não é o bastante somente assegurar a igualdade, faz-se necessário garantir meios para que a igualdade seja efetiva.

Com o objetivo de reduzir a desigualdade e garantir as pessoas com deficiência acesso ao trabalho, foram criadas diversas leis, muitas vezes consideradas como uma discriminação positiva e políticas afirmativas para superar tais barreiras.

Para compreendermos em conceito social e jurídico sobre a pessoa com deficiência, ocorreu diversos estágios. Segundo Piovesan (2010), existiu quatro estágios na construção dos direitos humanos da pessoa com deficiência. Em primeiro estágio tivemos a intolerância, já que tais pessoas eram consideradas impuras. No segundo estágio tivemos a invisibilidade, as pessoas eram separadas do resto da humanidade. O terceiro estágio foi o assistencialismo, marcado pela medicina e avanços que pudessem curar qualquer limitação. E o quarto estágio está ligado à sociedade, uma vez que apresenta profundas dificuldades em lidar com qualquer tipo de diferença e com pessoas que destoem dos "padrões".

A Lei Brasileira de Inclusão da Pessoa com Deficiência, conhecida como estatuto da Pessoa com Deficiência, resguarda o direito de escolha e aceitação em ambiente acessível e inclusivo, em igualdade de oportunidade com as demais pessoas.

Impulsionadores de carreira

A lei é importante, mas não é o suficiente, precisamos modificar o comportamento social para que a discriminação e o preconceito sejam superados. Faz-se necessário o incentivo à educação e oportunidades no mercado de trabalho para as pessoas com deficiência.

Mesmo com leis que asseguram os direitos das pessoas com deficiência, o mercado de trabalho brasileiro ainda é resistente na contratação dessas pessoas. Muitas vezes, por estar associada a uma ideia de incapacidade e dependência, colocando essa pessoa como menos produtiva, que geraria menos lucro para a empresa. Essa ideia está pautada em uma concepção estereotipada e preconceituosa, empregada em nossa sociedade. Muitas vezes tais ideias estão relacionadas ao desconhecimento do acesso aos recursos para a acessibilidade das pessoas com deficiência quanto à falta de convivência com essas pessoas.

O mercado de trabalho tem papel fundamental no combate à discriminação e ao preconceito. A empresa que inclui de maneira ativa, tanto na contratação quanto no oferecimento de serviços e produtos que atendam os diferentes sujeitos, proporciona o desenvolvimento de potencialidades e transformação social.

Em uma empresa inclusiva, as diferenças são valorizadas. Colabora-se para o exercício das funções ser realizado com autonomia e qualidade.

Segundo Violante e Leite (2011), a empresa inclusiva tem o compromisso de promover:

- Adaptação do local de trabalho.
- Esquemas flexíveis de horário de trabalho.
- Revisão das políticas de contratação de pessoal.
- Revisão dos programas de treinamento e desenvolvimento de recursos humanos.
- Palestras que desmistificam a deficiência e a incapacidade.

É de responsabilidade social a inclusão, permitindo condições igualitárias a todos os cidadãos. Por uma sociedade inclusiva ocorreu lutas e inúmeras ainda acontecerão. A Lei de Cotas, no mercado de trabalho brasileiro, foi estabelecida com o objetivo de possibilitar e proporcionar desenvolvimento, aprendizagem e independência financeira por parte de pessoas com deficiência.

A valorização, a inclusão e a independência de um indivíduo está relacionada a sua capacidade de trabalhar.

O Ministério Público do Trabalho no Brasil revela que são raras as empresas que cumprem a Lei de Cotas espontaneamente. Muitas vezes, as pessoas com deficiência são mantidas nas empresas sem realizarem atividades ou até ficam em casa recebendo remuneração, há empresas que ignoram a legislação (FONSECA, 2006).

A sociedade tem dificuldades em lidar com o diferente. No ambiente de trabalho não é exceção, mas mesmo que tenhamos leis para assegurar o direito das pessoas com deficiências, devemos ter o compromisso de não estarmos sob controle da lei, e sim da transformação social.

O governo necessita proporcionar a capacitação e a educação das pessoas com deficiência, fomentando a inclusão destas nas empresas para que seja possível alcançar a formação de cidadãos dignos.

Então, caro leitor, esse texto tem como proposta fazer você refletir sobre como nós, enquanto sociedade, lidamos com as diferenças. Hoje trouxe o tema do trabalho na vida das pessoas com deficiência. Muitas vezes esse tema parece estar longe de nós, mas pelo contrário: é muito próximo, já que qualquer sujeito pode sofrer algum acidente e se tornar, por exemplo, uma pessoa com deficiência. Como seria se isso lhe acontecesse? O mundo estaria pronto para você? O seu trabalho iria ser o mesmo? Suas relações sociais seriam as mesmas? Você estaria inserido nos ambientes sociais? Essas são perguntas que devemos nos fazer e só assim estar dispostos a nos modificar e compreender que sim, precisamos de um mundo inclusivo, não só no mercado de trabalho, mas em todos os outros ambientes. São necessários estudos para que haja avanço no assunto, possibilitando mudanças nas empresas e das pessoas em geral. Desejo que tenha refletido e se disposto a ser modificado com o texto e que modifique por onde passar, sendo um ser humano inclusivo.

Referências

DO CARMO, M. M. I. do B.; GILLA, C. G.; QUITERIO, P. L. Um estudo sobre a inclusão de pessoas com deficiência no mercado de trabalho brasileiro. *Interação em psicologia*, Curitiba, v. 24, n. 1, abr. 2020.

FONSECA, R. T. M. *O trabalho da pessoa com deficiência e a lapidação dos direitos humanos: o direito do trabalho, uma ação afirmativa.* São Paulo: LTr, 2006.

MARX, K.; ENGELS, F. *A ideologia alemã.* São Paulo: Boitempo, 2007.

PIOVESAN, F. *Direitos humanos e o direito constitucional internacional.* 11. ed. São Paulo: Saraiva, 2023.

PIOVESAN, F. Proteção dos direitos sociais: desafios do Ius Commune Sul-Americano. *Rev. TST*, Brasília, v. 77, n. 4, out-dez, 2011.

SASSAKI, R. K. Inclusão: o paradigma do século 21. *Revista Inclusão*, da Seesp/MEC, 1 ano, n. 1, out. 2005, pp. 19-23.

SILVA, N. C.; CARVALHO, B. G. E. Compreendendo o processo de inclusão escolar no Brasil na perspectiva dos professores: uma revisão integrativa. *Rev. Bras. Ed. Esp.*, Maília, v. 23, n. 2, abr-jun. 2017, pp. 293-308.

SKINNER, B. *Comportamento verbal*. São Paulo: Cultrix/EDUSP, 1957/1978.

VIANNA, L. M. B. P.; TARDELLI, P. G. A. S.; ALMEIDA, L. I. R. Inclusão e mercado de trabalho: uma análise das dificuldades enfrentadas por pessoas com deficiência em ingressar no mercado de trabalho da grande vitória (ES). *Destarte*, v.2, n.2, 2012.

VIOLANTE, R. R.; Leite, L. P. A empregabilidade das pessoas com deficiência: uma análise da inclusão social no mercado de trabalho do município de Bauru, SP. *Cadernos de psicologia social do trabalho, v. 14*, n. 1, 2011, pp. 73-91.

29

QUAL É O SEGREDO PARA O SUCESSO EM VENDAS?

Sorte, talento, vocação? É isso que faz de uma pessoa um bom vendedor? Nas próximas páginas deste livro, você vai encontrar dicas valiosas para alcançar plenitude e propósito na carreira de vendas. Conquistar o sucesso nesta área requer uma combinação de habilidades, princípios, amor e dedicação. Tudo pode ser desenvolvido e aprendido, só depende de você!

TINA MARCATO

Tina Marcato

Empresária no ramo imobiliário e da construção civil em Joinville (SC). Casada, mãe de dois filhos, passando pelo processo de sucessão familiar. Formada em Administração. Pós-graduada em Marketing. Líder *Coach* pelo Sebrae (SC) e Líder Educadora pela Metanoia (Processo de Gestão para Alta Liderança) desde 2011. Atua fortemente no associativismo, como diretora e conselheira da ACIJ (Associação Empresarial de Joinville). Vice-presidente do CEME (Conselho Estadual da Mulher Empresária). Voluntária no Rotary desde 2008. É coautora do livro *As donas da p**** toda* (Literare Books International).

Contatos
Instagram: @tinamarcato
LinkedIn: linkedin.com/in/tinamarcato

Você já pensou que pode enriquecer sendo um bom vendedor? Vou compartilhar com você um pouco da minha trajetória de vida como vendedora e trazer dicas valiosas para uma vida próspera e abundante nesta área.

Foi minha mãe que me introduziu na área de vendas, já na adolescência. Para contribuir com a renda familiar eu vendia frutas, geleias e queijos de porta em porta no bairro onde morava, em Joinville/SC. Confesso que sentia vergonha de vender, do que os outros iam pensar. Mas por necessidade deixei esse sentimento de lado.

Além do trabalho com vendas, um fato da minha adolescência foi bastante marcante para mim, digo até, um divisor de águas. Eu tinha 16 anos na época. Um dia, quando estava na igreja, onde sempre fazia minha oração, chorei pedindo ajuda a Deus. Clamei por orientação e um caminho para uma vida mais próspera e leve para minha família. Tínhamos poucos recursos, foram tempos difíceis.

Deus agiu de uma forma surpreendente, por meio de uma pessoa. Não era alguém do meu convívio, mas ela me deu um presente: o livro *O maior vendedor do mundo*, de autoria de Og Mandino, que mudou para sempre minha vida. Sua leitura transformou os meus hábitos e criou uma mente próspera, confiante, determinada, capaz de superar todos os obstáculos que a vida apresentou e me fez enxergar e criar oportunidades que me tornaram a profissional que sou hoje.

Para mim, é fundamental ser grata, ter confiança em algo maior e acreditar que Deus está cuidando de cada passo. A fé e a ajuda que recebi no caminho foram elementos poderosos em minha jornada e com certeza farão diferença na sua também.

Ser capaz de superar obstáculos e enxergar oportunidades é uma habilidade valiosa que todo vendedor de sucesso deve ter. Essa mentalidade positiva e encorajadora é fundamental para enfrentar os desafios que surgem ao longo do caminho.

Para avançar na carreira de vendas, também é importante continuar buscando conhecimento e desenvolvimento profissional. Existem muitos recursos disponíveis, como livros, cursos, treinamentos e mentores, que podem ajudar a aprimorar habilidades e alcançar novos patamares de sucesso.

Você pode ter o melhor produto do mundo, mas se não souber vender, de nada adianta. É preciso conhecer o produto, mas também o cliente, entender a necessidade real dele, se colocar em seu lugar; dessa forma, a venda acontece por consequência.

Nesse sentido, gostaria de compartilhar os ensinamentos que podem levar você a ter muito sucesso na vida, seguindo os princípios do livro *O maior vendedor do mundo* (de Og Mandino):

Princípio nº 1 – formarei bons hábitos e me tornarei escravo deles

A diferença entre os que falham e os que têm sucesso está em seus hábitos. "Os bons hábitos são a chave para o sucesso. Os maus hábitos são a porta aberta para o fracasso".

Decidi começar uma nova vida, lendo cada um dos princípios por 30 dias seguidos, três vezes ao dia, conforme orientação do autor, antes de passar ao princípio seguinte. Assim desenvolvi o hábito da leitura, que me fez ler mais e mais autores, dar musculatura ao meu cérebro e moldar a minha mente para ser vencedora em todas as áreas da vida.

Princípio nº 2 – saudarei este dia com amor no coração

O amor é a maior ferramenta de um grande vendedor, amar tudo e a todos. Eu decidi amar todas as situações, porque em tudo o que acontece tem uma bênção ou um aprendizado.

Amar todas as situações e abordá-las sem críticas ou julgamentos é uma abordagem positiva e compassiva. Isso permite que você veja o valor em cada interação e encontre oportunidades de aprendizado ou crescimento, mesmo nas situações mais desafiadoras.

Elogiar, enaltecer e aplaudir os outros são formas eficazes de expressar amor e apreciação. Reconhecer as qualidades e os pontos fortes das pessoas cria um ambiente positivo e fortalece os relacionamentos. Além disso, amar a si mesmo é fundamental. Quando nos amamos e cuidamos de nosso bem-estar físico, mental e emocional, estamos em uma posição melhor para compartilhar amor e cuidado com os outros. O amor-próprio também está intimamente ligado à felicidade e à prosperidade.

Ao seguir o princípio de amar a Deus sobre todas as coisas e ao próximo como a si mesmo você estará alinhado com um princípio ético fundamental e poderá cultivar relacionamentos duradouros e bem-sucedidos em sua carreira de vendas.

Princípio nº 3 – persistirei até alcançar êxito

A persistência é uma qualidade essencial para alcançar o sucesso em qualquer empreendimento. Por isso, repetir todos os dias esse princípio "persistirei até alcançar êxito" ajuda na formação de uma mentalidade determinada e resiliente.

Ter clareza sobre seus objetivos e estar aberto a explorar diferentes abordagens quando necessário é uma estratégia inteligente. Nem sempre o caminho mais direto leva ao sucesso, e estar disposto a tentar de outra forma pode levar aos resultados positivos que você tanto deseja.

Mesmo quando estiver cansado ao final do dia, tente uma última venda. A ideia de tentar mais uma venda todos os dias, independentemente dos resultados anteriores, mostra a importância da consistência e da perseverança. Cada tentativa é uma oportunidade de aprendizado e crescimento.

Lembre-se de usar os filtros energizados: "Eu posso, eu consigo, eu sou capaz, eu mereço". É uma prática poderosa para fortalecer a confiança e a determinação.

Princípio nº 4 – eu sou o maior milagre da natureza

Você já parou para pensar que é um indivíduo único, uma criatura singular. Um verdadeiro milagre da natureza. Você não está neste mundo por acaso! Ao reconhecer isto você se conecta a si mesmo e ao seu propósito de vida. Isso gera senso de vocação e significado à sua jornada.

Ninguém é igual a você. Internalize: "Sou raro e há um grande valor em toda raridade, portanto sou valioso". Dê a si, ao que faz e como faz o valor merecido. Pense sobre si com carinho e ternura: "Fui concebido com amor e trazido à luz com um propósito. Sou uma criatura singular da natureza, por isso concentrarei minha energia no momento presente".

Princípio nº 5 – viverei hoje como se fosse o meu último dia

E como fazer isso?

Esqueça o ontem, pois você não pode mudar o passado; e não se prenda ao futuro, isso gera ansiedade. Viver cada dia como se fosse o último é um lembrete poderoso para aproveitar plenamente a vida e não deixar que as preocupações e o medo impeçam você de desfrutar o agora.

Concentrar a energia no momento presente e ter foco, pois permite que você se engaje completamente nas tarefas, nas interações e nas relações do momento. Ao fazer isso, você pode melhorar sua eficiência, sua capacidade de resposta e sua conexão com os outros.

"Preciso aproveitar cada segundo do dia. Se desperdiçar o hoje destruirei a última página da minha vida. Portanto, viverei hoje como se fosse meu último dia".

Princípio nº 6 – hoje serei senhor das minhas emoções

Investir na inteligência emocional, no autoconhecimento e no desenvolvimento pessoal é um caminho contínuo para o sucesso na carreira de vendas. Essas habilidades fortalecem seu desempenho, seus relacionamentos e sua capacidade de aproveitar ao máximo as oportunidades que surgem.

Conhecer-se bem envolve entender suas forças, suas fraquezas, seus valores, seus objetivos e suas crenças. O autoconhecimento ajuda a definir metas realistas, identificar áreas de melhoria e aproveitar ao máximo suas habilidades pessoais.

Ser capaz de reconhecer, compreender e gerenciar suas próprias emoções, bem como as emoções dos outros, é essencial para construir relacionamentos positivos e eficazes com os clientes. A inteligência emocional permite lidar com pressões, resolver conflitos e adaptar-se a diferentes situações com calma e empatia. Não importa o que acontece, o mais importante é como eu reajo diante do fato. O que é uma dificuldade à primeira vista pode ser uma grande oportunidade diante de você. É importante lembrar que nem sempre estamos no melhor dia, mas mesmo assim é preciso seguir com uma ação positiva.

Por isso diga todos os dias: "Hoje serei senhor das minhas emoções".

Princípio nº 7 – rirei do mundo

Rir é o segredo da vida longa. Sorrir abre portas e corações e deixa a vida mais leve. Um sorriso pode transformar a nossa vida e a de quem encontramos.

A capacidade de rir de si mesmo é uma qualidade valiosa. Reconhecer e aceitar nossos erros e imperfeições com um senso de humor saudável nos permite manter uma perspectiva positiva e nos ajuda a lidar com os desafios de modo mais leve.

Quando enfrentamos momentos difíceis ou alguém nos ofende é importante lembrar que tudo é temporário. Lembre-se: "Isso também passará". As situações desafiadoras têm um prazo e, ao manter essa perspectiva, você encontra força e resiliência para superá-las.

Procure cultivar o bom humor na sua vida e nas suas interações com os outros. Esteja aberto a rir de situações engraçadas, compartilhar piadas leves ou contar histórias divertidas. O bom humor cria conexões positivas e alivia a tensão em momentos desafiadores.

Lembre-se de que sorrir e ser feliz não significa ignorar os problemas, mas sim enfrentá-los com uma perspectiva mais leve e positiva. Ao incorporar o riso, o sorriso e a alegria em sua vida, você estará criando um ambiente mais propício para o sucesso e bem-estar duradouros.

Sorria!

Princípio nº 8 – hoje, centuplicarei meu valor

Baseado na minha experiência, digo que definir objetivos e metas é um passo importante para alcançar o crescimento e aumentar o nosso valor como vendedor e como ser humano.

Eu costumo escrever meus objetivos e metas baseados no livro *Metas que desafiam*, de Mark Murphy e faço o mapa dos sonhos.

Então, sugiro a você estabelecer objetivos específicos, com metas claras e mensuráveis para cada dia, semana, mês, ano e para sua vida em geral. Esses objetivos devem ser desafiadores, porém alcançáveis, e devem estar alinhados com seus valores e aspirações. Quem você quer ser, o que almeja ter.

Escreva tudo de maneira clara e detalhada com ilustrações que remetam àquilo que busca, e mantenha em um lugar visível para que você possa se lembrar deles constantemente.

Visualize você alcançando seus objetivos com clareza e intensidade emocional. Ao criar uma imagem vívida e positiva do que deseja alcançar, você fortalece sua motivação e abre caminho para o sucesso.

Sonhe grande e acredite em seu potencial ilimitado. Tenha confiança em si mesmo e em suas habilidades para alcançar resultados extraordinários.

Impulsionadores de carreira

É impressionante como aquilo que aspiramos, sonhamos, sentimos e visualizamos acontece de maneira mágica em nossa vida.

O grande segredo é: "Profetizar nossos sonhos e não ter medo de sonhar grande. Com isso, centuplicarei meu valor. Serei um grande vendedor e um grande ser humano".

Princípio nº 9 – agirei agora

De nada valem os sonhos e os objetivos sem ação. É por meio das ações consistentes e focadas que se obtêm resultados tangíveis. A frase "feito é melhor que perfeito" destaca a importância de tomar medidas e progredir, mesmo que nem tudo esteja primoroso. É melhor fazer algo e ajustar ao longo do caminho do que esperar pela perfeição e não agir.

Diga não à procrastinação e repita sempre: "agirei agora". Pronuncie estas palavras a cada hora, a cada dia, até que se torne natural, assim como a respiração. Assim você vai direcionar sua mente e executar tudo o que é necessário para obter êxito.

Recomendo a você a leitura do livro *O poder da ação*, de Paulo Vieira. O autor traz *insights* e ferramentas práticas para impulsionar sua ação e sua autorresponsabilidade. Essa obra oferece orientações sobre como acordar, agir, assumir a responsabilidade por suas ações, manter o foco, comunicar-se de modo efetivo e principalmente acreditar em si mesmo.

"Agirei agora"!

Princípio nº 10 – fé, gratidão e oração

A minha fé e a crença em Deus foram fontes de força e apoio importante em toda a minha jornada. Por isso, digo a você que a oração e a busca por orientação divina podem fornecer clareza, capacidade e uma visão ampliada das oportunidades que se apresentam.

Ao expressar sua humildade e confiança em Deus, ao dizer: Senhor, me ajuda, me orienta e me mostra o caminho, você permite que Ele aja em sua vida.

Ter fé, gratidão e acreditar em Deus são elementos poderosos para viver com plenitude e propósito. Então, cultive essa conexão com sua fé e esteja aberto para receber a orientação divina. "Ajudai este humilde vendedor. Orientai-me, meu Senhor".

Não deixe o medo controlar você

Tem uma frase que sempre digo: "A sorte prefere os corajosos". O medo nos faz perder as melhores oportunidades da vida e leva a maioria das pessoas ao fracasso, pois não tentar já é um fracasso.

Muitas vezes, as melhores oportunidades estão além da zona de conforto e é preciso coragem para enfrentar os desafios e seguir em frente.

O medo de se expor, de falar em público ou de ser rejeitado são sentimentos comuns que podem restringir nosso crescimento pessoal e profissional. No entanto, superar esses medos e arriscar-se é fundamental para aproveitar ao máximo as oportunidades e alcançar os resultados desejados.

A coragem nos capacita a tomar medidas ousadas, a aprender com os fracassos e a persistir mesmo diante das adversidades. Ela nos permite crescer, explorar novos caminhos e nos destacar em nossas carreiras e em nossas vidas.

Lembre-se de que o medo é natural e faz parte da jornada do crescimento. Mas não permita que ele controle suas ações e impeça você de buscar seus objetivos. Ao abraçar a coragem e enfrentar o desconhecido, você abrirá portas para oportunidades extraordinárias.

DESENVOLVIMENTO NA CARREIRA JURÍDICA CORPORATIVA

O capítulo aborda a carreira na advocacia corporativa como uma opção no amplo mercado de trabalho jurídico. São retratadas as competências mais valorizadas para o profissional da área, ressaltando-se a importância do planejamento de carreira e do autoconhecimento profissional como ferramentas para alcance do sucesso no ambiente jurídico corporativo.

VINÍCIUS MAIA

Vinícius Maia

Advogado. Mestre em Direito pela UFRN. Pós-graduado em Direito Ambiental pela UFPR. Executivo jurídico da ALE Combustíveis S.A. Atuação no segmento de Óleo & Gás. Possui sólida experiência em gestão na área jurídica corporativa.

Contatos
vfcmaia@gmail.com
LinkedIn: linkedin.com/in/viniciusfcmaia/

Os números do Poder Judiciário brasileiro impressionam, sejam os dos custos da complexa estrutura ou do acervo processual, que beira os 80 milhões de processos ativos. Toda essa massiva arquitetura para dar conta de conflitos oriundos de uma farta produção legislativa e que, ainda assim, não confere segurança jurídica para as relações negociais no país.

A reboque do Poder Judiciário e das incertezas do ambiente legal do país foi tecida uma vasta rede de suporte ao sistema vigente, gerando milhões de postos de trabalho e movimentando quantias astronômicas. Desde a indústria de tecnologia até o lucrativo seguimento educacional, a área jurídica possui grande impacto econômico no país.

É comum ler sobre a saturação desse mercado, não por menos, pois os dados da OAB demonstram que, em 2023, existem quase 1,5 milhão de advogados registrados no país e 1,8 mil cursos de direito em andamento com mais de 700 mil alunos matriculados.

Embora os números sejam expressivos e revelem a crescente quantidade de bacharéis no mercado, a formação jurídica proporciona uma grande capilaridade de atuação, tanto na área pública quanto na privada. De fato, são atraentes os salários das carreiras públicas; entretanto, os concursos estão muito mais disputados que outrora.

A carreira privada para aqueles que têm formação jurídica é igualmente vasta, seja na advocacia autônoma, corporativa, consultiva ou nas atividades de docência. É certo que cada uma das opções profissionais tem suas exigências e dissabores, como a advocacia corporativa, que exige o desenvolvimento de competências que são pouco exploradas nas faculdades de Direito, e a advocacia autônoma, que demanda aptidão comercial para tratamento com clientes e expansão dos negócios.

O mercado jurídico é, portanto, desafiador e habilidades mais raras, sejam elas *hard skills* ou *soft skills*, têm valor diferenciado em cada área em que o advogado deseja investir seus esforços e seus talentos. Profissionais que se

Impulsionadores de carreira

dedicam, por exemplo, à advocacia privada nas áreas de M&A, ESG e Compliance, têm salário melhor do que aqueles das áreas Cível e Trabalhista, como demonstra a pesquisa salarial da Robert Half.

A advocacia corporativa, por seu turno, é um nicho relevante de atuação na área jurídica e que tem crescido de maneira consistente, pois as empresas tendem a investir em regularidade legal, mantendo não apenas um corpo de conselheiros legais terceirizados, mas também interno.

A carreira corporativa é menos fluida que a advocacia privada ou autônoma porque os limitadores são os da própria estrutura da corporação, assim como os benefícios financeiros, que são diretamente ligados à política de remuneração de cada empresa. Um advogado corporativo, muito embora não deixe de ser advogado e de gozar das prerrogativas decorrentes da profissão, é um empregado de uma empresa. Dessa forma, serve o advogado corporativo ao interesse do negócio para o qual se orienta a empresa e, sendo ela seu principal e, muitas vezes, único cliente, submete-se a suas regras e políticas.

Em geral, um jurídico corporativo é formado de equipes de paralegais (estagiários, analistas, equipe de suporte administrativo), equipe de advogados (com níveis distintos de experiência, sendo largamente utilizadas as nomenclaturas júnior, pleno e sênior) e equipe de gestão.

Lugar-comum é achar que o crescimento profissional em áreas assim descritas é focado visando à gestão, mas algumas empresas já investem acertadamente no desenvolvimento de uma carreira y para profissionais com foco técnico.

Diante das possibilidades de temas e áreas de atuação corporativa é imperioso ao jovem profissional e ao profissional em transição palmilhar o difícil, mas importante, caminho de autorreconhecimento profissional, utilizando ferramentas adequadas para a correta avaliação de suas competências e mapeamento daquelas que precisa adquirir para alcançar suas pretensões.

Competências de ouro para o advogado corporativo

Muito se propaga sobre uma advocacia 4.0, permeada pela tecnologia, ciência de dados e inteligência artificial dedicadas a substituir o capital humano, reduzindo redundância e erros.

Acredito que a tecnologia seja irrefreável e necessária para otimizar atividades, evitar sobreposições e permitir que a tomada de decisão seja baseada em contundentes evidências. Todavia, o nível de desenvolvimento tecnológico para a área jurídica não permite vaticinar sobre um cataclisma para os advogados, haja vista que o fator humano é essencial para correção de desambiguações, predição de cenários, interpretação de cenários paradigmáticos, entre tantos outros.

Considerando, portanto, a indispensabilidade do ser humano, uma das principais competências de um advogado corporativo é a técnica. Assumindo a premissa de que a formação jurídica é um *standard*, o advogado que aprende sobre outras áreas não correlatas à sua formação tende a ter mais sucesso pela capacidade de transitar entre áreas diversas de uma corporação.

Ram Charam (2019, p. 33) entende que basicamente toda empresa é igual por dentro e precisa dominar esses quatro aspectos: satisfazer as necessidades dos clientes com mais eficácia do que a concorrência, gerar caixa, produzir retorno sobre o capital investido e manter uma rentabilidade crescente.

Logo, toda a estrutura da empresa deve estar voltada para esses pilares fundamentais, de modo que o advogado interno, longe de perder o foco da segurança jurídica que deve promover para a corporação, precisa aprimorar sua qualificação de maneira generalista em áreas das quais a formação convencional não o qualifica, como tecnologia de dados, contabilidade, estratégias de negócios e outras que o permitam ficar mais alinhado ao negócio de sua empresa.

Nessa linha, destacam-se também os profissionais que denotam um alto nível de curiosidade e de aprendizado contínuo sobre a organização, pois há a possibilidade do desenvolvimento de uma visão sistêmica do negócio, o que é altamente valorizado em uma companhia, pois permite que as decisões sejam tomadas de modo ampliado e não apenas no nicho de atuação do profissional da área jurídica.

A visão do todo permite ao advogado corporativo desgarrar-se de atividades que gerem pouco valor para a empresa, otimizando seus esforços para, dentro de suas atribuições, contribuir com o que seja prioritário para os objetivos estratégicos da corporação. Ter o endereçamento correto das prioridades da empresa e das suas próprias aumenta o índice de rendimento do trabalho e a sensação de pertencimento do advogado à empresa.

Nos últimos anos, vivenciei experiências que evidenciaram ótimos resultados do ponto de vista legal, mas que desalinhadas dos objetivos corporativos não impactaram diretamente o negócio, agregando pouco valor na percepção do acionista. Portanto, é fundamental o alinhamento de propósitos, que só é alcançado quando se consegue subir a figueira para espreitar por sobre a multidão.

Alguns animais possuem a capacidade de imitar características de outras espécies, o que é denominado *mimetismo*. Essa habilidade tem variadas utilidades, seja na defesa contra predadores, no ataque de presas ou mesmo como facilitador da reprodução.

O ser humano igualmente consegue desenvolver-se de maneira a se adaptar às mudanças. No entanto, o tempo e o esforço necessários para o alcance da excelência nessa competência comportamental são subjetivos.

Na advocacia corporativa é muito comum a mudança em aspectos regulatórios que movimentam a forma de fazer negócios, a possibilidade de a corporação rapidamente abrir e encerrar projetos de matizes singulares e a alteração ou ampliação do escopo de negócios da empresa.

O advogado interno que está aberto a mudanças em sua área de atuação e, melhor ainda, aquele que as propõe geralmente tem melhor trânsito pelas áreas do jurídico interno e possui ascensão mais rápida na carreira.

Nos bancos da faculdade muito prematuramente os estudantes de Direito são apresentados ao aforismo *nosce te ipsum*, costumeiramente traduzido como "conhece-te a ti mesmo". Nada mais antigo e nada mais moderno. O autoconhecimento pessoal e profissional facilita muito a vida de quem o tem, sobretudo em um mundo seguidamente incerto e volátil.

O reconhecimento das próprias capacidades e das próprias necessidades de desenvolvimento permite que se possa realizar o correto mapeamento do eu profissional, o que gera resultados positivos, sobretudo porque possibilita o foco nas características e nas habilidades mais fortes.

Um advogado corporativo deve ter em mente que a tração profissional será alcançada pelo aumento da potência de suas habilidades e não pelo insondável desenvolvimento de suas lacunas, sob pena de se tornar tortuoso ou impossível o seu aprimoramento.

Peter Drucker (2018, p. 50) diz que cada um precisa ser seu próprio CEO, destacando que o autodesenvolvimento e gestão da própria carreira devem ser essenciais ao profissional que quer se manter ativo e relevante dentro de uma corporação.

Logo, o advogado corporativo que consegue entender seus pontos fortes e suas lacunas e se manter comprometido em sua jornada profissional com consistência tem grandes chances de alcançar um nível de alto rendimento nas suas atividades.

Resistir é preciso

Não obstante a expressiva concorrência que permeia o mercado de trabalho dos advogados e aspirantes a advogados, existem várias frentes de atuação no segmento, sendo uma delas a carreira jurídica corporativa, uma área definitivamente rica e empolgante.

De fato, são muitas as vicissitudes do caminho, mas o profissional que consegue manter-se consistente no desejo de se desenvolver tecnicamente de maneira contínua e consistente e, ainda, está aberto para diuturnamente trabalhar sua inteligência emocional de modo otimizado certamente terá mais êxito ou, pelo menos, reduzida frustração.

O sucesso profissional na forma enlatada que muitos *influencers* e publicações vendem não é nada além disso, um produto, pois que se só os mais altos e bem pagos cargos trouxessem essa plenitude, a satisfação profissional seria dom de muito poucos, o que não é verdadeiro.

A carreira é bem individual e, como tal, a percepção de sucesso. Assim, manter-se como dono desse bem e resistir às intempéries da vida é essencial ao equilíbrio necessário para a felicidade.

Referências

CHARAN, R. *O que o CEO quer que você saiba*. Rio de Janeiro: Sextante, 2019.

ROBERT HALF. *Salarial 2023: números que valem a pena conhecer*. [s. l: s. n.]. Disponível em: <https://www.roberthalf.com.br/sites/roberthalf.com.br/files/documents/robert-half-tabelas-salariais-2023.pdf>. Acesso em: 11 ago. de 2023.

HARVARD BUSINESS REVIEW. *Desafios da gestão*. Rio de Janeiro: Sextante, 2018.

OAB. *Brasil tem 1 advogado a cada 164 habitantes; CFOAB se preocupa com qualidade dos cursos jurídicos*. Disponível em: <https://www.oab.org.br/noticia/59992/brasil-tem-1-advogado-a-cada-164-habitantes-cfoab-se-preocupa-com-qualidade-dos-cursos-juridicos>. Acesso em: 11 ago. de 2023.

OAB. Institucional/quadro da advocacia. Disponível em: <https://www.oab.org.br/institucionalconselhofederal/quadroadvogados>. Acesso em: 11 ago. de 2023.

ROSLING, H. *Factfulness: Ten reasons we're wrong about the world – and why things are better than you think*. Sceptre, 2018.

31

A EXPERIÊNCIA DA MATERNIDADE COMO IMPULSIONADORA DAS ESCOLHAS DA CARREIRA

A maternidade muda tudo! O rio da vida jamais correrá da mesma forma e a tal "hora certa" provavelmente não venha como idealizamos. Jamais seremos as mesmas! A boa notícia é que não precisamos mais encarar a relação entre carreira e maternidade como uma disputa. Por meio da maternidade, podemos reescrever nossa jornada e impulsionar nossa carreira se soubermos o quão poderoso é escolher!

VIRGINIA FRANÇA

Virginia França

Psicóloga clínica, orientadora de carreira e mãe do Pedro.
Grande experiência, de mais de 15 anos, em diversos subsistemas de RH que, junto da atividade clínica em psicologia e orientação de carreira, me ajudaram a focar no que faço com paixão: desenvolver pessoas e ajudá-las a ter bem-estar em suas relações pessoais e com o trabalho. Trabalho com o propósito de impulsionar carreiras saudáveis. Essa construção envolveu diversas formações além da Psicologia e da Orientação de Carreira. Certificação em *Coaching*, Psicossomática Psicanalítica e Psicologia da Saúde Ocupacional. Acredito que a nossa formação também envolve as vivências pessoais e tive duas que impactaram muito minhas escolhas de carreira. Primeiro, um *burnout*, que me ensinou a colocar limites e ressignificar vários aspectos da vida. Depois, a maternidade! Veio como um furacão e me deu coragem para mudar a rota e fazer do meu trabalho autônomo a minha principal atividade profissional.

Contatos
www.psicologavirginiafranca.com.br
contato@psicologavirginiafranca.com.br
Instagram: @porvir_virginiafranca
LinkedIn: linkedin.com/in/virginiafranças/
11 94441 0361

Fale-me mais sobre você!

A verdade é que, em dado momento, nem a própria mãe sabe dizer sobre ela. Eu não sabia. Às vezes ainda não sei! A maternidade fura a fila da vida e passa a frente de tudo de uma forma muito intensa. Parar para pensar sobre quem se é e o que se quer depois dessa grande transformação, precisa de tempo, coragem e apoio.

Eu, por sorte, por escolha e definitivamente, por ter esse apoio pude pensar sobre.

Lembro-me que logo que descobri que estava grávida, encontrei uma profissional retornando de licença maternidade no escritório. Ela contou toda a jornada que já tinha feito até aquele horário para garantir que ela e os dois filhos pudessem seguir seu dia como planejado. Ela contava isto por volta das nove horas da manhã com sua bombinha para extrair leite na mão. Eu fiquei muito impactada ouvindo tudo aquilo. Um misto de medo, cansaço, desconhecimento. Teria eu feito a escolha certa?

Em se tratando de maternidade, as escolhas vão se relativizando todos os dias e nem sempre o que está escrito nos manuais, nas redes sociais ou o que nos contam é, de fato, o que acontece. Entender o que a maternidade representa na vida de cada um requer tempo.

Maternidade é conflito!

O conflito com a carreira é um dos que estão no topo da lista.

A maternidade exige investimento em vários aspectos além do financeiro e de energia. Exige rotina, disciplina, altruísmo, apoio, informação, dedicação. Da mesma forma, acontece na carreira.

A pergunta é: "Como fazer carreira e maternidade coexistirem de forma saudável e garantir que ambas sejam vivenciadas de maneira emocionalmente equilibrada?".

Com sua licença – a licença maternidade

Eu saí de licença maternidade exatos 13 dias antes do meu filho nascer. Tentei deixar tudo organizado no trabalho, assim como fazemos antes de sair de férias. O que descobri muito rapidamente, é que a maternidade puxa você para um lugar muito novo e te afasta do mundo que você conhecia. Bem diferente de estar de férias.

Meu filho nasceu e, 15 dias depois, meu marido voltou da licença paternidade estendida. Certamente a vida dele não voltou a ser como antes, mas de maneira geral, seus dias passaram a ser ocupados por suas atividades profissionais.

Assim como ele, tive uma vida sempre muito focada em fazer construções sólidas no campo profissional. Antes de engravidar, eu passei quase três anos conciliando o trabalho no mundo corporativo com os atendimentos clínicos e de orientação de carreira. Com toda esta construção, achei que a estrada da minha carreira estava bem pavimentada e chegara a "hora certa" de ser mãe.

O que eu não consegui quantificar foi o impacto que a chegada de um filho causa. A vida jamais será a mesma e eu... Eu? Tem eu na história ainda?

A importância das conexões

> *Embora você tenha passado nove meses se acostumando com a ideia, tornar-se mãe acontece da noite para o dia. E, conforme sua antiga vida vai ficando para trás e a nova começa a criar raízes, a solidão é um perigo real.*
> PHILIPPA PERRY

Um dos principais aprendizados que tive foi que, sem conexões, ou no caso, sem rede de apoio, seria muito desafiador ter uma vida equilibrada. Conversar com pessoas que haviam passado por este período foi fundamental para que eu pudesse entender melhor o que eu estava passando e escolher como viver tudo isso.

Organizei minha rede de apoio de forma que eu pudesse fazer pequenas tarefas durante a licença, inclusive de interesses profissionais. Ter essas pequenas atividades, me ajudava a refrescar o pensamento e me conectar com um lado muito bom de mim que consequentemente me ajudava a ser muito melhor para o meu filho.

Nunca estamos 100% prontos para aquilo que nunca fizemos!

Depois de 15 anos atuando com desenvolvimento humano, não sei dizer quantas vezes afirmei que ninguém está 100% pronto para assumir um novo papel, pois isso exige experiência. Na maternidade também é assim!

Eu não estava preparada para tudo que veio junto do nascimento do meu filho, mas com o passar dos dias e incentivo da minha maravilhosa rede de apoio, comecei a procurar e reconhecer aquela mulher, profissional, esposa e amiga que fora outrora… Descobri que essa mulher já não era mais a mesma!

Eu estava aprendendo um mundo de coisas novas e geniais. Que fantástico era viver tudo aquilo. Então, por que de alguma forma eu ainda esperava ser a mesma profissional de antes da maternidade? Dei-me conta de que eu imaginava retomar minha carreira exatamente do ponto de onde havia deixado antes da licença. Eu ainda não tinha entendido tudo que podia fazer a partir do que estava vivendo.

A vida mudou

A hora de voltar ao trabalho ia se aproximando e eu fui me dando conta de que não estava pronta. Não para voltar ao que era.

É muito curioso. Eu não estava preparada para a licença maternidade e depois não estava preparada para sair dela. Bem-vinda à maternidade, Virginia! Definitivamente, é conflito.

O fato é que a vida muda. Sofremos e nos desapontamos ao esperar que, em dado momento o rio volte a correr da mesma forma que antes. A maternidade é uma escolha definitiva. E essa é a maior lição que aprendi: tudo muda pra sempre.

O mundo do trabalho também precisa mudar!

Segundo pesquisa da *Think Work*, 67% das mulheres entrevistadas em abril de 2023, deixaram o mercado de trabalho por causa dos filhos. Este é um dado muito alarmante que pede urgência na revisão das políticas e apoio das empresas àqueles que têm filhos e principalmente às mães.

A maternidade exige flexibilidade da mãe e daqueles que a cercam, incluindo seu ambiente de trabalho. É necessário repensar o tempo da licença de mães e pais, criar políticas que apoiem e flexibilizem as atividades no retorno ao trabalho e dêem espaço para que as relações parentais sejam vivenciadas com qualidade.

O mundo do trabalho precisa estar mais preparado para falar da maternidade e promover ambientes com uma cultura que apoie a família em suas diversas configurações.

Apesar de já termos no mercado iniciativas para garantir que as profissionais possam manter o investimento em suas carreiras após a maternidade, não posso deixar de relembrar que, em 2023, no Brasil, essas possibilidades ficam muito restritas a uma pequena parte da população.

Nossas políticas de licença parental deixam muito clara a desigualdade de gênero e os vieses inconscientes vivenciados em nossa sociedade.

As habilidades que desenvolvemos com nossos filhos

Outro dia li uma frase em que uma mãe dizia que o mundo nos cobra que tenhamos filhos e depois nos cobra que trabalhemos como se não os tivéssemos. Pensar assim é uma grande bobagem!

Se o futuro do trabalho é sobre relações humanas, a maternidade é, sem dúvida, uma experiência que nos torna mais preparadas para isto. Afinal, quer experiência melhor para ensinar a não procrastinar, ter foco e empatia?

É indiscutível como nos tornamos mais resilientes e preparadas para encarar adversidades. Além disso, uma das maiores lições para mim, como já dito anteriormente, é sobre ter apoio e pedir ajuda. No mundo do trabalho, criar conexões e delegar tarefas são habilidades fundamentais.

O outro lado disto é que, muito embora, eu acredite enormemente que o ambiente de trabalho pode se beneficiar das habilidades desenvolvidas na maternidade, essa não é uma percepção das mulheres. Ainda na pesquisa da *Think Work*, 46% das mulheres relatam que ter filhos impactou negativamente sua participação em projetos e oportunidades de promoção. Em relação aos homens com filhos, aproximadamente 15% relataram os mesmos impactos na sua carreira.

Carreira é identidade

... o trabalho, no que ele tem de essencial,
não pertence ao mundo visível.
CHRISTOPHE DEJOURS

O psicanalista Christophe Dejours entende o trabalho como o elo entre a sociedade e o indivíduo em sua totalidade, incluindo saúde psíquica e bem-estar. A satisfação e reconhecimento gerados pelo trabalho impactam de maneira grandiosa a nossa sensação de realização e motivação.

Pensando assim fica mais fácil entender porque tantas mulheres dizem não se reconhecerem durante a licença maternidade. Ao nos tornarmos mães, somos tiradas abruptamente daquilo tudo que fazia parte do nosso dia-a-dia, principalmente do trabalho.

É somente com o passar do tempo que as coisas vão tomando forma e uma nova profissional nascerá, com novas habilidades para enfrentar os desafios da carreira com mais robustez, assertividade – e ouso dizer, na maioria dos dias – felicidade!

O poder da escolha

A nova forma de se pensar a carreira, é um facilitador para todas essas mudanças. A carreira hoje é desenhada em nuvem, é fluída, tem voltas, mudanças de rota, novas escolhas, velhas escolhas... mas acima de tudo, a carreira (e a vida) tem escolhas. E quão poderoso é escolher, não é?

Comigo aconteceu assim. Com todas as mudanças que eu estava vivenciando nos primeiros meses de vida do meu filho, me dei conta que podia fazer escolhas considerando vários aspectos da minha vida, inclusive minha carreira.

Eu não queria mais o que eu tinha. Não daquele jeito. Eu desejava ter mais flexibilidade, pelo meu filho e por mim também. Decidi mudar e finalmente soltar as asas do meu porvir, projeto que já estava trabalhando há mais de um ano focado em atendimentos clínicos e orientação de carreira.

Respondendo a uma pergunta que já ouvi diversas vezes: "Precisamos escolher entre carreira e maternidade"? NÃO! O que precisamos é entender que a carreira não é mais a mesma, afinal, nós não somos.

Precisamos saber que um filho demanda e que a toda hora será preciso escolher e ponderar. O que pesa mais na balança em cada momento? Somente cada uma de nós sabe. Então, lhes digo: "Xô" culpa! Pensar na carreira não significa amar menos nossos filhos.

Tenha um plano

Para escolher é preciso saber quais os nossos desejos. Eu sei que ter um filho faz com que nossas vontades entrem em algum lugar na fila mais lá para trás, mas como eu já disse, cuidar de nós ajuda com que sejamos mães melhores.

Sei bem, também, que nem sempre podemos colocar um plano em prática no momento em que o desenhamos. Isto faz parte. Assim como não nos tornamos mães no momento em que temos esse desejo, não vivemos a carreira dos sonhos do dia para a noite. Em ambos os casos, muitas coisas e pessoas estão envolvidas, mas digo uma coisa: você nunca conquistará algo que desejar se não fizer acontecer. Por mais distante que esteja sua meta, são os pequenos passos que fazem você caminhar.

Posto isso, proponho que você reflita:

- Compare e descreva seus interesses da carreira antes e depois da chegada de seu filho. O que mudou?
- Como você imagina um dia feliz de trabalho? Quais tarefas, acontecimentos, conexões devem estar presentes?
- Em que ambientes você pode encontrar isto?
- O que você precisa fazer para ter isto? Quais os passos?
- Quem vai ajudar você?

Essas são perguntas que irão ajudar a se conectar com sua carreira. Além disso, podem ser usadas por aqueles que trabalham e/ou cuidam de quem têm filhos. Se você trabalha com alguém que tem filhos, pergunto: como você tem apoiado o bem-estar e carreira dessas pessoas?

Coragem

Construir de maneira harmoniosa uma forma de equilibrar as próprias necessidades e as necessidades do filho, exige coragem.

A vida tem ciclos, altos, baixos e diversos capítulos. Esperar que, após a maternidade, você não precise olhar mais para sua carreira como se ela já estivesse consolidada, é um grande engano.

Carreira, assim como maternidade, é jornada, é escolha. É saber a hora de recuar e a hora de pôr o pé no acelerador.

É indiscutível a importância da carreira e da maternidade em nossas vidas como constituintes da nossa subjetividade. Ambas falam de quem somos e de quem desejamos ser. Por isso, saiba onde e quando investir sua energia. Para que carreira e maternidade coexistam precisamos saber que o investimento não é linear. Ora penderá mais para um lado, ora para o outro.

Pense, reflita, planeje. Não é fácil, mas pior é perder sua estrada e a si mesma de vista.

Desejo que na sua maternidade e na sua carreira, você possa "provar tudo quanto se necessita conhecer" (Hermann Hesse). Obrigada, Pedro, meu filho, por me permitir provar a maternidade de forma tão especial; e Hugo, meu marido, por vibrar comigo a cada novo passo na minha carreira.

Dicas para não se perder de vista!

1. Maternidade é conflito.
2. A rede de apoio é fundamental.
3. Tudo muda para sempre.
4. A carreira não é mais a mesma, afinal, nós não somos.
5. "Xô", culpa!
6. Coragem.

Referências

DEJOURS, C. *Trabalho vivo II: trabalho e emancipação*. São Paulo: Blucher, 2022.

HESSE, H. Sidarta. Rio de Janeiro: Record, 2021.

PERRY, P. *O livro que você gostaria que seus pais tivessem lido (e seus filhos ficarão gratos por você ler)*. São Paulo: Fontanar, 2020.

THINK WORK. *Parentalidade no mercado de trabalho do Brasil*. Abril, 2023.